Hans Vater

Zu Füßen Maharishis

Meine Zeit mit dem Meister

„Ein faszinierendes Buch. Absolut authentisch und lebendig erzählt. Als wäre man selbst dabei gewesen. Ich konnte nicht aufhören zu lesen.“ Michael Rabben

Wie fühlt sich ein Mensch, der den drängenden Wunsch verspürt, seinem spirituellen Meister zu dienen? Als Hans Vater Maharishi Mahesh Yogi persönlich begegnet, fühlt er sich bald so von dessen Charisma angezogen, dass er alles tut, ihm zu folgen und ihm nahe zu sein. Mit schonungsloser Offenheit schildert er sein seelisches Auf und Ab in seiner Zeit mit Maharishi, wie sich ein ganz persönliches Verhältnis zu ihm entwickelt, wie er die Stufenleiter bis zu dessen persönlichen Sekretär aufsteigt und schließlich liebevoll von ihm verabschiedet wird, sodass er sich wieder frei fühlt, seinen eigenen Weg zu gehen.

Hans Vater promovierte bei Carl Friedrich von Weizsäcker über Platons Dialog „Parmenides“. 1972 ließ er sich von Maharishi Mahesh Yogi zum Lehrer für Transzendentale Meditation ausbilden. Von 1978 bis 1981 war er einer von Maharishis persönlichen Sekretären. Nach schwerer Krankheit schloss er sich dem „Tausendköpfigen Purusha“ an, einer Gruppe fortgeschrittener TM-Praktizierender. Seit 2019 lebt er in der spirituellen Gemeinschaft „Yoga Vidya“ in Bad Meinberg.

Hans Vater

Zu Füßen Maharishis

Meine Zeit mit dem Meister

Alfa-Veda

3. Auflage Februar 2020
Umschlaggestaltung und Satz: Jan Müller
Foto auf dem Rückumschlag: Vernon Barnes

Alfa-Veda Verlag, Oebisfelde
Druck und Bindung: Books on Demand, Norderstedt
www.alfa-veda.com

ISBN 978-3-945004-36-4

Inhalt

Prolog 7

Begegnung mit dem Meister 9

Meditationslehrer-Kurs 17

Zurück in Deutschland 33

Zwischenspiel in Seelisberg 36

Aufbau eines neuen Centers 39

Einweihung der Morgendämmerung des
„Zeitalters der Erleuchtung" 43

Der Traum von Brasilien 45

Einweihung in München 46

Düsseldorf 53

Ausbildung zum „Gouverneur des Zeitalters der Erleuchtung" 55

Seelisberg – in der internationalen Zentrale 65

Ich steige auf – Organisation des Sidhi-Centerkurses 76

Maharishis persönlicher Sekretär 83

Die Schlacht vom Weißenhäuser Strand 99

Krise 108

Indien – Höhepunkt und Absturz 111

Vedischer Mönch – Mitglied des „Tausendköpfigen Purusha" 141

Griechenland und Italien 145

Amerika – ein „Vorgeschmack auf Utopia" 150

Boppard – Leiter einer Meditationsakademie 153

Philippinen 154

Im Kloster Vlodrop, Holland 156

Indien 158

Wieder Vlodrop, 1987 bis 1991 161

Weggeschickt aus Vlodrop! 162

1992 bis 1996 166

Israel 167

Zum zweiten Mal Amerika 169

Auf der Krim/Ukraine   172
Wieder USA   174
In Maharishis Gartenhäuschen in Vlodrop   175
Wieder Indien   178
Zurück in Europa   179
Wieder in Maharishis Nähe   182
Abnabelung von der TM-Bewegung   185
Epilog   189
Anmerkungen und Glossar   191

Prolog

Es war am Vormittag des 31. Oktober 2004, als ich den Kofferraum meines grünen Honda Civic zuschlug, der dabei wie immer leicht schepperte. Ich setzte mich ins Auto und fuhr langsam am Eingang der Ilse-Eickhoff-Akademie in Bremen vorbei, in der ich die letzten viereinhalb Jahre verbracht hatte.

Kein Mensch war zu sehen; sie waren wohl alle „im Programm", wie man dort sagte, das heißt: in der Meditation. Ich schaute auf das Armaturenbrett: 10:04 Uhr – eigentlich war es erst 9:04 Uhr, denn letzte Nacht hatte die Winterzeit begonnen. Mein Wagen war beladen mit ungefähr der Hälfte meines Besitzes. Eine erste Fuhre hatte ich schon vor drei Tagen in mein neues Domizil in Hamburg gebracht.

Das war nun also, so dachte ich, der endgültige Abschied von der TM-Bewegung, der ich seit dem Jahr 1971 mein ganzes Leben gewidmet hatte. Ein Abschnitt von ungefähr 33 Jahren war zu Ende gegangen.

TM – Transzendentale Meditation – hatte ich im November 1967 gelernt, als ich noch in Hamburg bei meinem späteren Doktorvater Carl Friedrich von Weizsäcker Philosophie studierte. Die Begegnung mit der TM hatte damals einen anderen Abschied eingeleitet, nämlich den Abschied von einer normalen bürgerlichen Karriere und von einer akademischen Laufbahn. Denn nachdem ich eine Zeit lang regelmäßig morgens und abends meditiert hatte, konnte ich mir einfach nicht mehr vorstellen, mein Leben mit den theoretischen Analysen alter philosophischer Texte und mit akademischen Auseinandersetzungen zu verbringen.

So war ich dann, bald nach meiner Promotion über Platons „Parmenides", im Sommer 1971 nach Mallorca geflogen, um mich in einem siebenmonatigen Intensivkurs zum TM-Lehrer, also zum Meditationslehrer, ausbilden zu lassen.

Die Meditation bestimmte danach für über 30 Jahre mein Leben: Ich wurde Leiter des TM-Centers in München, dann Regionalkoordinator und später Direktor der deutschen TM-Bewegung. Danach verbrachte ich

Jahre in Seelisberg, in der internationalen Zentrale, zu Füßen Maharishis, der die Transzendentale Meditation im Westen eingeführt hatte.

Der absolute Höhepunkt meiner Laufbahn war meine zweieinhalbjährige Tätigkeit als persönlicher Sekretär Maharishis. Danach war ich für 17 Jahre Mitglied einer vedischen[*1] Mönchsgruppe, die Maharishi ins Leben gerufen hatte. Nachdem ich im Januar 1999 diese Mönchsgruppe – Purusha[*2] genannt – verlassen hatte, um mir einen Job im aktiven Leben zu suchen, geriet ich durch einige Zufälle in die Position des Verwaltungsleiters einer kleinen ayurvedischen[*3] Klinik für chronische Krankheiten, die der TM-Bewegung gehörte.

Auch diese Zeit ging zu Ende: Die Klinik wurde geschlossen, und es verschlug mich in die Meditationsakademie Bremen. Dort fing ich an, mein esoterisches Wissen und meine spirituellen Einsichten in Buchform zu veröffentlichen. Mein erstes Buch erschien im April 2003, das zweite hatte ich vor zwei Wochen abgeschlossen und an Verlage rausgeschickt – gerade rechtzeitig vor meinem Umzug.

Schon seit einiger Zeit war mir klar, dass ich nicht mehr in die Meditationsakademie und zur TM-Bewegung gehörte, und jetzt hatte sich eine Gelegenheit ergeben, nach Hamburg umzuziehen, nur circa 30 Kilometer von meinem Geburtsort Reinbek entfernt. Nicht dass ich von der TM enttäuscht war. Ganz und gar nicht. Ich halte diese Meditation immer noch für eine sehr, sehr gute Technik und empfinde tiefe Dankbarkeit Maharishi gegenüber, der mich auf meinem spirituellen Weg unendlich gefördert hat.

Begegnung mit dem Meister

Zum ersten Mal sah ich Maharishi im Herbst 1970 im Tiroler Kössen, wo er einen großen Kurs, eine Vor-Lehrerausbildung, leitete. Ich kam damals erst einen Tag nach Beginn des Kurses an und parkte mein Auto auf dem Platz vor der Versammlungshalle, die bereits mit circa 1.500 Menschen voll besetzt war. Am fernen anderen Ende, auf einer Bühne, saß Maharishi, weiß gekleidet auf einem ebenso weiß bezogenen Sofa. Ich wusste damals noch gar nichts darüber, wie man sich einem indischen Meister gegenüber verhält. Ich schaute ihn an, sicherlich nicht sonderlich respektvoll. Heute scheint es mir fast, als hätte er für eine Sekunde seine Rede unterbrochen und kurz zu mir hingeschaut, so wie: Aha, der ist da. Aber das wurde mir – wenn es überhaupt so war – damals nicht bewusst. Ich setzte mich in die hinterste Reihe und hörte seinem Vortrag zu.

In den nächsten Tagen erfuhr ich, dass es vor jeder Vorlesung eine Art Begrüßungsritual gab, das ich am ersten Tag versäumt hatte – das mich vielleicht aber auch etwas abgestoßen hätte, zumal es zum Kursauftakt wohl noch besonders ausgeprägt war: Maharishi kam immer mit deutlicher Verspätung an und wurde von einem Verehrer vor den hinteren, den Bühneneingang, gefahren. Vor diesem Eingang hatte sich eine lange Gasse von Anhängern gebildet, alle mit einer Blume oder sogar einem Strauß in der Hand. Denn wer das schon einmal erfahren hatte, wusste, welches Glücksgefühl man empfand, wenn man Maharishi eine Blume überreichen konnte und vielleicht gar einen segnenden Blick oder in Ausnahmefällen sogar ein kurzes Begrüßungswort von ihm erhielt.

In der Halle warteten die Anhänger wohl eine Stunde oder mehr. Irgendwann schlug meist jemand vor, dass man jetzt am besten meditierte, und so herrschte eine erwartungsvolle und doch friedliche Stille. Wenn Maharishi dann endlich seinen Weg durch die draußen Wartenden absolviert hatte und die Bühne betrat, erhoben sich alle. Maharishi stand vor der Menge, die Hände zum Gruß zusammengelegt, und sah über die

Reihen. Blitzschnell glitten seine Augen über all die Gesichter. Dann sagte er „Jai Guru Dev"[4], was von allen mit „Jai Guru Dev", dem Standardgruß in der TM-Bewegung, erwidert wurde.

Daraufhin setzte er sich auf das Sofa, wobei er seine Beine unter seinem weißen indischen Dhoti[5] zum Schneidersitz verschränkte, was immer eine gewisse Zeit brauchte. Inzwischen schob irgendein persönlicher Sekretär oder „Boy" den niedrigen Tisch vor ihn hin, auf dem neben Blumen auch meist eine Uhr stand, die er anscheinend aber kaum berücksichtigte.

So ungefähr verlief die Begrüßung mehrmals am Tag, vor jeder Vorlesung. Später wurde mir klar, dass das Warten auf den Meister ein wichtiger Teil seiner Schulung war: Die Ausrichtung der Aufmerksamkeit auf ihn sollte das Bewusstsein des Schülers anheben und helfen, es dem erleuchteten Bewusstsein des Meisters anzugleichen.

In den ersten Tagen beobachtete ich Maharishi mit Interesse. Ich hatte ja schon bemerkt, welch wunderbare Wirkung die von ihm gelehrte Meditation mit dem Mantra[6] mit sich brachte. Ich dachte: „Wer eine derart erstaunliche Technik lehren kann, der muss schon was los haben." Jetzt aber, wo ich Maharishi live erlebte, wuchs mein Respekt noch um einiges; ich fing an, ihn mehr und mehr zu bewundern, ja zu lieben.

Einmal, als die Versammlung aufgelöst war und er alle gebeten hatte zu gehen – wohl weil er noch mit Einzelnen persönlich sprechen wollte – stand ich, etwas frech, direkt vor der Bühne und sah ihm von Nahem zu, wie er mit ernstem, fast etwas strengem Blick die Bewegungen im Saal beobachtete. Was hatte er für große Augen, unendlich stark und tief! Für den Bruchteil einer Sekunde fiel sein Blick auch auf mich, ganz neutral, aber da wusste ich, dass ich hier nicht stehen bleiben sollte und dass mein Glotzen nicht respektvoll war.

Was mir besonders imponierte, ja mich begeisterte, war seine Schlagfertigkeit. Ganz besonders auch, wenn Journalisten vorbeikamen und ihn interviewten. Maharishi schien eine unbegrenzte Kreativität zu haben. Er konnte der Frage und dem Thema immer eine ganz unerwartete Wendung geben, auf die ich nie gekommen wäre, sodass auch die aggressivsten Frager entwaffnet wurden. Auch machte er sich anscheinend ein Vergnügen daraus, kritische und verkopfte Fragen aus den Reihen der Kursteilnehmer auflaufen zu lassen. Ich erinnere mich noch, dass der Inhaber der satirischen Zeitschrift „Pardon", Johannes Nikel, der selbst Kursteilnehmer war, ihn auf eine Schwäche seiner Lehre hinweisen wollte. Es ging um die Asanas, die Yogaübungen, die normalerweise in den Wochenend-Vertiefungskursen als Unterstützung der Meditation gelehrt wurden. Maharishi hatte eine kleine Broschüre mit Übungsanleitungen rausgebracht. In dieser wurde empfohlen, vor Beginn der Übungen ein kurzes Gebet zu sprechen, das dort auch abgedruckt war. Nikel argumentierte, dass die TM doch eine rein wissenschaftliche Methode wäre und ihr ganzer Lehransatz rein sachlich; da passte es doch nicht, dass in einer TM-Schrift ein Gebet gelehrt würde. Maharishi sagte nur: „Ach, so ein kurzes Gebet, nur zehn Sekunden!" Das war natürlich überhaupt kein Gegenargument. Nikel erwiderte, es ginge doch um das Prinzip. Maharishi aber sagte nach jedem Argument nur: „… zehn Sekunden!" – „… zehn Sekunden!" und brachte so den Frager fast zum Platzen. Nikel ereiferte sich immer mehr, aber Maharishi blieb ruhig und wiederholte jedes Mal diese beiden Wörter.

Maharishi legte Wert darauf, dass seine Lehrer ein würdiges und korrektes Auftreten hatten. Er wollte mit seiner Lehre vor allem die Normalbürger erreichen. Da der Kössen-Kurs eine Vorbereitung für die Lehrerausbildung war, erwähnte er auch ein paarmal, dass die männlichen Lehrer keine langen Haare tragen sollten. Er wollte keine Hippies in seiner Bewegung.

Und auf diesem Kurs waren in der Tat sehr viele derartig gestylte junge Leute, darunter auch ich. Und viele waren über die Zumutung, sich als Lehrer die Haare abschneiden zu müssen, recht verärgert. Aber da sich nur wenige bereits entschlossen hatten, den eigentlichen Lehrerausbildungskurs zu besuchen, sie also ihre Haare noch nicht abschneiden mussten, blieb das Gesamtbild im Großen und Ganzen, wie es war.

Eine kleine Anekdote aus diesen Tagen veranschaulicht die schlagfertigen „Erziehungsmethoden" von Maharishi: Zu der Zeit gab er noch manchmal Ratschläge über Diät – später vermied er so etwas mehr und mehr, um nicht vom Kern seiner Lehre abzulenken. Unter anderem sagte er einmal, dass brauner, also ungeschälter Reis nicht gut wäre, man sollte weißen Reis essen. Brauner Reis wäre etwas für Schweine. Auch gegen diese Auffassung gab es Opposition: Ein langhaariger Junge stand auf und argumentierte, dass doch in der Schale all die Vitamine wären und so weiter. Maharishi saß eine Weile da und dachte nach. Dann sagte er: „Maybe it's also good for hippies – vielleicht ist er auch gut für Hippies."

Bevor ich nach Kössen kam, hatte ich noch nicht die Absicht gehabt, TM-Lehrer zu werden. TM hatte sich für mich als sehr wertvoll erwiesen – aber das war 's dann auch. Im Laufe des Kurses aber geriet ich immer mehr ins Fahrwasser von Maharishi, fand mich in seine Lehre hinein und begeisterte mich für sie. Und dann gab es einen bestimmten Moment, in dem mich Maharishi gepackt hat. (in meiner subjektiven Empfindung, die vielleicht spirituell nicht ganz angemessen war, nannte ich es hinterher immer „gekrallt".) Es war ein Vollmondtag. Maharishi hatte mit allen Teilnehmern eine Ausfahrt im Mondschein auf einen nahe gelegenen kleinen Berg angesetzt. Ich wusste das und hatte meinen VW direkt am Eingang des Parkplatzes geparkt, um direkt hinter Maharishis Auto herfahren zu können.

Aber als ich dann dort wartete, war meine Freundin Signe, der ich versprochen hatte, sie mitzunehmen, nicht da. Ich musste fast alle Autos an mir vorbeifahren lassen. Endlich kam Signe. Wir fuhren los, befanden uns aber nun natürlich weit hinten in einer langen, langen Schlange, die fast vom Tal bis auf die Kuppe des Hügels reichte. Irgendwann, auf halber Strecke, ging es überhaupt nicht mehr weiter; wir standen da, hinter uns und vor uns Autos. Ganz allmählich kamen wir dann doch oben auf dem Hügel an, der voller Autos stand. Alles war still. Offensichtlich hatte Maharishi angeordnet, dass alle meditieren sollten. Ich lehnte mich an den Reifen meines Wagens, um zu meditieren, aber da wurde die Meditation beendet und der Aufbruch zur Rückfahrt begann.

An einer Stelle hatte sich eine Gasse aus Menschen gebildet, mehrere Personen tief, und der Bentley, in dem Maharishi saß, fuhr ganz langsam durch diese Reihen. Ich erinnere mich noch genau: Maharishi saß auf dem Beifahrersitz und hatte das Fenster heruntergekurbelt. Ich stand in der zweiten oder dritten Reihe und konnte ihn im Halbdunkel kaum erkennen, sah nur, dass er mit einer Blume hin und her wedelte und damit die Menschenreihe aus dem Fenster grüßte. Als Maharishi genau auf meiner Höhe vorbeikam, erfasste mich plötzlich ein solches Glücksgefühl, dass ich unmittelbar wusste: Das ist es; das will ich immer haben; ich will ihm dienen, und das heißt auch: Ich will TM-Lehrer werden. Das war der Wendepunkt in meinem Leben.

Mir fällt in diesem Moment ein, dass sich diese Situation in gewisser Weise parallel zu der Situation darstellte, in der Maharishi selbst seinem Meister, den er Guru Dev nannte, zum ersten Mal begegnet war und von ihm „gepackt" wurde: Maharishi erzählte bei verschiedenen Gelegenheiten, dass er in seiner Jugend immer auf der Suche nach Heiligen gewesen war. Einmal hatte er von einem ganz besonderen Heiligen gehört, der sich gerade in den nahen Bergwäldern aufhielt. Mit einem Freund war er in dunkler Nacht dorthin gewandert, hatte das Haus gefunden und war tatsächlich auf das Dach des Hauses zugelassen worden, in welchem Guru Dev anscheinend im Dunkeln saß. Nichts war zu sehen, alle befanden sich in Meditation. Plötzlich fiel für einen kurzen Moment ein Lichtschein, wie von einem Auto weit in der Ferne, auf eine Gestalt, die in einem Sessel saß: Guru Dev. In diesem Augenblick wusste Maharishi: „Das ist es, meine Suche ist zu Ende." Vor nicht langer Zeit erzählte mir ein Freund, dass er Maharishi in kleinem Kreis habe sagen hören: In der Gegend gab es weit und breit keine Straßen und daher auch keine Autos. Der kurze Lichtschein auf Guru Dev muss eine andere Quelle gehabt haben. Vielleicht kam das Licht aus seinem Inneren.

Als der Kössen-Kurs zu Ende ging, war ich also fest entschlossen, TM-Lehrer zu werden. Ein Mädchen, das ich dort kennen gelernt hatte, drängte mich, mich doch gleich anzumelden, wie sie selbst es auch tat. Wir waren so enthusiastisch! Doch ich überlegte mir, dass es besser wäre, erst meine Doktorarbeit fertig zu schreiben. Und das war richtig. Ich hätte es sonst nie mehr geschafft; und der Doktortitel hat mir später beim Lehren manchen guten Dienst erwiesen.

Am letzten Tag des Kurses, es war ein sonniger Oktobertag, gab es bewegende Abschiedszenen. Mir kam es vor, als hätte ich in diesem einen Monat ein ganzes Leben hinter mich gebracht. Und so war es wohl auch.

Was hatte sich alles in mir verändert! Nicht nur, dass ich mich wieder aus der Ferne unglücklich verliebt hatte – in eine Engländerin – nein, mein Denken und Bewusstsein war ein ganz anderes geworden. Ich war ein anderer Mensch. Meine Seele war durch so viele Aufs und Abs gegangen, sie war völlig umgekrempelt.

Als Maharishi von einem Anhänger in dessen Mercedes entführt wurde, versuchte ich noch ein Stück weit mitzuhalten. Aber anscheinend war ein Flug zu erreichen oder sonst ein anderer wichtiger Termin einzuhalten. Ich kam jedenfalls nicht hinterher. Außerdem merkte ich, dass ich meinen Mantel in meiner Unterkunft, einem Bauernhof, vergessen hatte. Ich musste zurück. Ich ging noch etwas am Rande des Ortes herum, aufgewühlt und für kurze Zeit von einer schweren Depression heimgesucht.

Zu Hause setzte ich mich dann daran, meine Dissertation abzuschließen. Sie war mir nicht mehr wichtig. Aber ich dachte: Schreib einfach mal auf, was du jetzt weißt. Mehr als abgelehnt werden kann es ja nicht.

Mein Vater starb. Ich bestand meine Doktorprüfung. Und ein Jahr später fuhr ich zu einem ähnlichen Kurs nach Kössen zurück.

Diesmal meldete ich mich schon vorher für freiwillige Mitarbeit. Ich kam einen Tag vor Kursbeginn an und half beim Einchecken. Während des Kurses war ich dann Teil der „Security". Ich musste abwechselnd mit anderen an der Tür stehen und zusehen, dass nur Leute mit Badge[*7] reinkamen – selbst wenn sie altbekannte Meditierende waren. Dafür wurde unserer Security-Mannschaft immer die erste Reihe direkt zu Füßen des Meisters freigehalten – eine Riesenbelohnung für eine so leichte Arbeit.

Am Anfang des Kurses hatte ich noch lange Haare und meinen Che-Guevara-Bart. Ich war noch recht kritisch, nicht mehr links, aber doch intellektuell-wissenschaftlich. Immer wieder trat ich an das Mikrofon, das für die Frager im vorderen Teil des Mittelgangs aufgestellt war. Die alten TM-Lehrer, die mit Maharishi auf der Bühne saßen, wussten wohl schon: Jetzt kommt wieder dieser wilde Typ mit dem langen braunen Wildledermantel (es war nur eine Imitation!), der Hippiemähne und den verkopften Fragen. Aber Maharishi blieb völlig geduldig mit mir, wenn er sich auch nicht auf meine Ebene begab.

Einmal frage ich ihn zum Beispiel: „Du sagst, die Menschheit sei so alt wie die Schöpfung. Es ist aber doch durch geologische und archäologische Untersuchungen erwiesen, dass es Menschen erst seit ein paar hunderttausend Jahren gibt." – „Ach!", sagte Maharishi. „Da findet man immer wieder mal einen Knochen, und dann verschiebt sich die Rechnung um 50.000 Jahre." Das war natürlich wieder mal kein Argument, aber so ließ mich der Meister mit meinem naturwissenschaftlichen Kopf gegen die Wand laufen.

Einmal wurde ein besonderes Treffen angesetzt, wo jeder aus seinem Wissensgebiet Parallelen zur Transzendentalen Meditation vortragen sollte. Ich berichtete über Platon, mit seinem Begriff „nous" – der unmittelbaren Einsicht im Gegensatz zur verstandesmäßigen Erkenntnis. Maharishi lobte mich: „Du hast ein sehr gutes Verständnis der Transzendentalen Meditation." Ich wunderte mich; das war mir gar nicht klar gewesen.

Gegen Ende des Kurses meldete ich mich zum TTC[8] an. In einer besonderen Sitzung gab jeder Bewerber eine kleine schriftliche Arbeit ab, die er in Gegenwart des ganzen Publikums nach vorne brachte. Jeder stieg einzeln auf die Bühne. Maharishi saß auf seinem Sofa, schaute jeden mit ernsten, forschenden, aber völlig ruhigen Augen an und machte sich Notizen. Hinterher berichteten die anderen, die auch vorne gewesen waren, dass es in diesem Moment unmöglich gewesen wäre, Maharishi in die Augen zu schauen. Und genauso war es mir auch ergangen. Wir mutmaßten, dass sich Maharishi die Aura angeschaut und auf diese Weise die Eignung zum TM-Lehrer geprüft haben mochte. Und tatsächlich bemerkte er am Ende der Aktion, dass er auf diese Weise ein langes Verfahren abgekürzt hätte. Mehr sagte er nicht.

Einen Tag später schnitt mir meine gute Freundin Signe die langen Haare ab.

Einmal frage ich ihn zum Beispiel. Du sagst, die Menschheit sei so alt wie die Schöpfung. Es ist aber doch durch geologische und archäologische Untersuchungen erwiesen, dass es Menschen erst seit ein paar hunderttausend Jahren gibt." – „Ach", sagte Mahārishi, „Da findet man immer wieder mal einen Knochen, und dann verschießt sich die Rechnung um 50.000 Jahre." Das war natürlich wieder mal kein Argument, aber so bin ich mit der Master mit meinen naturwissenschaftlichen Kopf gegen eine Wand gelaufen.

Meditationslehrer-Kurs

Im Oktober 1971 flog ich zusammen mit Roswitha Wolf, der Tochter eines älteren TM-Lehrers, nach Mallorca zum TTC. Bis zum letzten Moment konnte ich es nicht glauben. Im Flughafenbus auf dem Rollfeld in Mallorca stieß mich Roswitha an: „Hans, wir sind da! Wir haben es geschafft!" Nach einer längeren Fahrt im Taxi kamen wir in Cala Antena, am Südende der Insel an. Wir waren tatsächlich da! Die Sonne schien warm, wir wateten im flachen Wasser des Mittelmeeres – reines Glück. Alles lag wieder vor uns.

Im Hotel Eugenia durfte man sich ein Zimmer wünschen. Ich wählte die Nummer 723 im siebten Stock, mit Balkon auf der Schmalseite zum Meer hinaus, bekam es tatsächlich und konnte fünf Monate lang jeden Morgen die über dem Meer aufgehende Sonne genießen. Es war ein besonders großes Zimmer mit geräumigem Bad, das sogar noch ein Fenster Richtung Osten hatte. Leider war es wegen der Ecklage und Größe auch besonders kalt und zugig; nur Marmorfliesen, kein Teppichboden, und das im Winter!

Unter mir wohnte Christa L., die ich schon aus München kannte. Sie hörte mich tagsüber immer wieder, wenn ich zwischen den „Runden" (den einzelnen Meditationsabschnitten, die durch Asanas unterbrochen wurden) meinen Meditationssessel auf dem Steinboden verschob und drehte. Verrückt und fanatisch, wie ich damals war, hatte ich die Idee, dass ich immer in Richtung Sonne sitzen sollte, wenn ich meditierte, denn der Meister hatte einmal gesagt, es sei das Beste, wenn man am Morgen nach Osten gerichtet meditierte. Und die Sonne bewegte sich nun mal während des Tages. Christa, unter mir, nahm die stündliche Störung mit Humor und Geduld.

Das war nicht die einzige fanatische Verrücktheit. Ich wollte das Maximum rausholen, möglichst bis zum Ende des Kurses erleuchtet sein. Dazu musste, der Theorie nach, möglichst der ganze Stress gelöst sein, also alle inneren Belastungen der Psyche und damit des Nervensystems. Und wie machte man das? Durch tiefe Ruhe. Dadurch regenerierte und reinigte sich das Nervensystem.

Der „Stress" – dieses Wort umfasste alle genetisch und biographisch bedingten Verhärtungen der Psyche und des Nervensystems – löste sich dadurch auf. Also war ‚soviel tiefe Ruhe wie nur möglich' die Devise für mich. Und die tiefste Ruhe erreicht man durch Transzendentale Meditation – das war durch Messungen des Hautwiderstandes, der Stoffwechselparameter und anderem nachgewiesen. Also beschloss ich, so viel zu „runden" – zu meditieren –, wie es zeitlich irgend ging. Früh morgens hängte ich mich in meinen Sessel, noch bevor die Sonne aufging. Ich hatte dem Sessel die richtige Schräge gegeben, indem ich unter die Vorderbeine ein Brett legte, das ich am Strand aufgelesen hatte. Das machte das circa stündliche Drehen noch lauter, zumal ich den Sessel nicht anheben konnte, weil ich sonst das Brett verloren hätte.

Der ganze Tagesablauf bestand, zumindest in den ersten Monaten, sowieso fast nur aus „Runden", nur unterbrochen durch das Mittagessen und einen kurzen Spaziergang danach. Dann ging es weiter bis zum Abendessen. Nach diesem gab es eine „Lecture" von Maharishi in der großen Halle. Aber anstatt mich möglichst weit vorne hinzusetzen, um alles mitzubekommen, setzte ich mich in die letzte Reihe, eine dicke Decke um mich gewickelt, und meditierte selbst noch während der Lecture'[9]. Wenn die Vorlesung bzw. Fragestunde dann zu Ende war, setzte ich mich wieder in meinem Zimmer in den Meditationsstuhl und meditierte weiter, bis ich vor Erschöpfung aufgeben und mich ins Bett legen musste. In der Morgendämmerung aber war ich wieder auf und meditierte der aufgehenden Sonne entgegen.

Schon gegen Ende des Kurses machte sich bemerkbar, dass diese Strategie, die Erleuchtung möglichst schnell zu erkämpfen, nicht ganz ungefährlich war. Ich spürte, wie ich den Boden unter den Füßen verlor. Ich versuchte gegenzusteuern, aber es war schon zu spät. Nach dem Kurs merkte ich es. Die Stresslösung, die durch das viele Meditieren in Gang gesetzt worden war, ließ sich nicht mehr stoppen. Das ging noch mehrere Jahre lang so weiter. Ich befand mich in einer ständigen emotionalen

Aufgewühltheit: Ängste, Wut, Sorgen ... – Ständig rasselten die Gedanken. Nur dadurch, dass ich sehr hart arbeitete und wenig meditierte – jeweils nur zehn Minuten – kriegte ich mich ganz allmählich wieder in den Griff. Auf der anderen Seite aber merkte ich: „Ich bin verwandelt. Ich bin nicht mehr derselbe, der ich vorher war. Ich bin ein neuer, weicherer, freierer, entspannterer und liebevollerer Mensch." Viele Verhärtungen der Seele waren aufgeweicht worden; Knoten hatten sich gelöst. Die Reinigung hatte sich gelohnt.

Als ich nach dem Kurs meinen Doktorvater Weizsäcker wieder traf, erkannte der mich nicht mehr, selbst nachdem ich schon einige Sätze mit ihm gesprochen hatte. Er fasste sich an den Kopf und dachte angestrengt nach. Ein Assistent, der daneben stand, sprang helfend ein: „Ja, ich habe Herrn Vater zuerst auch nicht erkannt." Und das lag sicherlich nicht nur daran, dass ich inzwischen meine langen Haare abgeschnitten hatte.

Ja, es war ein wilder Kurs und ein wildes Experiment. Ich glaube, auch Maharishi hatte nicht genau vorausgesehen, wie viel „Stress" wir noch in uns trugen. Auch ein hoch erleuchteter Meister weiß nicht alles und kann nicht alles voraussehen. Damals allerdings glaubten wir das.

Bei mir wirkte erschwerend, dass ich mehr tat, als „erlaubt" war. Zum Beispiel wollte Maharishi nicht, dass wir fasteten. Ich tat es dennoch, heimlich – weil ich mich noch mehr reinigen wollte. Aber das ging ziemlich schief. Das Risiko war mir eigentlich bekannt gewesen: Die Schwierigkeit beim Fasten war, wieder ganz langsam runterzukommen. Nach einer Woche Fasten begann ich also ganz vorsichtig, wieder etwas zu essen. Aber ich konnte ja meine Diät nicht frei zusammenstellen; ich musste essen, was angeboten wurde. Nach drei Tagen gab es Gurkensalat mit geriebenen Haselnüssen. Ich dachte, jetzt, nach drei Tagen, müsste doch so etwas wieder okay sein.

Aber das war ein Irrtum. Ich bekam furchtbare Magenschmerzen, und die hielten viele Wochen lang an. Jede kleinste Menge Essen verstärkte den Schmerz. Dadurch sah ich mich gezwungen, weiterhin Diät zu halten. – Mit der Folge, dass sich mein System immer mehr reinigte. Das wiederum führte dazu, dass mein Appetit immer mehr zunahm. Und auch das blieb nicht ohne unangenehme Auswirkungen: Es entstand eine fast unerträgliche Esssucht. Es tobte ein ständiger innerer Kampf: Auf der einen Seite war da diese dauernde seelische Qual, meist in der Herzgegend, die nur dadurch vorübergehend gemildert wurde, dass mir etwas den Schlund herunterlief. Auf der anderen Seite meine Vernunft, die sagte: „Zu viel essen ist nicht gut, reiß dich zusammen!"

Ich quälte mich also dauernd so vor mich hin und kämpfte ständig gegen mich selbst. Es wurde immer schlimmer. Eines Tages ging ich zu Angelika. Angelika war damals fast so etwas wie Maharishis Sekretärin. Ich bat sie, mir die „Ess-Technik" zu geben. Das war eine spezielle Technik, die Maharishi für diejenigen entwickelt hatte, die mit ihrer „tabletendency", wie er es nannte, nicht fertig wurden. Angelika wies mich in diese Technik ein. Ich hatte ein etwas schlechtes Gewissen, denn weder sie noch ich hatten Maharishi gefragt, ob ich sie haben durfte.

Egal, ich bekam diese Technik und merkte schon während der Einweisung, wie ich mich entspannte. Ich fühlte eine große Erleichterung. Der Effekt in den nächsten Tagen, Wochen und Monaten war jedoch völlig absurd: Ich konnte nicht mehr gegen meine Esssucht ankämpfen. Fast willenlos gab ich von nun an meinem Essdrang nach.

Der Stress kam nun erst richtig raus. Die Qual in der Herzgegend blieb; die Qual, die nur in den Momenten überdeckt wurde, in denen mir etwas Dickflüssiges oder Breiiges die Kehle runterlief. Wenn ich einmal angefangen hatte zu essen, konnte ich nicht mehr aufhören. Der seelische Schmerz war einfach zu stark. Die Folge war, dass ich immer so lange aß, bis mir schlecht wurde. Es war eine grauenhafte Zeit.

Für das Meditieren war es eine Katastrophe. An aufrechtes Sitzen und an eine angemessene Meditationshaltung war nicht zu denken. Meist setzte ich mich auf mein Bett, das Kissen im Rücken, schräg an die Wand gelehnt, die Beine von mir gestreckt. Ich hatte mal ein Bild zum Märchen vom Schlaraffenland gesehen, auf dem die Leute völlig überfressen, dick, die Beine ausgestreckt neben dem Reisberg lagen. So fühlte ich mich.

Als ich wieder einmal völlig verzweifelt war, ergab sich eine Gelegenheit, Maharishi von meiner schrecklichen Situation zu erzählen: Am Morgen hatte ich mich völlig krank gegessen. Am Abend fand, wie meistens, eine große Vorlesung im großen Kino-Saal von Fiuggi Fonte[*10] statt.

Das Kino lag etwas außerhalb des Ortes. Die Kursteilnehmer, es waren ungefähr 2.000, wurden mit Bussen dorthin gebracht. Alle saßen sie in den endlosen Stuhlreihen, Maharishi in Weiß oben auf der Bühne.

Wie üblich fragte er zunächst nach Erfahrungen. Aber diesmal, anders als sonst, wollte er nicht die besten Erfahrungen wissen, sondern die schlimmsten. Ich erkannte die Gelegenheit; und obwohl mir die Sache schrecklich peinlich war, ging ich nach vorne zum Mikrophon, das vor der Bühne aufgebaut war. Ich erzählte von meiner Esssucht und dass ich nicht mehr die Kraft hätte, ihr zu widerstehen.

Irgendwie entstand in diesem Moment, wohl durch Maharishis Gegenwart, etwas Abstand von meinem Leiden, und ich sagte, dass es wohl ein Unstressing[11] sei. Er lachte und bestätigte das. Danach ging es mir besser. Auf dem Rückweg bot mir jemand Kekse an, da konnte ich schon wieder nicht nein sagen, obwohl die Magenschmerzen vom Morgen noch nicht vorbei waren.

Das waren also die Nebeneffekte des Kurses. Ich dachte: Wie dumm. Auf diese Weise wird mir der ganze Kurs versaut. Aber so war es nicht. Das Unstressing war offensichtlich für Maharishi zunächst das Wichtigste. Er wollte, dass sich unser Nervensystem reinigte und verfeinerte, damit danach das Wissen besser durch uns fließen könnte. Ich lag also mit meinen „Stresslösungen" genau richtig; sie waren im Sinne des Kurses.

Wissen gab Maharishi in den ersten Monaten nur sehr spärlich aus. Wir trafen uns, wie gesagt, nur einmal am Abend. Und hatte ich von diesen Vorlesungen erwartet, tiefe Erkenntnisse zu gewinnen, so wurde ich enttäuscht. Es ging immer nur um ein Thema: Stresslösung, Stresslösung und noch mal Stresslösung – und das war wirklich nicht sehr interessant.

Maharishi begann meist damit, dass er nach Erfahrungen in der Meditation fragte. Viele berichteten von den wunderbarsten Lichterscheinungen, von Unbegrenztheit und Ewigkeit, absoluter Stille und so weiter, was einigen Neid in mir hochkommen ließ. In den meisten Fällen aber reagierte Maharishi abwinkend: „Ja, auch wieder so eine Erfahrung ..." - Alles war immer nur „Stresslösung". Das war schon fast ermüdend.

Wahrscheinlich wollte Maharishi, dass wir uns nicht in Erfahrungen verlören: Wir sollten ja zum Selbst kommen, das bekanntlich jenseits aller Erfahrungen, also die Grundlage aller Erfahrungen ist. Andererseits wollte er uns aber auch zeigen, wie wir später mit jeglicher Erfahrung von Meditationsschülern umgehen sollten. Wir sollten immer auf den Mechanismus der Stresslösung zurückkommen: Meditation gibt tiefe Ruhe; in dieser Ruhe regeneriert sich das Nervensystem; und das wiederum äußert sich auf der mentalen Ebene als Gedanken, Gefühle, Visionen und ähnlichem.

Natürlich gab es zwischendurch auch mal interessantere „Meetings". Und nach einigen Monaten fasste ich dann auch manchmal den Mut, nach vorne zum Mikrofon zu gehen und Fragen zu stellen. Meist waren sie recht kritisch. Mir schien die Lehre, die wir später unseren Schülern vermitteln sollten, nicht immer ganz ehrlich zu sein. Da ich mir aber absolut nicht vorstellen konnte, dass Maharishi unehrlich sein könnte, dachte ich, es müsste wohl an mir liegen, dass ich die Sache nicht richtig verstand.

Zum Beispiel lehrte Maharishi, dass der Geist in der Meditation die Gedanken zu ihrer Quelle zurückverfolgt, und diese dann in reiner Form erfährt. Doch erstens hatte ich diese Erfahrung nie selbst gemacht und zweitens schien mir das überhaupt nicht zu stimmen: In der Meditation mochten wir zwar reines Bewusstsein erfahren, aber wir erfuhren dieses doch nicht als die Quelle der Gedanken! Sobald wir einen Gedanken erfuhren, war er immer schon da! Niemals erfuhren wir seine Entstehung aus dem reinen Sein, dem reinen Bewusstsein!

Ich weiß nicht mehr, wie Maharishi reagierte, aber anscheinend hatte er das Muster in meinen „Einwänden" schnell erfasst. Das Muster war: Können wir das ehrlicherweise wirklich so sagen? Ich erinnere mich an eine Situation gegen Ende des Kurses, als mir in einem Treffen eine Unklarheit aufgefallen war, und ich danach fragte. Maharishi sagte zu mir: „Du fragst immer dieselben Fragen!" Ich widersprach: „Nein, das ist mir gerade eingefallen." Aber später wurde mir klar, dass er Recht gehabt hatte: Es ging wieder um Ehrlichkeit! Doch immerhin schien er mich, trotz der vielen anderen Teilnehmer, zu kennen!

Eigentlich hatte ich übrigens nicht nur einen TTC besucht, sondern drei TTCs hintereinander. Jeder Kurs dauerte zehn Wochen. Man konnte, wenn man wollte, mehrere Kurse direkt hintereinander buchen. Dann nahm man bei den ersten Kursen nicht am eigentlichen Training zum Meditationslehrer teil. Man „rundete" nur einfach, während die anderen die Lehrprozeduren paukten. Während des ersten Kurses waren alle Teilnehmer in Cala Antena konzentriert. Beim zweiten Kurs waren mehr Studenten da; außerdem gab es gleichzeitig einen Fortbildungskurs für TM-Lehrer. So mussten zusätzliche Kurshotels eröffnet werden: in Cala Millor, circa 20-30 Kilometer entfernt.

Diejenigen, die schon am ersten Kurs teilgenommen hatten und weitermachen wollten, sollten zum neuen Kursort übersiedeln, darunter also auch ich. Das tat mir sehr leid, da ich doch ein so schönes Zimmer hatte. Alle „Übersiedler" trafen sich im Foyer des Hotels. Maharishi selbst war da und sprach zu allen, die in der Nacht fahren sollten. Irgendjemand bedauerte den Umzug. Maharishi machte den neuen Ort schmackhaft: Er wäre viel leiser. Direkt vor unserem jetzigen Hotel hatte man nämlich begonnen, einen Supermarkt zu bauen. Da ich aber an der Stirnseite des Hotels wohnte, nicht direkt zur Baustelle raus, dachte ich, dass mich das nicht so stören würde. Schließlich fragte Maharishi: Wer möchte „desparately" (verzweifelt) hier bleiben? Ich stand auf. Als ich mich umsah, stellte ich fest, dass ich der Einzige war. Ich durfte daraufhin im alten Hotel bleiben, ging auf mein Zimmer und packte wieder aus.

Ich erinnere mich, dass ich in jener Nacht eine Art Wachschlaf hatte – vielleicht, weil ich durch den „Umzug" etwas hochgedreht war und nicht sehr tief schlief. Ich schlief, war aber dabei bewusst und sah ständig ein helles Licht vor mir. Wachschlaf galt unter uns als ein gutes Zeichen für nahendes „kosmisches Bewusstsein", ein Zustand, in dem man unter allen Umständen wach bleibt und sich selbst als „Zeuge" zuschaut, selbst im Tiefschlaf. Mir geschah das leider selten wieder so klar und lang andauernd wie in dieser Nacht. In den Wochen danach kam Maharishi nur jeden zweiten Abend zu uns – die anderen Abende war er in Cala Millor. Ich hörte übrigens, dass den dortigen Kursteilnehmern am zweiten Tag Ohropax ausgeteilt worden war, weil auch dort gebaut wurde.

Unsere Baustelle dehnte sich mehr und mehr aus, auch zu meinem Ende des Hotels hin und wurde dann auch von meinem Fenster aus sichtbar. Besonders das Ausschachten des Fundaments machte einen höllischen Lärm, der sich immer in drei Phasen wiederholte: Zunächst wurden mit Pressluftbohrern Löcher in das Kalkgestein gebohrt. Dann wurden die Sprengladungen, die man da hineingetan hatte, gezündet, und dann wurde der durch das Sprengen gelockerte Schotter mit riesigen Bulldozern weggeschoben. Danach wurde wieder gebohrt, gesprengt, weggeschoben und so fort.

Ich meditierte nur noch mit Ohropax. Andere Kursteilnehmer zogen sich in ihre nach innen gelegenen Badezimmer zurück. So war es nun mal, wenn man Geld sparen und im Winter die Sommerkurorte nutzen wollte. Bald bedauerte ich, nicht mit nach Cala Millor gegangen zu sein. Ich sprach einen Verantwortlichen an und fragte, ob ich nicht doch noch umziehen könnte. Er sagte: „Was? Du warst doch derjenige, der verzweifelt hier bleiben wollte!" Ich musste mich in mein Schicksal ergeben.

Diese zweite Phase war für mich etwas einsamer, ja, quasi trauriger als die erste: Maharishi kam, wie gesagt, nicht mehr jeden Tag. Christa wohnte nicht mehr unter mir. Draußen war es kalt, und es herrschte die etwas trostlose Stimmung von Kurorten außerhalb der Saison.

Am 12. Januar 1972 gab es ein Fest. Ich hatte nichts von Vorbereitungen mitbekommen, aber plötzlich waren viel mehr Menschen dort als sonst – zum Teil von weither angereist. Viele Hunderte warteten im Saal auf Maharishi. Ich hatte mich jedoch, zusammen mit vielen anderen, vor dem Saal platziert, ein Blümchen in der Hand, das ich im Gelände gepflückt hatte, um es dem Meister zu überreichen. Wir bildeten eine Art ungeordnetes Spalier. Maharishi kam wie immer ziemlich verspätet, ging durch die Reihe der Menschen und nahm die Blumen entgegen.

Mir geschah das Ungewöhnliche, dass er, als er mein Blümchen entgegennahm, meine Hände leicht berührte. So etwas wurde unter den Anhängern als ein besonderer Segen verstanden; und ich spürte tatsächlich die liebevolle Energie des Meisters, die im Moment der Berührung auf mich überströmte. Ich war so glücklich, dass es mir nichts ausmachte, dann zusammen mit vielen anderen nicht mehr in den

Saal gelassen zu werden, der völlig überfüllt war. Wir konnten jedoch Maharishis Mammutrede über Lautsprecher mithören. Es ging um die feierliche Einweihung des „Weltplans", nach dem 3.600 „Weltplancenter" zum Lehren der TM gegründet werden sollten. Das neue Jahr – vom 12. Januar bis zum nächsten – wurde zum „1. Jahr des Weltplans" erklärt. Damit wurde eine Tradition in Gang gesetzt, nach der am 12. Januar jedes Jahr unter ein besonderes Thema gestellt wurde. Der 12. Januar wurde zu einer Art Neujahrsfest.

Erst Jahre später erfuhr ich, dass dieser Tag Maharishis Geburtstag war. Er selbst sprach nie davon, aber die Eingeweihten wussten es. Als Mönch vermied er möglichst jeden Bezug auf seine Biographie – wie es der Tradition der vedischen[*1] Kultur entsprach: Der Erleuchtete hat keine Geschichte mehr, denn er ist kein Ich, er ist nur noch das allumfassende kosmische Bewusstsein. Biographische Fakten sind irrelevant, da sie sich nur auf die Person beziehen, die sich als Maya – Illusion – herausgestellt hat. Deshalb erfuhr man auch nie Maharishis Alter oder Einzelheiten seiner Herkunft. Nur die engsten Mitarbeiter, die zum Beispiel manchmal seinen Pass zu den Behörden bringen mussten, wussten die entsprechenden Details.

Nach den ersten zwei Zehnwochen-Blöcken der Lehrerausbildung konnten wir nicht mehr auf Mallorca bleiben, denn die dortige Touristensaison näherte sich. In einer großen Sitzung diskutierten wir alle gemeinsam mit Maharishi, wo wir denn nun hingehen sollten. Viele „Nationale Leiter" priesen Ferienorte in ihren Ländern an, denn jeder wollte die Versammlung gerne bei sich „zu Hause" haben. Alle wussten, dass eine große Gruppe von TM-Meditierenden ein enormes Sattwa[*12] ins Land bringen würde: nämlich Harmonie, Ordnung im kollektiven Bewusstsein und anderes.

Den Zuschlag bekam der Nationale Leiter von Italien, der uns Fiuggi in den Bergen nahe Rom schmackhaft machte. Er hatte sich den Platz genau angesehen und Vorverhandlungen geführt. Der Ort schien ideal; abgelegen und still, mit unzähligen Hotels und Pensionen zwischen Bäumen. Wir fragten: „Haben die Hotelzimmer Teppichböden?" Er sagte: „Die, die ich gesehen habe, ja. Aber ich habe nicht alle gesehen."

Ich wette, Maharishi hatte sich bereits vor der Sitzung entschieden. Und vielleicht bot Fiuggi sogar als einziger Ort die Möglichkeit, geeignete Unterkünfte und Versammlungsräume für 2.000 Teilnehmer zu finden. Doch zumindest beschäftigte er auf diese Weise unsere Gemüter, und die spätere Enttäuschung wurde nicht ihm zur Last gelegt, da wir uns ja scheinbar selbst entschieden hatten.

Die Übersiedlung erfolgte mit gecharterten Flugzeugen in einer Märznacht. Während des Fluges meditierten wir alle. Denn wir wussten, dass so eine Aktion nicht „ganz ohne" war: Wenn man wochenlang so intensiv meditiert hat, ist das ganze System völlig aufgeweicht, jede kleine Aufregung und Aktivität kann ein großes „Unstressing" in Gang bringen, mit Emotionen, Aufregung und seelischem Ungleichgewicht.

Von Rom aus ging es mit Bussen hinauf in die Berge. War es auf Mallorca und auch in Rom noch relativ milde gewesen, so wurde es kälter und kälter, je höher wir kamen. Nach ein paar Stunden kamen wir in Fiuggi an. Es war circa 3 Uhr morgens. Sofort wurden wir in unsere Hotels und Pensionen gebracht; unser Gepäck, das gesammelt transportiert worden war, konnten wir nicht mitnehmen; das Aussortieren hätte zu lange gedauert.

Ich kam in ein kleines, sehr schlichtes Hotel am Hang – und erlebte eine absolut schauderhafte Nacht: Mein Zimmer war klein und schmal, Fußboden gekachelt, kein Teppichboden (!), in der Ecke ein winziges Klosett, Dusche über dem Toilettenbecken. Und alles war eiskalt! Das Hotel hatte den ganzen Winter über leer gestanden und war völlig ausgekühlt. Sicherlich hatte die Temperatur noch vor kurzem unter Null Grad Celsius gelegen.

Es gab eine schäbige Wolldecke. Ich organisierte mir noch eine zweite; aber auch das reichte bei weitem nicht. Mein Gepäck mit warmen Sachen und Decken war ja nicht verfügbar. Ich hatte mal etwas über Soldaten gelesen, die in Sibirien waren. Wenn die einen Mantel hatten und zwei Decken, so zogen sie den Mantel nachts nicht an, sondern legten ihn zwischen die Decken, damit auf diese Weise eine isolierende Luftschicht entstand. So machte ich es nun mit meinem dünnen Kunstledermantel. Zum Meditieren war es zu kalt, zum Schlafen auch; so legte ich mich auf den Rücken, die Beine angezogen, über mir die zwei Decken plus Mantel und zitterte vor Kälte und seelischem Elend. Denn nach dem schönen, großen und relativ warmen Zimmer auf Mallorca und in meinem hypersensiblen Zustand war diese Situation ein absoluter Schock für mich.

Hinzu kam noch, dass Fiuggi offensichtlich keineswegs abgeschieden und still war. Es war ein belebter Ort. Mein Hotel lag direkt an der recht befahrenen Straße nach Fiuggi Citta, dem ursprünglichen Bergdorf oberhalb von Fiuggi Fonte, wie der Kurort hieß, in dem wir wohnten. Die Straße hatte just bei uns eine gerade Strecke von fast einem Kilometer Länge, mit einer Steigung von vielleicht 8 bis 10 Prozent.

Wer die Italiener kennt, weiß, dass sie eine Schwäche für laute und schnelle Wagen haben. So donnerten und dröhnten alle viertel Stunde oder öfter die italienischen Sportwagen den Berg hinauf, und noch häufiger die Lastwagen, die anscheinend eine Baustelle weiter oben versorgten. Nach meinem Zimmer auf Mallorca mit Meeresblick und Stille (wenigstens nachts), war die neue Situation für mich die Hölle. Ich beschloss: „Das halte ich nicht aus. Hier kann ich nicht meditieren, nicht schlafen und nicht leben. Ich warte noch bis zum Morgen, hole mein Gepäck und reise ab."

Als ich dann jedoch an dem zentralen Platz vor dem Hotel, in dem Maharishi wohnte, meine Koffer suchte und fand, hatte ich mich schon etwas beruhigt. Zum Glück hatte ich in der Frühe niemanden gefunden, bei dem ich mich abmelden konnte. Ich wusste ja auch gar nicht, wie ich hier wegkommen sollte. Schließlich fand ich einen Offiziellen und sagte ihm zumindest, dass ich in ein anderes Hotel umziehen wollte. Eine Woche später wurde dieser Wunsch erfüllt.

Ich durfte in eine Pension ziehen, die weniger laut war. Kalt war es dort auch. Mein verbliebener kleiner Elektroheizer – es war nur eine Heizspirale um eine Tonröhre herum – half nicht viel, denn in Italien hatten sie eine andere Voltzahl als in Spanien. Außerdem knallten in dem Haus schon bei der geringsten Belastung die Sicherungen durch. (Ich hörte, dass in anderen Pensionen Kursteilnehmer ihr Zimmer durch ihr eingeschaltetes Bügeleisen zu erwärmen versuchten.)

Im letzten Teil des Kurses ging es dann ans Lernen: Was genau man in den Informationsvorträgen sagen sollte und was während des eigentlichen TM-Lehrgangs, was während des Checkings und so weiter. Das ganze Lehrsystem war zu der Zeit bereits perfekt durchstrukturiert; und wir mussten die meisten Lehrschritte auswendig lernen. Das bewährte sich hinterher in der Tat. Meine erste Schülerin, eine ältere Dame, bemerkte mir gegenüber, welche Sicherheit und Präzision ich in meinen Anweisungen ausstrahlte. Offensichtlich hätte ich eine langjährige Erfahrung. Ich sagte ihr nicht, dass sie meine erste Klientin war.

Signe war in Fiuggi in den Kurs eingestiegen, gleich in den letzten Lehrblock; wir hatten die Lehrschritte gemeinsam eingepaukt und die Prüfungen gleichzeitig bestanden. Nun kam der große Moment, auf den wir so lange hingearbeitet hatten: Nun sollten wir von Maharishi persönlich zum TM-Lehrer gemacht werden und damit quasi zum Vertreter der Heiligen Tradition. Es schien nur noch eine Formalität zu sein.

Aber denkste. Maharishi nutzte auch diese Situation, um noch eine Menge Stress bei uns rauszuhauen: Er spannte uns tagelang auf die Folter, ließ uns warten und warten und warten. Das ging für mich wie für viele andere bis an die Grenze der Belastbarkeit. Manche hatten schon ihre Flüge gebucht oder irgendwelche Termine zu Hause. Aber das rührte den Meister nicht.

Endlich kam unsere Gruppe zumindest in den Vorraum des Hotels, wo Maharishi die Kursteilnehmer im Untergeschoss zu Lehrern machte. Wieder warteten wir stundenlang. Schließlich war es Mitternacht, und die „Einweihung" wurde auf den nächsten Tag verschoben. Und am nächsten Tag begann dann das gleiche Spiel. Doch schließlich wurde unsere kleine Gruppe ins Untergeschoss gelassen. Wir sahen Maharishi auf seinem Sofa. Wir sahen die kleinen Tische mit den aufgebauten Puja-Sets[13], an denen jeder die kleine Zeremonie ausführen sollte, die wir gelernt hatten. Diese Zeremonie wurde vor jeder einzelnen TM-Einführung ausgeführt und sollte, so die offizielle Version, den Lehrer daran erinnern, dass er immer nur im Namen und im Auftrag der Heiligen Tradition lehrte. Aber sie war natürlich mehr als nur eine Erinnerung. Sie war ein ganz wunderbares traditionelles Ritual, während dessen man vor dem Bild Guru Devs – Maharishis Meister als dem Vertreter der vedischen „Heiligen Tradition" – Gaben darbrachte, wie etwa Wasser, Licht, Früchte, Blumen, Reis und so weiter. Diese symbolische Verehrung und Bewirtung des Meisters ordnete einen in die zeitlose Heilige Tradition ein.

Wenn man sich am Schluss dieser Zeremonie vor dem Bild verbeugte, spürte man die überwältigende Gegenwart heiliger Kräfte oder Wesenheiten. Man fühlte sich tatsächlich als Vertreter der Tradition und war autorisiert, das Meditations-Mantra*6 und die notwendigen Meditationsanweisungen zu übergeben. Die Instruktionen des TM-Lehrers, der ansonsten nur eine sehr begrenzte Persönlichkeit war, bekamen in dem Moment eine ungeheure Autorität, die seinem Schüler einen kraftvollen Impuls in Richtung Transzendenz gab.

Diese kleine vedische*1 Zeremonie wurde auch vor anderen wichtigen spirituellen Ereignissen ausgeführt, um sozusagen den Segen der Heiligen Tradition heranzurufen und dem Ereignis Bedeutung zu verleihen; so natürlich auch vor der feierlichen Einweihung in den Status des TM-Lehrers.

Wir warteten also auf unseren Stühlen in einem Seitenbereich der Halle darauf, dass wir an die Tische treten und die Puja ausführen dürften. Doch just in diesem Moment kam eine andere Gruppe in den Raum, die Maharishi sprechen wollte. Es waren die führenden Persönlichkeiten der deutschen TM-Bewegung. Sie setzten sich direkt vor ihn hin und fingen an mit ihm zu reden. Wir saßen da, konnten nicht hören, was gesagt wurde, fühlten nur eine immer größere Ungeduld und Sorge, ob wir überhaupt noch drankämen. Die Besprechung zog sich hin – bis es schließlich wieder zu spät war. Wir sollten morgen wiederkommen.

Am nächsten Vormittag versammelte unsere Kleingruppe sich wieder in dem Hotel. Wieder warteten wir. Dann hieß es: Nur diejenigen, die einen ganz wichtigen Termin zu Hause oder schon einen Flug gebucht hätten, könnten an diesem Vormittag zum Lehrer gemacht werden. Die anderen sollten bis zum Nachmittag warten. Das war ein Test, den ich nicht bestand. Signe sagte, sie müsste heute abfahren; ich glaube, es stimmte nicht, aber sie hatte offensichtlich keine Probleme damit.

Ich hatte eigentlich keinen Termin, fühlte mich aber durch sie ermutigt, auch zu lügen. So kamen wir also in den Raum und führten alle gleichzeitig unsere Puja vor den Augen Maharishis aus. Ich aber war so nervös wegen meiner Unaufrichtigkeit ihm gegenüber, dass ich an einer Stelle nicht weiter wusste und tatsächlich einen Fehler machte. Ich hoffte, Maharishi hätte es nicht gemerkt, da ja alle gleichzeitig sangen und ihre Gaben darbrachten.

Nach der Puja sagte Maharishi jedoch plötzlich, dass er erst am Nachmittag weitermachen wollte und wir dann wiederkommen sollten. Ich war so erleichtert; ich ging zu ihm und gab ihm voller Dankbarkeit eine Blume.

Am Nachmittag war es dann endlich so weit. Wir machten die Puja in Gegenwart Maharishis, erhielten über Kopfhörer die letzten, wichtigsten, ganz geheimen Instruktionen, gingen dann einzeln zu Maharishi vor und konnten ein paar Worte mit ihm sprechen. Er fragte mich zuerst: „Fährst du heute?" Ich sagte „Ja" und dachte dabei: „Wenn heute alles abgeschlossen ist, kann ich tatsächlich fahren." Den Zug hatte ich mir schon ausgesucht. Aber ganz ehrlich war es nicht, denn ich musste nicht unbedingt am selben Tag abreisen. Dann fragte er, ob ich mich denn wirklich in allen Lehrschritten ganz sicher fühlen würde. Offensichtlich hatte er meinen Fehler am Vormittag bemerkt. Ich konnte aber guten Gewissens ja sagen; denn ich war mir sicher.

Er akzeptierte es. Denn er öffnete vor meinen Augen eine Faltmappe, in der das Bild seines Meisters Guru Dev lag. Er deutete mit den Augen auf das Bild und sah mich erwartungsvoll lächelnd an, wie ein Großvater, der vor dem gespannten Enkel ein Geschenk auspackte. Seine Geste deutete an: „Siehst du hier den göttlichen Meister? Bist du dir bewusst, dass du von jetzt an immer im Namen Guru Devs und vor seinem Bild lehren und damit in der Heiligen Tradition stehen wirst?"

Ich muss gestehen, dass ich etwas überrascht und unkonzentriert war. Da war die leise Idee: „Es ist ja nur ein Bild." Aber ich glaube, er „lud" in diesem Moment das Bild für mich „auf". Es hat mich seither immer begleitet. Bis heute habe ich es auf einem kleinen Altar in meinem Zimmer stehen; und immer habe ich die Einführungszeremonie, die der

Einweisung in die TM vorausgeht, vor genau diesem Bild ausgeführt, wie es erwartet wurde. Das Bild ist lebendig, es ist nicht nur ein Stück bedrucktes Papier. Guru Dev ist tatsächlich in ihm gegenwärtig und überschaut mein Leben von seinem Platz aus. Ich empfinde ihn – als Maharishis Meister – immer auch als meinen eigenen Meister. (Das wurde mir später auch von Maharishi noch speziell nahegelegt. Davon werde ich noch erzählen.) Guru Dev ist mein Meister geblieben, obwohl ich ihn nie persönlich gesehen habe.

Nun war ich also TM-Lehrer. Die Aufregung war überstanden, die Spannung gelöst. Ich hätte nun total glücklich und erleichtert sein können. Aber ich war es nicht.

Es belastete mich, dass ich den Meister belogen hatte. Das hatte er doch bestimmt gespürt. Und tatsächlich, als er mich später aus der Ferne sah, schaute er weg – ob wegen meines tatsächlichen Fehlers oder weil ich ein schlechtes Gewissen hatte und ihm deswegen nicht in die Augen schauen mochte, weiß ich nicht. Wahrscheinlich Letzteres. Und ich blieb tatsächlich noch den ganzen Tag dort, weil wir noch einige Nachinstruktionen erhalten sollten. Später sah mich einer der Offiziellen: „Du bist ja doch noch da!"

Ich konnte mich darauf berufen, dass wir ja noch wegen der zusätzlichen Unterweisungen hatten dableiben sollen. Das wurde akzeptiert, war mir aber schon recht peinlich. Am nächsten Morgen fuhr ich in einer vollgestopften Kleinbahn runter nach Rom und dann mit dem Schnellzug nach München.

Zurück in Deutschland

Zurück in Deutschland begann ich dann, wie viele andere auch, das Gelernte umzusetzen: Ich organisierte Vorträge, Einführungen, Kurse. Anfangs war ich nicht besonders erfolgreich. Es gab einfach zu viele TM-Lehrer und zu wenige, die TM lernen wollten.

Ich begann mit meinen Versuchen in meiner Reinbeker Heimat, wo ich meine Mutter besuchte. Innerhalb einiger Wochen brachte ich gerade mal drei Einführungen zustande. Dann bot sich die Gelegenheit, in das neu gegründete TM-Center in Harlaching, einer der besten Münchener Wohngegenden, zu ziehen. Hier war ich sehr glücklich, aber auch hier reichten die Kurse und Einführungen nicht aus, um mich finanziell über Wasser zu halten.

Ich war kurz davor, meinen Traum aufzugeben, Vollzeit TM zu lehren. Und diesen Traum hatte ich nicht nur, weil die Einführungen und überhaupt die ganze Arbeit für die TM mit enormen Glücksgefühlen verbunden war, sondern auch, weil uns Maharishi erklärt hatte, dass es für die eigene Evolution und Erleuchtung das Beste sei, sich ganz und gar auf das Lehren der Transzendentalen Meditation zu konzentrieren.

Nach einigen Monaten in Harlaching wurde ein Fortbildungskurs angekündigt, den alle TM-Lehrer möglichst schnell absolvieren sollten: Den Kurs in der „Wissenschaft der Kreativen Intelligenz" – WKI. Die WKI sollte der TM eine wissenschaftliche Grundlage geben, um auch den Intellekt der mehr westlich eingestellten Menschen zu befriedigen. Es war eine Erklärung der Transzendentalen Meditation in akademischer Ausdrucksweise: 33 Videovorträge von Maharishi, gepaart mit schriftlichen Fragen und Antworten.

Einen solchen Kurs also sollten nun alle besuchen, sowohl die TM-Lehrer als auch die Aspiranten für spätere TTCs. Brav wie ich war, meldete ich mich sofort an. Der Kurs für die Deutschen fand im Semmering in Österreich statt. Er wurde von Peter H. geleitet.

Peter war Komponist elektronischer Musik, TM-Lehrer und seit kurzem Vorsitzender der von ihm gegründeten Jugendorganisation WYMS (World Youth Meditation Society). Peter war eine ganz ungewöhnliche und extreme Persönlichkeit. Bis dahin hatte ich noch niemanden – außer Maharishi selbst – getroffen, der solche Nerven hatte und so unabhängig von der Meinung anderer war. Er kannte keine Angst vor Ablehnung, Blamage oder ähnlichem. Als TM-Lehrer war er bereits außerordentlich erfolgreich gewesen und hatte tausende junge Leute zum Meditieren gebracht. (Aufgrund einiger rufschädigender Eskapaden wurde ihm und der WYMS allerdings von Maharishi die TM-Lehrerlaubnis bald wieder entzogen. Sein eigenwilliger Stil war mit der TM-Bewegung auf Dauer nicht zu vereinbaren.)

Peter hatte einen Stab von ergebenen jungen Männern um sich. Wenn er in der Öffentlichkeit erschien, kam er wie eine Power-Ladung daher: Fast immer gingen zwei bis vier seiner Leute schräg hinter ihm – leicht abgestuft wie eine Pfeilspitze. Sein Gesicht war dabei keineswegs hart oder aggressiv, sondern ganz natürlich und entspannt; jedoch mit einer Mine von einer gewissen Unbesiegbarkeit, sodass man wusste: Wenn ich ihm Widerstand leiste, macht er mich fertig.

Seine Leute, die meist jünger waren als er, gehorchten ihm aufs Wort. Er siezte sie, und sie mussten ihn – und auch sich untereinander – siezen, obwohl sie jahrelang zu mehreren in Zimmern mit Etagenbetten zusammen lebten. Immer trugen sie Anzüge, meist dunkelblau mit rotem Schlips. Peter wollte, dass seine WYMS als etablierte und seriöse Business-Organisation auftrat – dazu gehörte seiner Meinung nach, dass sich die Mitglieder untereinander sehr förmlich verhielten.

Peter war mir von Anfang an nicht recht geheuer. Andererseits war seine Kursleitung einwandfrei und sehr effektiv. Ich selbst war, wie immer, hundertprozentig bei der Sache und lieh mir jeweils nach den Lektionen noch die schriftlichen Unterlagen aus, um sie intensiver studieren zu können.

Ich erbot mich auch, sie ins Deutsche zu übersetzen, um sie noch mehr zu integrieren. Das gefiel Peter, und nach dem ersten Kurs lud er mich ein, auch über den zweiten einmonatigen Kurs, der direkt an den ersten anschloss, zu bleiben und weiterhin die Materialien gegen freie Kost und Logis zu übersetzen. Und so blieb ich während des zweiten und auch während des dritten Kurses dort, zog auch noch mit der WYMS in ihren Hauptsitz nach Kassel um und wurde ein anerkanntes Mitglied des Staffs.

So richtig zu Hause fühlte ich mich allerdings nie. Man hatte ständig Angst, etwas falsch zu machen oder nicht ganz auf der ideologischen Linie zu liegen. Andererseits profitierte ich von Peters Führungsstil. Es ging ihm vor allem darum, in uns das Gefühl zu entwickeln, wir könnten alles erreichen. Und tatsächlich baute er mich allmählich zu einer effektiven Führungspersönlichkeit auf. Dafür bin ich ihm nach wie vor dankbar. Wie sonst hätte ich all die kommenden Aufgaben bewältigen sollen?

Denn schon bald nach dem Umzug nach Kassel wurden für alle Städte TM-Lehrer gesucht, die zusammen mit jungen TM-Meditierenden eine lokale WYMS gründen sollten. Als ich mitbekam, dass das auch auf München zutraf, bewarb ich mich für diesen Job und bekam ihn.

So wurde ich Leiter des Münchener TM-Centers und konnte umsetzen, was ich bei Peter gelernt hatte – allerdings etwas anders, als Peter es sich vorgestellt hatte. Denn hier konnte ich mit Powern nicht viel ausrichten, da alle Mitarbeiter freiwillige Helfer waren. Gehälter konnten wir nicht zahlen; dafür war kein Geld da.

Jeder musste Spaß an der Sache und das Gefühl haben, dass er etwas Sinnvolles für seine eigene Evolution und für die Welt tat. Wenn jemand zu hart angepackt wurde, kam er einfach nicht wieder. Das war eine gute Schule für mich. So musste ich lernen, mich auf die Leute einzustellen und ihr vorhandenes Engagement sanft in die richtigen Kanäle zu lenken.

Zu meiner eigenen Überraschung hatte ich offensichtlich ein gutes Organisationstalent. Das war erstaunlich, da ich doch bisher nur Philosophie studiert und Texte bearbeitet hatte. Schon bald war mein Center eines der erfolgreichsten in Deutschland. Das lag vor allem daran, dass es bei uns keine Rivalität um die Einführungen gab: In allen anderen Centern führten immer diejenigen die neuen Meditierenden ein, die diese bei einem Vortrag akquiriert hatten. Bei uns übernahm ich, als der beste

Redner, alle Vorträge, teilte dann aber die Einführungen unter den TM-Lehrern auf.

Nach einiger Zeit geschah es, dass ich auch noch Koordinator von Süddeutschland wurde, und nun auch andere Orte der Umgebung besuchen musste, um hier die Center auf Trab zu bringen. Das war eine anstrengende Phase. Ich kam nur sehr wenig zum Schlafen. Zwar meditierte ich regelmäßig, aber jedes Mal nur sehr kurz. Mein letzter Gedanke am Abend war: „Was kann ich noch tun, um unser Center über Wasser zu halten und Vollzeit-Lehrer zu bleiben?" Und auch mein erster Gedanke nach kurzem Schlaf am nächsten Morgen ging wieder in Richtung Centeraktivitäten und TM-Werbung. Sehr bald war ich ziemlich ausgebrannt und erschöpft. Das im WKI-Kurs erwähnte Gleichgewicht zwischen Ruhe und Aktivität hatte ich wohl zu sehr vernachlässigt.

Zwischenspiel in Seelisberg

Eines Tages ergriff ich die Gelegenheit, mit einem vorbeikommenden TM-Lehrer nach Seelisberg zu fahren. Denn dort war unsere internationale Verwaltungszentrale, in der damals auch Maharishi lebte. Seelisberg ist ein kleiner Touristenort in der Schweiz, circa 800 Meter hoch liegend, direkt oberhalb des berühmten „Rütli" am Vierwaldstädtersee, wo seinerzeit die Schweizer Eidgenossenschaft gegründet wurde. Die TM-Bewegung hatte dort oben die zwei alten Kurhotels „Sonnenberg" und „Kulm" gekauft, die mit einer kleinen über die Straße führenden Brücke verbunden waren. Als ich dort ankam, die leichte und freie Luft schnupperte und das geschäftige Hin und Her der vielen jungen TM-Leute beobachtete, die dort im „Staff" arbeiteten, wusste ich sofort: „Hier will ich bleiben." Ich war zwar gar nicht angemeldet, beschloss aber, es einfach zu probieren. Ich fand einen Verantwortlichen, Bernd M.etzner, den Chef der Bauabteilung. Bernd kannte mich, und nach einigem Zögern sagte er: „Okay, du kannst bei den Malern arbeiten."

Das Hotel Sonnenberg wurde gerade völlig renoviert und umgebaut, und viele Meditierende nutzten die Chance, in der Nähe Maharishis mithelfen zu können. Malerarbeit lag mir eigentlich nicht besonders, aber ich war froh, bleiben zu können. Ich bekam ein kleines Zimmer, und fing am nächsten Morgen nach der Meditation an, Löcher in Wänden zu verkleistern und Wände anzustreichen.

Wie ich schon geahnt hatte, machte mir diese spezielle Arbeit keinen Spaß, und nach zwei Tagen bemühte ich mich darum, in die Zimmermanns- und Tischlerabteilung zu kommen. Das lag mir mehr, denn auch mein Vater hatte früher als Segelflieger Tischlereiarbeiten gemacht. Er hatte uns sogar einige Möbel getischlert. So etwas konnte ich nicht, aber mein Vater hatte mir zumindest beigebracht, wie man einen Hammer richtig hielt und wie man Nägel einschlug. Ich wurde tatsächlich dem Vorarbeiter der Zimmerleute zugeteilt, einem Helmut, und in den nächsten Wochen riss unsere Gruppe die Zwischentüren aus den Suiten im Sonnenberg heraus, schloss die Wände mit Rigips, und baute in jedem Zimmer eine Dusche ein – nicht vorgefertigt, sondern richtig mit Holzwänden und auf Teerpappe montierten Duschwannen, von denen viele später durchleckten, wie ich hörte.

Ich erlernte die Arbeit eifrig und schnell, so wie ich eben immer war, und wurde einer der Lieblinge von Helmut; was sich als nützlich erwies, als schon bald der Mitarbeiterstab reduziert wurde und die meisten Zimmerleute, auch Fachkräfte, nach Hause geschickt wurden. Ich aber durfte bleiben und konnte weiter im Haus rumhämmern.

Das war eine wunderbare Zeit, insbesondere da sich Maharishi in unregelmäßigen Abständen den Fortgang der Arbeiten persönlich anschaute. Ihm machte so etwas Spaß. Und so trat er manchmal unerwartet in einen Raum, in dem ich vielleicht gerade unter einem Regal lag und Nägel einschlug. Ich sprang dann auf und legte die Hände zum Gruß zusammen. Maharishi erwiderte den Gruß und lächelte dabei liebevoll-belustigt. Das war jedes Mal ein Glückserlebnis. An den Abenden durften wir vom Bau-Staff in der großen, noch unfertigen, „Lecturehalle" dabeisitzen, wenn Maharishi Vorträge hielt oder sich mit einzelnen Gruppen traf, um die Expansion der TM zu planen oder irgendwelche Texte durchzuarbeiten. Es war ein Paradies für mich.

Eines Morgens hatte ich die Gelegenheit, einem sehr interessanten Gespräch Maharishis mit einem Gast zuzuhören, den er in der leeren Vortragshalle traf. Ich weiß nicht mehr, wie es kam, dass ich dort während der Arbeitszeit rumhängen durfte. Jedenfalls konnte ich von einer der hinteren Stuhlreihen aus zuhören, wie Maharishi oben auf der Bühne mit einem jungen TM-Lehrer aus Frankreich sprach. Der war angereist, um Maharishi von einem Projekt zu berichten, das er selbst in Gang gesetzt hatte: Er wollte in Südfrankreich eine Meditationsakademie bauen, nun mit Maharishi Einzelheiten besprechen und sich den Segen für das Vorhaben holen.

Überraschenderweise fand Maharishi die Idee nicht gut; er wollte den jungen Mann lieber für ein anderes Projekt im Ausland einsetzen. Das konnte der TM-Lehrer absolut nicht verstehen: So ein gutes Gelände! So gute Baumöglichkeiten! Das könnte doch der TM nur nützlich sein! Aber Maharishi ließ sich nicht überzeugen. Schließlich argumentierte der Mann sogar damit, dass er wüsste, dass Gott dieses Projekt wollte. Da sagte Maharishi nur in ironischem Tonfall: „You know god! – Du kennst Gott!" Schließlich verließ der Mann unwillig und trotzig den Saal.

So etwas hatte ich lange nicht mehr erlebt. Hatten wir TM-Lehrer doch durch den langen Umgang mit Maharishi gelernt, dass es für die eigene Evolution am besten war – wenn man schon mal einen erleuchteten Meister hatte –, diesem in jeder Kleinigkeit zu folgen, um sich dadurch dessen Bewusstsein anzupassen. Dies war der Weg der Erleuchtung, den Maharishi selbst bei seinem Meister Guru Dev gegangen war und der in der vedischen[*1] Tradition verankert lag. Dem jungen Franzosen war das offensichtlich nicht klar gewesen. Er hatte seinen eigenen kleinen Verstand über die Weisheit des Meisters gestellt. Dass ich bei diesem Gespräch dabei sein durfte, war bestimmt so arrangiert worden, damit ich eine Lektion erhielt.

So sehr ich die Arbeit und die ganze Situation in Seelisberg genoss, entschied ich mich doch eines Tages ganz plötzlich, nach München zurückzukehren. Und das kam so: Jeden Morgen wurde für den Staff eine Puja gemacht, also die kleine Zeremonie, die normalerweise vor der Einweisung in die TM vollzogen wurde. Die wenigen TM-Lehrer im Staff wechselten sich in dieser Aufgabe ab. Eines Tages war ich an der Reihe. Während der Zeremonie wurde ich – das lag nahe – an das Einführen erinnert, und mir wurde klar, dass meine Aufgabe eigentlich das Lehren der TM war und nicht das Tischlern. Mir kam auch zu Bewusstsein, dass ich im Münchener Center gebraucht wurde, das ohne mich wahrscheinlich den Bach runtergehen würde. Eine Stunde später hatte ich mich bei Helmut abgemeldet – dem das natürlich nicht so recht war, hatte er doch die meisten anderen Mitarbeiter gerade nach Hause geschickt – und fuhr zurück nach München. Das war nach fast genau sechs Wochen, also der Zeit, die normalerweise ein ATR-Kurs*[14] dauerte. Zurück im Center, musste ich dieses zunächst einmal wieder in Schwung bringen.

Im Herbst 1973 ergriff ich die Chance, an dem ersten regulären ATR-Kurs teilzunehmen, der allerdings nur zwei Wochen dauerte. Er fand in Weggis am Vierwaldstädter See in der Schweiz statt. Ich weiß noch, dass ich während der Video-Lektionen im Hintergrund des Raumes saß und mir eine Korallenkette auf Golddraht aufzog. Ansonsten machte ich viel Quatsch mit Reinhard B., der mich Jahre später als Sekretär von Maharishi ablösen sollte. Der Kurs war enorm erholsam.

In diesen Jahren blühte das Center immer mehr auf; die Aktivitäten vervielfältigten sich.

Aufbau eines neuen Centers

Eines Tages kam einer der jüngeren TM-Lehrer zu mir und sagte: „Hans, unser Center ist zu groß und zu teuer, wir können es uns nicht mehr leisten. Wir müssen in ein kleineres umziehen." Ich sagte zu ihm: „Im Gegenteil – unser Center ist zu klein; wir brauchen ein größeres!"

Und so war es tatsächlich. Wir hatten nicht genug Räume. In einem Treffen schlug ich den anderen TM-Lehrern vor – wir waren damals, glaube ich, fast an die zwanzig –, neue Räume zu suchen. Und das taten wir dann auch. Dabei gingen wir auf eine besondere Weise vor, die ich von Wilfried Schoof gelernt hatte. Dieser norddeutsche TM-Lehrer hatte auf meinem ATR-Kurs der Gruppe berichtet, wie er in Kiel ein wunderbares, geradezu ideales Center zu günstigsten Bedingungen gefunden hatte.

Dazu war er wie folgt vorgegangen: Er war immer wieder mit einer Gruppe von positiv gesinnten TM-Meditierenden und -Lehrern durch die besten Gegenden Kiels gelaufen – dort, wo sie das Center am allerliebsten gesehen hätten, wenn Geld und andere Einschränkungen keine Rolle gespielt hätten. Sie hatten sich – gemeinsam, das war wichtig! – die schönsten Häuser ausgeguckt und sich ausgemalt, wie es wäre, dort ein Center zu haben. Schließlich hatten sie drei Häuser in ihrer engsten Auswahl, davon einen absoluten Favoriten – alles ohne Machbarkeitsüberlegungen!

Danach erst setzten sie eine Annonce in die Zeitung. Am selben Wochenende erschien jedoch ein Verkaufsangebot genau jenes Hauses, das sie sich ausgesucht hatten. Und dessen Besitzer antwortete zudem auch noch auf ihre eigene Anzeige. Nach kurzen Verhandlungen war die Sache perfekt, und sie bekamen das absolut ideale Center zu einem erschwinglichen Mietpreis.

Und nicht nur das: Die „Unterstützung der Natur" ging weiter: Ein Meditierender spendete schöne Möbel, ein anderer, ein Teppichhändler, stellte seine schönsten Perserteppiche quasi als Ausstellung zur Verfügung und so fort. All diese Erfolge schienen sich daraus ergeben zu haben, dass eine Gruppe Gleichgesinnter in dieselbe Richtung dachte, und dass sie sich aktiv und vor Ort die Objekte anschaute. Dadurch kanalisierte sich die Aufmerksamkeit so, dass sich die Wünsche in ungeahnter Weise verwirklichten.

Diesen Bericht von Wilfried Schoof hatte ich mir gut gemerkt und schlug nun ein ähnliches Verfahren in München vor. Bald darauf sah man uns zusammen durch die Straßen des Münchener Univiertels schlendern, und uns die schönsten Häuser ansehen. Es dauerte zwar etwas länger als in Kiel, und wir fanden auch kein Haus in genau den Straßen, die wir besichtigt hatten; aber dann tauchte doch plötzlich eins auf, das vielleicht noch günstiger lag.

Danach aber kam die richtige „Unterstützung der Natur"! Der Besitzer hatte in diesem Haus drei Wohnungen zu vermieten, im Erdgeschoss eine große und eine kleine und eine weitere große im ersten Stock. Er wollte uns – als Ausläufer einer amerikanischen Privatuniversität, wie es auf meiner Visitenkarte stand – unbedingt unter Vertrag nehmen. Ich war nur an den beiden großen Wohnungen interessiert; aus denen man wirklich etwas machen konnte; jede hatte einen fast saalartigen großen und viele kleine, für Büros geeignete Räume. Er sagte: „Nehmen Sie doch die kleine Wohnung auch noch." Ich sagte: „Die brauchen wir eigentlich nicht." „Na gut", gab er sich einen Ruck: „Ich gebe Ihnen alle drei Wohnungen zusammen, für einen Quadratmeterpreis von nur 10,- DM." Das war nun wirklich sehr günstig, und so sagte ich zu. Später stellte sich heraus, dass die kleine Wohnung für uns äußerst nützlich war: Wir konnten die zwei weiteren Räume als Büros gut gebrauchen und auch die kleine Küche, in der unsere Gruppe fast jeden Tag zusammen zu Mittag aß.

Doch nicht nur beim Mietpreis wurden wir unterstützt sondern auch in vielen anderen Dingen: Als ein junger TM-Lehrer aus unserer Mannschaft, der Architekt war, mit mir und dem Vermieter die Wohnungen besichtigte, ließ Letzterer sich zu vielen Versprechungen aller möglichen baulichen Veränderungen und Renovierungen hinreißen, die er dann auch arrangierte.

Im September konnten wir die Wohnung übernehmen – oder war es schon Oktober? Das ist deswegen relevant, weil die neue Heizung erst etwas später eingebaut wurde. So froren wir in der ersten Zeit, während wir noch die Wohnung einrichteten, ganz furchtbar. Für mich war es eine schlimme Zeit. Hier fiel es nun sehr deutlich ins Gewicht, dass wir nur freiwillige Mitarbeiter hatten: Wer wollte schon in eiskalten und noch nicht „einmeditierten" Räumen arbeiten? Die Leute kamen einfach nicht oder zumindest kaum.

Jeder, der fast ohne Geld eine Wohnung einrichten muss, weiß, was da alles an kleinen und großen Problemen auftauchen kann. Und gleichzeitig brannten natürlich noch viele andere Projekte, denn schließlich mussten ja noch alle sonstigen Aktivitäten aufrechterhalten werden! Das Ganze wuchs mir derart über den Kopf, dass ich fast jeden Tag am liebsten schreiend weggelaufen wäre (das ist nicht übertrieben!).

Zum Glück aber blieb ich, und eines Tages konnten wir dann die offizielle Einweihung feiern, die ich natürlich für Publicity ausnutzte: Unter anderem hatten wir ein sehr schönes Rundschreiben mit Grundrissen des neuen Centers und Bildern der Räumlichkeiten versandt. So war unser Saal bei der Eröffnung gut gefüllt; es kamen sogar einige Prominente von außerhalb.

Vorher aber war mir noch eine kleine Glanzleistung gelungen, wegen der ich noch heute stolz auf mein damaliges Vertrauen in die Natur bin: Unsere alten Stühle waren für die neue Wohnung nicht mehr angemessen. Wir brauchten neue; daran gab es für mich keinen Zweifel. Aber wir hatten kein Geld! Und Stühle waren auch zu der Zeit nicht billig. Ich ließ mir trotzdem Prospekte von Möbelfirmen kommen, und wir suchten schließlich einen schönen Stuhl für 80,- DM aus. Ich bestellte 100 Stück. Das schien an der Grenze zur Verantwortungslosigkeit zu liegen. Aber mir war klar: „Es muss einfach sein!" Ich hoffte auf die „Unterstützung der Natur".

Die Stühle kamen am Tag vor der Eröffnung an. Wir packten sie aus und stellten sie auf. Sie waren sehr schön. Die Rechnung kam mit einem Zahlungsziel von 30 Tagen; auf das Skonto mussten wir leider verzichten. Der Stichtag näherte sich. Wir hatten immer noch kein Geld. An einem Montag war die Rechnung zu begleichen. An dem Wochenende davor hatten wir dann sehr viele Einführungen – ich glaube, es waren 16 – und zugleich lief ein gut besuchter Wochenendvertiefungskurs, der uns angenehm viel Geld einbrachte. Am Sonntagabend zählte ich das Geld in der Kasse. Es waren etwas über 8.000 Mark! So ging ich dann am Montagmorgen zur Bank und überwies ganz cool die Summe für die Stühle, als sei nichts gewesen.

Die Einrichtung des neuen Centers erschöpfte mich ziemlich, und eines Tages beschloss ich, einfach mal für ein paar Tage nach Arosa zu fahren, wo sich Maharishi gerade aufhielt. Ich nahm eine junge TM-Lehrerin mit. In Arosa angekommen, mieteten wir uns ein Zimmer und fuhren am nächsten Morgen zum Hotel Prätschli hinauf, in dem Maharishi residierte.

Zu der Zeit war es manchmal noch möglich, einfach so in sein Hotel hineinzukommen. Wir gingen also hinein und liefen sodann schnurstracks in den Hauptsaal, in dem tatsächlich Maharishi saß, umgeben von circa 30 bis 50 Mitarbeitern. Es wurden irgendwelche Pläne gemacht. Wir konnten uns einfach dazusetzen. Was für eine Erlösung, in der Nähe Maharishis zu sitzen und sich zu entspannen! Es war ein Geschenk und eine Belohnung für mein Kämpfen in München. In einer Pause konnte ich Maharishi eine Blume geben, und er schaute mich ganz liebevoll und intensiv an. Er hatte sicher gemerkt, wie kaputt ich war. Sofort danach verspürte ich wieder Kraft.

Einweihung der „Morgendämmerung des Zeitalters der Erleuchtung"

Über Neujahr 1974/1975 besuchte ich wieder einen ATR-Kurs. Kurz vor dem 12. Januar wurde auf diesem Kurs bekannt, dass Maharishi die „Morgendämmerung des Zeitalters der Erleuchtung" ausrufen und auf dem Vierwaldstädter See feierlich einweihen wollte. Wir waren ganz aufgeregt und hofften, da Maharishi ja den Durchblick haben musste und vielleicht sogar am Schicksal der Welt drehen konnte, auf einen wunderbaren Umschwung des gesamten Weltgeschehens. Unser Kurs war damals in Brunnen; Maharishi wohnte in Vitznau, auch am See, wo er das große Flaggschiff „Gotthard" besteigen sollte, um die feierliche Einweihung auf dem Wasser zu vollziehen. Wir Kursteilnehmer sollten in Brunnen in kleinere Vergnügungsschiffe verpackt werden und in diesen dann Maharishis Schiff auf dem See treffen. Wesentlich lieber wäre es uns natürlich gewesen, mit auf seinem Schiff sein zu dürfen, aber das war natürlich viel zu klein für all die Menschen, die von den verschieden Kursen in der Schweiz dazustoßen sollten, und für die vielen Gäste aus dem Ausland. Trotzdem waren wir alle sehr gespannt, wenn manche auch gewisse Sorgen wegen der abrupten Unterbrechung der langen Meditations-Runden hegten.

Als ich aus dem Hotel trat, um an Bord zu gehen, kam Wolfgang auf mich zu – derselbe TM-Lehrer, der mich später in den Sekretärsposten bei Maharishi lancieren sollte – und fragte mich, ob ich mit ihm in seinem Auto nach Vitznau fahren wollte. Na ja, gut. Ein Stück Bootsfahrt würde mir dadurch zwar entgehen, aber wer weiß … und ich wollte ihn auch nicht abweisen.

Als ich in Vitznau aus dem Auto stieg, kam unser nationaler Leiter, Herr Ritterstaedt, auf mich zu, der mich aus irgendwelchen, wohl karmischen, Gründen sehr hoch schätzte, und rief: „Herr Dr. Vater", so redete er mich immer an. „Ich habe für Sie eine Karte für Maharishis Schiff reservieren lassen! Sie können sie sich am Informationszelt abholen." Unfassbar! Ich stolzierte also zu dem Zelt und erhielt meine Karte für das Flaggschiff Gotthard, während alle anderen Kursteilnehmer auf ihrem kleinen Boot bleiben mussten.

Die „Gotthard" hatte zwei Decks. Das obere, auf dem Maharishi sein würde, durften nur Prominente und geladene Gäste betreten. Ich ging trotzdem die Treppe hinauf. Oben stand Peter S. als Tür-Checker, den ich nur ein paar Male gesehen hatte, dem ich aber als erfolgreicher TM-Lehrer bekannt war, und der wohl auch etwas Respekt vor meinem Doktortitel hatte. Er sagte: „Ah, Dr. Vater, ja bitte, Sie können reingehen." – So gelangte ich tatsächlich in das innerste Heiligtum.

Die Stuhlreihen waren schon im Halbkreis um die Bühne mit Maharishis Sofa herum aufgestellt worden, aber noch leer. Ich dachte: In die erste Reihe wird man mich ja sicher nicht lassen. Also setzte ich mich in die zweite, ganz am Rande. Da ich noch „auf Runden" war (wie man bei uns sagte) und wusste, dass man nicht so plötzlich die Meditationszeiten reduzieren konnte, ohne seinem Nervensystem Stress zuzufügen, schloss ich die Augen und fing an zu meditieren. Bald füllten sich die Reihen; und dann hörte ich, wie ein Ordner kam und fast alle Leute wieder wegschickte: Die ersten Reihen wären für ganz spezielle Gäste reserviert. Da ich aber in Meditation versunken war, ließ er mich in Ruhe. Und so blieb ich schließlich fast die ganze stundenlange Feier hindurch in der zweiten Reihe, unter all den Prominenten und in Maharishis nächster Nähe.

Einmal gab es eine größere Pause: Das Schiff legte in Vitznau an; Maharishi ging an Land in sein Hotel. Als er zurückkam, stand ich mit vielen anderen Verehrern im unteren Eingangsbereich des Schiffes, um ihm eine Blume zu überreichen. Als er sie annahm, berührte er ganz leicht meine Hände. Als ich dann wieder in den oberen Saal wollte, stand ein anderer „Tür-Checker" dort und ließ mich nicht rein. Aber das störte mich nicht mehr, war ich doch so erfüllt von all dem Segen, den ich empfangen hatte. Und so genoss ich es, auf dem Schiff rumzulaufen und mit Bekannten zu sprechen, die aus Deutschland angereist waren. Als ich nach einiger Zeit wieder Lust hatte, in Maharishis Saal zu gehen, stand wieder jemand anders an der Tür – der mich auch prompt einließ.

So war der ganze Tag, die ganze „Einweihung der Morgendämmerung des Zeitalters der Erleuchtung", für mich eine Perlenkette von Segnungen und Unterstützung.

Der Traum von Brasilien

In dieser Endphase meines ATR-Kurses hatte ich mich für ein neues Projekt beworben, das „Associate 108" hieß: Kleine Gruppen von starken TM-Lehrern sollten in verschiedenen Ländern, darunter auch Brasilien, die TM-Bewegung vorantreiben oder aufbauen. Brasilien! Meine alte Sehnsucht nach einem exotischen und ganz andersartigen freien Leben meldete sich machtvoll! Und so bewarb ich mich für Brasilien. Alles sah sehr gut aus. Da war schon ein Kompagnon, der das Land kannte, Portugiesisch sprach und mit dem ich mich gut verstand. Die Leiter des ganzen Projektes wollten mich unbedingt haben. Es fehlte nur noch eine Kleinigkeit, und das war Maharishis Zustimmung.

Die Verantwortlichen versuchten mich wieder und wieder in Maharishis Nähe zu lancieren, damit sie diesen in meiner Gegenwart fragen könnten. Einmal durfte ich deswegen sogar mit auf ein kleines Vergnügungsboot, auf dem Maharishi mit den Teilnehmern eines ganz speziellen Kurses auf dem See fuhr. Ich genoss die Fahrt und sonnte mich in Maharishis Gegenwart. Interessant war während dieser Fahrt, dass er immer wieder auf schöne Landstücke am Ufer hinwies, die ideal für den Bau einer TM-Akademie erschienen. Ich dachte: „Aha, er will die Aufmerksamkeit auf diese Ländereien richten, damit sich durch die Wunschkraft dieser fortgeschrittenen und hoch entwickelten TM-Lehrer dort später mal eine Akademie manifestieren könnte." (Was übrigens nie geschehen ist.)

So schön die Fahrt war – ich kam nicht an Maharishi heran. Nach dem Anlegen zog er sich sofort in sein Hotel zurück. Schließlich – es war schon der Tag meiner Abreise – ergab sich endlich ein Zusammentreffen. Ich stand zufällig vor dem Parkhotel in Vitznau, als Maharishi mit einem Auto vorgefahren kam. Als er den Eingang betrat, ging ich von der Seite her auf ihn zu, legte die Hände zusammen und sagte: „Maharishi, ich habe den starken Wunsch, nach Brasilien zu gehen." Maharishi fragte im

Weitergehen: "Sprichst du Portugiesisch?" Ich antwortete etwas hastig: „Nein, aber ich lerne Sprachen sehr schnell." Er hörte schon nicht mehr zu und wandte sich einem anderen zu, der auf der anderen Seite ging und auch etwas fragen wollte. Während des langen Weges durch den Korridor beachtete er mich nicht mehr und verschwand in einem Raum, wo er mit Staff-Mitgliedern etwas planen wollte.

Ich wartete noch eine Zeit lang ungeduldig vor seiner Tür, in der Hoffnung, nach dem Treffen doch noch ein Okay zu bekommen. Aber dann dämmerte mir, dass ich die Antwort bereits bekommen hatte. Sie lautete: „Nein." Das war das Ende meines Brasilientraums. Ich fuhr zurück nach München, noch ziemlich enttäuscht und auch etwas beschämt. Während der Fahrt merkte ich jedoch plötzlich, dass ich mich wieder auf München freute. Im Übrigen ist seit diesem Tag meine Sehnsucht nach Brasilien nie wieder aufgetaucht. Und am Ende des Jahres 1975 dachte ich: Wie gut, dass ich in Europa geblieben bin. Wegen des Centers, wegen meiner Mutter, und weil in diesem Jahr viele schöne Dinge für mich passierten. Unter anderem erhielt ich auf dem nächsten ATR eine spezielle, sehr wirksame Zusatztechnik. Ich hatte engeren Kontakt zu Maharishi, und ich wurde ganz mühelos von München weg und in neue, größere Wirkungsbereiche geführt.

Einweihung in München

Im Frühsommer 1975 kam Maharishi persönlich nach München, um die Morgendämmerung des Zeitalters der Erleuchtung ganz groß einzuweihen. München war neben Düsseldorf, Hamburg und Berlin eine der vier deutschen Städte, die er im Rahmen einer Welttournee besuchen wollte. Wir beschlossen, den Besuch im Sinne und im üblichen Stil Maharishis so großartig wie möglich zu gestalten.

So ging es zunächst darum, welchen Saal wir mieten sollten. In der idealen Größenordnung von circa 2.000 Plätzen, die wir uns vorstellten, gab es keinen. Der nächst kleinere war erheblich zu klein und der nächst größere – wäre dann gleich die Sechstagerennhalle im Olympiagelände, mit 12.000 Plätzen, gewesen! So viele Zuschauer konnten wir bei allem Enthusiasmus und Optimismus denn doch wohl nicht erwarten.

Schließlich nahmen wir allen Mut zusammen und mieteten die halbe Olympiahalle – man konnte in der Mitte eine Wand, bzw. einen Vorhang herunterlassen. 6.000 Besucher! – Ob wir annähernd so viele Leute zusammentrommeln könnten? Es war auf jeden Fall ein ganz schönes Risiko – insbesondere ein finanzielles, denn diese Hallenhälfte kostete für den Abend 50.000 Mark! Und das war nur die Halle, von Dekoration, Werbung, Maharishis Unterbringung und so weiter gar nicht erst zu reden! Wir wagten es dennoch, aber wir wussten auch: „Jetzt müssen wir uns ganz enorm ins Zeug legen."

Und das taten wir. Alle arbeiteten mit, zum Teil bis zu Erschöpfung. Nächtelang rasten unsere Helferteams durch die Stadt und plakatierten an den unmöglichsten – meist verbotenen – Stellen. Dabei mussten wir wie üblich noch mit anderen spirituellen und nichtspirituellen Bewegungen, die auch illegal plakatierten, um die Plätze kämpfen. Als weitere Werbemaßnahme kramten wir unsere alten Karteien hervor und schrieben alle an, die jemals in die TM eingeführt worden waren – es waren Tausende: Sie sollten doch diese einmalige Chance nutzen, Maharishi persönlich zu sehen. Weitere Nächte hindurch saß ich im Center und unterschrieb persönlich all diese Briefe, bis mir die Hand schmerzte. Schließlich gingen wir dazu über, dass ich meine Unterschrift auf Rhena-Karteikarten schrieb, die dann jeweils auf einigen Stapeln Briefe abzogen wurden, bevor die Helfer sie dann eintüteten und frankierten.

In diesen Wochen bereiste ich weiterhin die süddeutschen Städte und warb für die Münchner Veranstaltung.

Schließlich kam der große Tag. Es war wunderbar sonniges Wetter. Maharishi sollte um 11 Uhr mit einem Privatflugzeug von Düsseldorf, der ersten Station der Reise, kommen und dann in sein Hotel gefahren werden, in dem er schon mal unsere Mannschaft treffen wollte. Ich ahnte schon, dass er wie üblich nicht pünktlich sein würde. So nutzten wir die Morgenstunden, im Center die noch dringenden Vorbereitungen zu beenden. Andererseits wollte ich Maharishi natürlich nicht verpassen, wenn er am weit entfernten Flughafen ankommen würde. So rief ich gegen 11 Uhr in seinem Hotel in Düsseldorf an, um mich bei der Rezeption zu erkundigen, ob er schon abgereist sei. Die Frau am Empfang fragte:

„Wer?" Ich sagte: „Der Inder!" „Ach so. Einen Moment bitte …" – Da hatte sie mich schon verbunden! Maharishi selbst nahm den Hörer ab. Mir war das natürlich furchtbar peinlich. Ich wollte Maharishi doch nicht stören. Wer war ich schon? Ein kleiner Centerleiter. Es war für mich in etwa das Gefühl, als spräche ich plötzlich mit Gott persönlich! Ich stammelte meine Entschuldigung und sagte, ich riefe aus München an und wollte nur wissen, wann er in Düsseldorf abführe. Er sagte: „In zehn Minuten." „Vielen Dank! Jai Guru Dev.*⁴" Er legte auf. Jetzt konnten wir uns ausrechnen, wann er in München ankommen würde.

Als wir in der Flughafenhalle ankamen, warteten dort schon Hunderte von Meditierenden, und wir setzten uns dazu. Nach einigen Stunden dachte ich, die Zeit hätte ich gut noch für die anderen Arbeiten nutzen können. Aber so war Maharishi nun einmal. Wo immer es ging, ließ er seine Anhänger warten. Den Sinn dahinter bemerkte man oftmals sehr deutlich: Was da nicht alles ablief, wenn die innere gespannte Aufmerksamkeit auf den Meister gerichtet war! Es war jedes Mal ein Evolutionsschub!

Schließlich erfuhren wir irgendwie, dass sich sein – damals noch gemietetes – Privatflugzeug dem Flughafen näherte. Nun war es zufällig so, dass einer der älteren TM-Lehrer, Adolf Beck, als Zollbeamter am Flughafen München angestellt war. Der durfte mit seinem Wagen aufs Rollfeld fahren. Er nahm mich mit, damit wir den Meister gleich am Flugzeug empfangen konnten.

Ich erinnere mich, dass ich dort einen peinlichen kleinen Fehler machte: Als Maharishi in der Tür des Fliegers erschien, wollten wir beide, Adolf und ich, ihm jeweils eine Blume geben. Ich drängte mich etwas vor, um zu zeigen: Ich bin hier der Leiter und Hauptorganisator. Adolf aber war einer der ganz frühen Meditierenden, der schon auf den ersten Kursen Maharishis in Deutschland dabei gewesen war, und den Maharishi gut kannte. Er verdiente viel mehr Respekt als ich. Und prompt nahm Maharishi zuerst seine Blume, obwohl er sich bescheiden in der zweiten Reihe gehalten hatte. Na ja, das war erzieherisch wertvoll für mich.

In der Ankunftshalle drängten sich dann all die Meditierenden um Maharishi, um ihm ihrerseits Blumen zu geben und seinen Segen zu erhalten. Dann fuhren wir in sein Hotel, wo er unsere Center-Mannschaft gleich im Meeting-Room seiner Suite empfing. Wir besprachen die Aktivitäten des Münchner Centers. Zurück in der Stadt, gab es bis zum Abend noch irrsinnig viel zu tun.

Dies war wohl der erste Tag, seitdem ich TM erlernt hatte, an dem ich nicht zum Meditieren kam. Ich wirbelte überall herum, um alle Vorbereitungen zu überwachen. Der Veranstaltungszeitpunkt näherte sich. Wie viele Leute würden kommen? Die Besucher kleckerten nur sehr langsam ein. Viele Menschen hatten zwar von Maharishi gehört – aber für wen war sein Kommen schon wichtig? Es zeichnete sich schließlich ab, dass wir ungefähr 3.000 Zuhörer haben würden. Die Halle würde also halb voll sein. Zu diesem Zeitpunkt ging ich auf die Bühne und lud alle diejenigen, die in den Rängen an der Seite saßen, ein, auf die eigentlich teureren Plätze im Parkett zu kommen. (In der Zeitung hieß es am nächsten Tag, da hätte jemand von der Bewegung die Leute eingepeitscht, die vorderen Reihen zu besetzen.) Auf diese Weise war das Parkett praktisch ganz gefüllt. Wir ließen die Strahler, die auf die Ränge gerichtet waren, abschalten; sodass es wirkte, als wäre die ganze Halle voll. Schließlich kam Maharishi von hinten auf die Bühne und setzte sich auf das weiß bezogene Sofa unter den großen goldenen Lettern am violetten Trennvorhang: „Einweihung der Morgendämmerung des Zeitalters der Erleuchtung". Er schloss die Augen und versenkte sich in die Stille.

Bei jedem Vortrag, an welchem Ort auch immer, saß Maharishi vor einem Bild seines Meisters Guru Dev. Uns war für diese Veranstaltung extra ein großes Bild von der Zentrale geschickt worden; leider aber so spät, dass wir es erst an diesem Tag rahmen lassen konnten. Als er nun mit seiner Rede anfing, stand immer noch kein Bild auf der Bühne. Erst nach einigen Minuten wurde es gebracht, die Goldbronze des Rahmens noch feucht. Die anderen meinten, jetzt könnte man es nicht mehr aufstellen. Aber ich war der Ansicht: „Das Bild muss herauf!" Ich packte also den feuchtklebrigen schweren Rahmen, ging von der Seite auf die Bühne und stellte das Bild unter den Augen der 3.000 Zuschauer hinter Maharishi. Der sprach ungerührt weiter. Ich glaube, richtig gehandelt zu haben, wenn auch mein smarter dunkelblauer Anzug etwas litt und ich erst mal zehn

Minuten lang in der Toilette meine Hände von der Goldbronze reinigen musste.

Dann konnte ich mich endlich in die erste Reihe setzen, in der ein Platz für mich freigehalten worden war. Und das war das Ende meiner Aufnahmefähigkeit. Schließlich hatte ich mehrere Nächte lang praktisch nicht geschlafen. Ich bekam während Maharishis ganzer Rede nur manchmal mit, wenn die Leute lachten, ansonsten kein Wort und keinen Gedanken. Erst als Maharishi zum Fragen einlud, wachte ich wieder auf. Es bildete sich eine lange Schlange von Fragern hinter dem Mikrofon im Parkett. Ulkigerweise waren es kaum Fragen zum globalen Anlass der Veranstaltung, sondern meist Fragen von Meditierenden zu ihrer Meditation.

Obwohl „nur" circa 3.000 Leute gekommen waren, war die ganze Veranstaltung ein großer Erfolg für mich. Es stellte sich später heraus, dass bei uns mehr Zuhörer erschienen waren, als in den größeren Städten Hamburg und Berlin, obwohl es zumindest in Hamburg einen größeren Prozentsatz von Meditierenden in der Bevölkerung gab – zeitweise bis zu einem Drittel Prozent der Bewohner! Die anderen Städte hatten sich anscheinend längst nicht so ins Zeug gelegt wie wir.

Nach dem Vortrag musste ich mich noch um den Abbau der Dekoration und ähnliches kümmern. Spät in der Nacht kam ich mit dem Lastwagen vor unserem Center an. Es war geschafft; jetzt hätte ich eigentlich ins Bett fallen sollen. Doch – ob Maharishi wohl noch Leute empfing? Ich fuhr in sein Hotel.

Dort fand in einem der Säle noch ein Treffen der TM-Lehrer und Meditierenden mit Herrn Ritterstaedt statt. Als ich hinzustieß, begrüßte mich dieser gleich vor allen Leuten und lobte meine Arbeit. Ich winkte ab – war ich doch die meiste Zeit nur in den Centern herumgereist. Ich setzte mich in eine der letzten Reihen – das hier war eigentlich nicht das, was mich interessierte. Schließlich schlich ich mich aus dem Saal und ging zu Maharishis Suite.

Und in der Tat waren anscheinend noch einige unserer Leute bei ihm, obwohl es schon so spät war. Auch ich wurde eingelassen, kam in den schwach beleuchteten Raum und setzte mich in die hinterste Reihe.

Ich weiß nicht mehr, worüber Maharishi sprach. Woran ich mich aber erinnere, ist, dass er wiederholt mit ernster, etwas besorgter Miene zu mir hinsah und mich länger anschaute. Er sah bestimmt, dass ich total übermüdet und erschöpft war. Was er wirklich gedacht hat, fand ich natürlich nie heraus. Er griff ja nicht durch persönliche Ratschläge ein. Jeder musste schließlich seine eigenen Erfahrungen machen – wie sonst hätte man wirklich lernen sollen?

Am nächsten Tag fuhren einige von uns hinter Maharishi zum Flughafen, von wo aus er nach Hamburg, fliegen sollte. Es war wieder ein strahlender Junitag. Und wieder konnte ich mit Adolf aufs Rollfeld fahren. Maharishi wartete noch auf eine Mitpassagierin – Fürstin Blücher. So stand er ganz einfach vor dem kleinen Flugzeug in der Sonne, sagte nichts und genoss den Tag. Wir standen in einem kleinen Kreis um ihn herum. Es war einer dieser glücklichen Momente des Lebens.

Nachdem Maharishi abgeflogen war, setzte ich mich in mein Auto und fuhr – quasi hinter ihm her – nach Hamburg. Das heißt, eigentlich fuhr ein Freund das Auto, seine Frau saß vorne, und ich legte mich auf den Rücksitz. Ich hätte, glaube ich, gar nicht mehr fahren können. Erst ganz allmählich ließ die Überdrehtheit nach, und ich schlief ein.

Wir kamen gerade pünktlich zu der Hamburger Veranstaltung im Kongresszentrum an. Der Saal war zwar voll, doch war er viel kleiner als der unsrige. In der Pause nahm Maharishi Blumen entgegen; auch ich gab ihm eine, aber er beachtete mich nicht weiter: Das hier war jetzt nicht mehr mein Platz und meine Sache.

Nach dem Vortrag gab es wieder ein Treffen mit dem Nationalen Leiter. Ich saß in einer der hinteren Reihen. Herr Ritterstaedt forderte mich auf, doch etwas von unserem Erfolg in München zu berichten. Ich stand auf, konnte aber vor lauter Müdigkeit kaum mehr die Lippen bewegen. Ich hatte das Gefühl, mehr oder weniger zu lallen, doch wahrscheinlich wirkte das für die anderen gar nicht so.

Nach einer Übernachtung bei meiner Mutter ging es zurück nach München und von dort zum nächsten ATR-Kurs nach Courchevel, einem Winterkurort in den französischen Alpen. Der Kurs war wieder sehr beglückend.

Die Kursteilnehmer waren wie üblich auf viele Hotels im Ort verteilt. Maharishi wohnte im Hotel Annapurna, das weit oberhalb des Ortes lag, zu Fuß nur schwer erreichbar – insbesondere in unserem durch die langen Meditationen geschwächten Zustand. Da ich aber mein Auto dabeihatte, nahm ich mir die Freiheit, ab und zu dort hinaufzufahren und mich zu den Treffen mit Maharishi zu setzen.

Seine Besprechungen hielt er in der Halle des dortigen Swimming-pools ab. Auf der Fläche neben dem Becken hatte man einige Stühle auf-gestellt. Durch dieses Setup ergab sich einmal eine sehr lustige Situation, die mir erzählt wurde: Maharishi wollte neue TM-Lehrer einweihen oder eine spezielle Technik vergeben oder ähnliches. Dazu waren auf dem re-lativ schmalen Gang um den Swimmingpool herum „Puja-Tische" auf-gebaut worden: Kleine improvisierte Altäre für die Puja, die jeder der Be-teiligten vor seiner „Einweihung" auszuführen hatte. Alle vollzogen die Zeremonie gleichzeitig; danach sollte jeder zu Maharishi gehen und sich sein Mantra[*6] geben lassen. Zu dieser Zeremonie gehörte immer, dass man sich am Schluss vor dem „Altar" – mit dem Bild Guru Devs – nie-derkniete. Dabei trat einer der Teilnehmer etwas zu weit zurück und fiel platschend ins Wasser. Zum Jubel aller anderen und zum Amüsement Maharishis kletterte er triefend in seinem guten Anzug aus dem Becken, ging zu Maharishi hin und holte sich seine Instruktion.

Am Ende des Kurses erhielten wir alle eine spezielle Fortgeschrittenen-technik. Während der vorbereitenden Sitzung mit Maharishi beschuldig-te ein sehr eifriger Teilnehmer einen anderen, vertrauliche Lehrinforma-tionen weitergegeben zu haben. Maharishi bohrte nach und fand mit we-nigen Fragen heraus, dass der Anzeigende selbst die Informationen aus dem anderen quasi herausgelockt hatte. Beide wurden daraufhin nicht zu der Spezialtechnik zugelassen. Für mich war beeindruckend, dass ich den Zorn Maharishis wie eine Welle von Kraft auf meinen Nachbarn – der Eifernde saß direkt neben mir – zuschießen fühlte; und auch, dass ich einige deutliche Spritzer davon abbekam: Ich hatte ein richtig schlechtes Gewissen – obwohl, oder vielleicht gerade weil ich immer sehr besorgt war, auf keinen Fall unbedacht geheime Informationen auszuplaudern, und es auch nie getan habe.

Am Schluss der Sitzung stand ich auf und fragte Maharishi, ob ich an der Instruktion teilnehmen dürfte. Das Argument, dass ich wegen München, also quasi entschuldigt, zu spät gekommen wäre, schien ihn nicht zu beeindrucken. Dann kam mir noch rechtzeitig die Idee zu sagen, ich hätte schon an sechs ATR-Kursen teilgenommen. Daraufhin erhielt ich das Okay.

Düsseldorf

Im Jahr 1975 führte mich das Leben nach Düsseldorf, in die Verwaltungszentrale der deutschen TM-Bewegung: Durch einen „Zufall" hielt ich mich im Rahmen meiner Koordinatorentätigkeit gerade dort auf, als bekannt wurde, dass der WDR im Rahmen seiner Monitor-Sendung einen heftigen Beitrag gegen die TM ausstrahlen wollte. Wir beschlossen innerhalb von wenigen Tagen, eine einstweilige Verfügung dagegen zu erwirken. Irgendjemand musste das organisieren, und da ich gerade da war, fiel die Wahl auf mich. Die Verfügung ging zwar durch, aber der WDR hielt sich nicht daran. Daraufhin wollten wir eine riesige Schadensersatzklage anstrengen. Wieder musste dies jemand koordinieren, und wieder war ich es, auf den die Wahl fiel. Und so blieb ich vorerst in Düsseldorf.

So wurde ich, fast unbemerkt, Mitarbeiter der deutschen TM-Zentrale. Nach dem kläglichen Scheitern des Prozesses erhielt ich die Funktion eines Direktors für Expansion, und schließlich wurde ich sogar nationaler Direktor, als nämlich der Nationale Leiter, Herr Ritterstaedt, auf seinen so genannten Sechsmonatskurs fuhr.

Natürlich war auch das wieder eine anstrengende Zeit, und so war ich froh, über Weihnachten wieder an einem ATR-Kurs teilnehmen zu können, und zwar in Biarritz in Südfrankreich. Am Ende dieses Kurses fuhren wir Teilnehmer dann nach Vitznau in die Schweiz, wo Maharishi uns sehen wollte. Im alten „Vitznauer Hof" bezog ich das beglückendste Zimmer meines Lebens, direkt über dem Luzerner See.

Durch die Erholung auf dem Kurs konnte ich alles unglaublich tief genießen. Außerdem konnte ich mich derart auf meine Intuition verlassen, dass ich immer genau spürte, wann Maharishi kommen würde. Während die anderen stundenlang im Saal warteten, ruhte ich mich in meinem

Zimmer aus, und las, und erst kurz vorm Erscheinen Maharishis ging ich hinein. Am Schluss dieser paar Tage hatte ich dann, wie viele andere auch, ein Einzelgespräch mit ihm.

Danach ging es zurück nach Norf bei Neuss in der Nähe von Düsseldorf, wo ich inzwischen mit neun anderen wohnte. Im Frühjahr begab sich Herr Ritterstaedt auf einen sechsmonatigen Fortbildungskurs in die Schweiz – die teilnehmenden TM-Lehrer sollten zu „Gouverneuren des Zeitalters der Erleuchtung" ausgebildet werden. „Gouverneure", weil sie nach dem Kurs durch die Beherrschung der subtilen Bewusstseinsebenen die Naturgesetze kontrollieren würden. Während Ritterstaedts Abwesenheit wuchs ich ganz automatisch in die Rolle seines Stellvertreters hinein. Und da ich nun der Chef war, lag die ganze Last der Bewegung auf meinen Schultern. Bald brauchte ich dringend Erholung, konnte aber auf keinen ATR-Kurs gehen, da es keinen Vertreter für mich gab.

Einmal fuhr ich aus dienstlichen Gründen nach Seelisberg. Dabei wünschte ich mir nebenbei, dort Maharishi fragen zu können, ob ich auf den nächsten „Gouverneurskurs" gehen sollte. Allerdings wurde es von Jahr zu Jahr schwieriger, an Maharishi heranzukommen. Doch als er einmal mit einem Hubschrauber von seinem kleinen Abflugplatz hinter dem Hotel Sonnenberg abreisen wollte, hatte ich Glück: Ich hörte den Hubschrauber kommen und eilte sofort zum besagten Platz hinauf. Maharishi wurde mit dem Auto zum Rand des Grasplatzes gefahren. Auf seinem Weg zum Flieger versuchte ich auf ihn zuzutreten, wurde aber von seinem Sekretär Ron am Jackettzipfel zurückgezerrt. Ich kämpfte dagegen an, und Ron ließ mich schließlich frei, als er merkte, dass sich Maharishi mir freundlich zuwandte. Seine Antwort auf meine Frage war ein sehr bestimmtes: „Ja."

Von diesem Moment an erhielt ich aus allen Ecken Unterstützung in die entsprechende Richtung: Ich fand einen Nachfolger für meinen Job, konnte mein kaputtes Auto noch für 500 Mark verkaufen, wodurch ich haargenau den Kurs bezahlen konnte – unter Benutzung all meines angesparten ATR-Kredits – und fand Mitfahrgelegenheiten, die mich über mehrere Stationen bis vor die Tür des Kurshotels brachten. Das war das Ende meiner Phase in der deutschen Zentrale.

Völlig erschöpft vom letzten halben Jahr, quasi auf dem Zahnfleisch kriechend, kam ich zum Kursbeginn in Interlaken an.

Ausbildung zum „Gouverneur des Zeitalters der Erleuchtung"

Ziel des Sechsmonatskurses war, wie schon gesagt, die Ausbildung zum „Gouverneur des Zeitalters der Erleuchtung". Praktisch hieß das, dass die „TM-Sidhis" gelehrt wurden, die Maharishi vor kurzem als eine Fortgeschrittenentechnik der Transzendentalen Meditation entwickelt hatte. Sie sollten dazu befähigen, von der feinsten Bewusstseinsebene aus – rein durch gedankliche Impulse in einem sehr stillen Zustand – Wirkungen auf der äußeren Ebene der Phänomene hervorzubringen. Eines dieser „Sidhis" war das „Yogische Fliegen", das ja heute in der Öffentlichkeit recht bekannt ist, damals aber ganz neu und auch für uns unvorstellbar war. Eines Tages wurden tatsächlich Schaumstoffmatten angeliefert – offensichtlich zur Abfederung beim Landen. Die Sache mit dem Fliegen schien ernst gemeint zu sein!

Nach einigen vorbereitenden Fastenwochen kam der wichtige Tag, an dem Maharishi den Kurs besuchen sollte. Dieser Tag wurde in gewisser Weise zu einem Desaster, an das sich noch viele von uns jahrzehntelang erinnern sollten. Unter den Teilnehmern befand sich eine kleine Gruppe von „Top-Leuten" – Sekretären Maharishis und anderen Spitzenfunktionären, die, von allen heimlich bewundert, den Ton angaben. Kurz vor dem großen Tag stand einer von ihnen auf – es war John B., den ich persönlich auf Grund seiner ruhigen Ausstrahlung besonders verehrte – und brachte eine Idee vor, die sie in ihrer Gruppe entwickelt hatten: Er sagte, man würde in den heiligen Schriften immer wieder lesen, dass der Schüler dem Meister klar sagen müsste, dass er von ihm die Erleuchtung wollte. Der Vorschlag war nun: Wenn Maharishi käme, sollten alle einen Teil der Puja vor ihm singen, sich auf den Boden verneigen, und dann sollte einer die kollektive Bitte aller Teilnehmer vortragen, auf diesem Kurs die Erleuchtung zu erhalten.

Dazu muss man wissen, dass die Puja eine traditionelle Lobpreisung des spirituellen Lehrers enthält, in unserem Falle Guru Devs. Das Singen der Puja vor Maharishi hätte diesen damit quasi auf die Ebene seines eigenen Meisters angehoben – etwas, was Maharishi immer strickt vermieden hatte. Er hatte sich überhaupt nie als Meister bezeichnet und sich immer weit unter seinen Lehrer gestellt. Es entstand eine Diskussion unter den Kursteilnehmern: Einige wenige fühlten sich nicht recht wohl bei der Sache, aber die meisten stimmten zu, insbesondere da der Vorschlag von der Spitzengruppe kam, von der man erwartete, dass sie Maharishi besser kannten.

Als dann der Tag kam, kletterte Maharishi die dieses Mal ganz besonders hohe Bühne hinauf (aus praktischen Gründen hatte man Tische als Unterlage genommen und nicht Getränkekisten wie sonst üblich). Und jetzt kam einer der peinlichsten Momente meines Lebens: Alle sangen gemeinsam die Puja bzw. einen Teil daraus und verbeugten sich tief bis zum Boden. Dann stand einer aus der Spitzengruppe auf – ich hätte nicht in seiner Haut stecken mögen – und verlas einen Text, an dessen Ende es nach einigen Lobpreisungen hieß: „Wir bitten um die Erleuchtung auf diesem Kurs."

Es war alles so künstlich und kindisch, dass ich am liebsten im Boden versunken wäre. Das war mir vorher nicht klar gewesen. Ich konnte gar nicht richtig zu Maharishi hinschauen, um zu sehen, wie er reagierte. Es war grauenhaft. Nach einer relativ kurzen Ansprache verließ Maharishi den Saal, ohne auf die Zeremonie zu reagieren. Am nächsten Tag erhielten wir unsere Instruktionen, als wäre nichts gewesen.

Bei unserem nächsten Treffen bemerkte einer der Kursleiter, er hätte gesehen, wie wohlgefällig Maharishi reagiert hätte. Tatsächlich aber war das Gegenteil der Fall: Maharishi ließ uns mitteilen, er hätte sich plötzlich völlig fremd bei uns und in die Distanz gedrängt gefühlt. Und mehr noch: Er glaubte, die Initiatoren arbeiteten für den CIA und wollten unsere Bewegung in Misskredit bringen, indem sie ihn auf das Podest eines religiösen Meisters zu heben versuchten.

Er kam noch einige wenige Male kurz zu uns, um uns weitere Instruktionen für die Sidhis zu geben. Auch die Gruppe der Spitzenleute konnte ihren Kurs zu Ende führen; danach aber wurden sie alle für viele Jahre, ja, Jahrzehnte, auf keinem internationalen Kurs mehr zugelassen. Das erschien mir persönlich äußerst hart. Was war wohl die Absicht hinter dieser starken Reaktion Maharishis? Man kann sicher sein, dass die Aktion letztlich auch für die Entwicklung der Betroffenen zum Guten war. Insbesondere von John konnte ich mir keine hinterhältigen Absichten vorstellen.

Als dieser jahrelang nicht auf Kurse durfte, beschloss ich, mich bei Maharishi für ihn einzusetzen; das war aber leider erst, als ich nicht mehr Sekretär war, und deswegen lange auf eine Gelegenheit warten musste. Interessanterweise sandte die Natur mir tatsächlich eine solche Chance, allerdings erst Ende 1994, also 18 Jahre nach dem fatalen Ereignis. Zu der Zeit war ich als Mitglied des Purusha für ein spezielles Projekt nach Amerika geschickt worden. Hier bildeten ein Deutscher und drei Amerikaner jeweils ein Team, das in ihrer zugewiesenen Stadt Präsentationen veranstaltete, Businessleute unterwies etc. Als ich in „meiner" Stadt Palo Alto ankam, erfuhr ich, dass John B. der Direktor des örtlichen TM-Centers war, mit dem wir Purushas zusammenarbeiten sollten.

Gerade zum Zeitpunkt meines Besuchs erhielt John von der nationalen Zentrale die Mitteilung, dass er offiziell nicht Direktor des Centers sein könnte, obwohl er eine ausgezeichnete Arbeit machte und die Seele des Centers war und blieb. Und das alles noch wegen der Geschichte von vor 18 Jahren! So bekam ich mit, dass John immer noch gedemütigt wurde.

Ich stellte mich John als einen seiner Nachfolger im Sekretärsjob vor. Wir mochten uns sofort, und ich merkte in unseren Gesprächen, dass John Maharishi noch immer völlig ergeben war. Wie sonst hätte er auch 18 Jahre lang eifrig weiter für die Bewegung arbeiten können.

Als ich wieder nach Vlodrop in Holland, dem damaligen Heim der Purusha-Gruppe, zurückgekehrt war, wo auch Maharishi residierte, gab es eines Tages ein Treffen aller Amerika-Rückkehrer. Maharishi wollte die Berichte über die einzelnen Städte und Aktivitäten hören. Ich dachte sofort: „Das ist die Chance, John zu erwähnen." Als ich gleich als zweiter drankam, war ich in vier Sätzen bei meinem Anliegen. Nach dem Treffen erzählte mir jemand, dass ein anderer Freund Johns diesen vor noch nicht einmal einem Jahr Maharishi gegenüber erwähnt hätte, dieser aber damals sehr abfällig reagiert habe. Dieses Mal aber war er interessiert und freundlich. Nandkishore, der oberste Sekretär, der neben ihm saß, erinnerte daran, dass John ja auf der schwarzen Liste stünde. Maharishi fragte mich: „Warum eigentlich?" – Als könnte er sich nicht mehr erinnern.

Ich erzählte kurz die Geschichte und berichtete, wie hingegeben John trotz allem wäre, und dass er die ganze Zeit aktiv für die Bewegung gearbeitet hätte. Maharishi hörte sich alles an und sagte schließlich: „Gut, dann setzt ihn wieder zurück auf die weiße Liste." Um das Maß meiner Freude und meines Stolzes voll zu machen, gab er mir, der ich damals längst keine besondere Position mehr innehatte, den Auftrag, dem amerikanischen nationalen Leiter die Rehabilitierung Johns offiziell mitzuteilen.

Ich rief dann natürlich auch John selbst an. Wir waren beide tief gerührt. Die schwere Last der 18-jährigen Verbannung und Demütigung war endlich von John abgefallen.

Noch Monate lang erhielt ich von vielen Seiten dankbare Glückwünsche, dass ich John wieder „back in" gecheckt hatte. Offensichtlich hatten viele genauso gedacht wie ich. Übrigens brach Maharishi nach meinem Bericht die Sitzung ab. Ich habe den Verdacht, dass er das ganze Treffen nur dazu einberufen hatte, um Johns Situation zu klären, denn er spürte natürlich genau, was am Kochen war.

Trotz seines missglückten Beginns verlief der Interlaken-Kurs dann doch noch zur Zufriedenheit Maharishis, denn dieser erzählte hinterher auf anderen Kursen mehrfach mit Stolz von den 200 männlichen TM-Lehrern im Hotel Victoria-Jungfrau.

Ich selbst befand mich während dieser Monate nicht gerade in Glückseligkeit, denn mir lag das lange Meditieren nicht so sehr. Ich war mehr ein Mensch der Aktivität. Aber trotz meiner inneren Unruhe machte ich einige recht interessante spirituelle Erfahrungen. Damals sprach Maharishi häufig von „ritam", der subtilsten Bewusstseinsebene, die man in einer sehr tiefen Meditation erreichen konnte. Er erklärte, dass jeder Gedanke beziehungsweise jeder Wunsch, den man auf dieser Ebene habe, sich sofort manifestieren würde, zumindest durch ein klares inneres Erlebnis.

Und solche „ritam"-Erfahrungen machte ich ein oder zwei Mal: Es beherrschte mich ja noch immer mein „Ess-Stress", der durch das lange Runden wieder verstärkt worden war. Wochenlang ersehnte ich verzweifelt einen Zwetschgenkuchen mit Sahne. Und eines Tages erschien er dann plötzlich, während einer sehr stillen Meditation, vor meinem inneren Auge: Ein wunderbarer Zwetschgendatschi, mit Sahne und allem was dazugehörte, so klar wie auf einem Werbefoto. Und nicht nur, dass ich diesen Kuchen sah, nein, ich roch und schmeckte ihn auch mit ebenso hoher Intensität. Wenn ein materieller Zwetschgenkuchen vor mir gestanden hätte, hätte ich ihn längst nicht so deutlich und intensiv erfahren. Das war also die Erfüllung meines Wunsches: Alle Sinne wurden befriedigt – ich war durch diese Erfahrung, die einer „realen" in nichts nachstand, vollkommen befriedigt: Ist doch jede äußere Erfahrung sowieso ein Zustand des Bewusstseins, und dieser hier war sogar besser, als wenn ich das Schmankerl in einem Café verspeist hätte. Nach diesem Meditationserlebnis hatte ich kein besonderes Bedürfnis mehr nach einem Zwetschgenkuchen.

Ein anderes Mal war es dann Joghurt: Ich sah ganz deutlich, nah und plastisch vor mir, wie Joghurt aus einem Trinkglas herausfloss. Dann schaute ich in das Glas hinein, das plötzlich leer und sauber war. Beim Anstehen in der Schlange zum Mittagessen, als ich mir mein Geschirr griff, nahm ich gedankenverloren ein Trinkglas vom Regal. Ich hatte irgendwie den Verdacht, dass es vielleicht nicht ganz sauber sein könnte, hielt es von Nahem gegen das Licht und schaute von innen auf seinen Boden. Plötzlich wurde mir klar, dass dies ja genau dasselbe Bild, derselbe nahe Blick auf einen Trinkglasboden war, wie am Morgen in der Meditation. Das war also nicht nur eine „ritam"-Erfahrung gewesen, sondern noch dazu eine kleine Präkognition. „Nicht schlecht!", dachte ich.

Einige Wochen nach Kursbeginn erhielten wir schließlich die Einweisung in die „Sidhis" und schließlich auch die in das „Yogische Fliegen". Die Matten waren, wie gesagt, schon ausgelegt worden, und von dem vorangegangenen Sechsmonatskurs kamen diejenigen, die verlängert hatten und einen Fortsetzungskurs besuchten, zu uns, um uns „einzufliegen"; um also quasi als Vorbild zu dienen.

Als in dieser ersten Flugsitzung das Glockenzeichen erklang – als Signal, nun mit dem „Flug-Sutra"*15 (einer kleinen, innerlich zu denkenden Formel) zu beginnen –, blinzelten wir Neuen natürlich, was wohl bei den Fortgeschrittenen passieren würde. Das war ein aufregender Moment. Zuerst geschah gar nichts, dann aber fingen einige der Alten an, sich zu schütteln, dann etwas auf und ab zu ruckeln und schließlich – im Lotussitz – wie ein Frosch zu hüpfen. Viele von uns brachen in Lachen aus; es sah so komisch aus. Aber wir sahen auch, dass die „Flieger" dabei ganz entspannt waren und selbst einen riesigen Spaß hatten. Sie strahlten vor Freude. Das Abheben geschah ganz offensichtlich ohne Anstrengung und ganz von allein – nur durch diesen inneren Impuls. Durch die Fortgeschrittenen angeregt, fingen nach einigen Minuten auch ein paar Neue an, auf und ab zu hüpfen, meist noch recht unbeholfen, teilweise ohne den Lotussitz zu beherrschen.

In den nächsten Tagen vibrierte die ganze Atmosphäre mit der freudigen Aufregung derer, die selbst Flugerfahrungen machten, und mit dem unbändigen Wunsch der anderen, auch solche anscheinend äußerst beglückenden Erlebnisse zu haben. Bei mir passierte einige Tage lang gar nichts. Ich saß schwer wie ein Stein auf der Matte und beneidete diejenigen, die schon abhoben. Ich wollte unbedingt, ja verzweifelt, fliegen; aber Anstrengung brachte nichts, im Gegenteil, die Sache musste von allein kommen.

An einem Abend beobachtete ich, wie es bei dem mir gut bekannten Dr. Bernd Zeiger losging. Bernd war ein eigentlich eher nüchterner Typ, Wissenschaftler, bestimmt kein „mood-maker", der sich selbst etwas vormacht. Er hatte im Schneidersitz gesessen, für den richtigen Lotussitz war er zu steif. Nun riss es ihn plötzlich nach oben, wobei sich die Beine entfalteten. Sofort fiel er wieder auf die Matte zurück; aber kaum hatte er den Boden berührt, riss es ihn wieder hoch, und so ging es weiter: Mal schräg nach rechts oben, dann wieder nach links; seine Arme und Beine wedelten wild im Raum umher. Bernd schrie und lachte und jauchzte. Er war den Impulsen offensichtlich völlig ausgeliefert.

Das beeindruckte mich so sehr, dass meine Sehnsucht, auch zu fliegen, fast unerträglich wurde. Ich erinnere mich, dass ich in dieser Nacht kaum schlafen konnte; alles vibrierte in mir von aufgeregter Energie. Am nächsten Morgen saßen wir wieder auf der Matte: Erst Meditieren, dann die Sidhi-Sutren, und dann sollte das Flug-Sutra kommen. Ich wartete innerlich schon auf das Glockenzeichen, als wir alle noch mit den davor liegenden Sutren beschäftigt waren.

Diese bezogen sich auf die Beherrschung der fünf Elemente, unter anderem auch der Beherrschung der Luft. Plötzlich merkte ich, wie ich anfing, heftig zu atmen, und dann immer heftiger und heftiger. Ich schnaufte im Rhythmus wie ein Walross. Und dann geschah es: Mit jedem heftigen Einatmen hob sich mein Körper und sank mit dem Ausatmen wieder zurück auf die zusammengerollte Wolldecke, auf der ich saß. Von Einatmen zu Einatmen wurde ich leichter und leichter.

Und dann hatte ich plötzlich kein Gewicht mehr; ich war tatsächlich leicht wie Luft! Ich dachte noch: „Eigentlich ist es ja noch zu früh, das Flug-Sutra hat ja noch gar nicht begonnen." Aber ich ließ mich dann doch gehen. In mir war die Idee: „Nun muss ich ja korrekt hüpfen", aber das ging nicht. Es hob mich in die Luft, sodass sich meine Beine auseinanderfalteten und ich mit Ellbogen und Knien aufkam; und dann schob es mich über die zu dem Zeitpunkt noch völlig leeren Matten.

Ich wurde vorangetrieben wie ein mit Luft aufgeblasener Ballon, der vom Wind über den Boden gepustet wird und nur hier und da die Erde streift. Meine Knie und Ellbogen berührten alle paar Meter den Boden, dann aber flog ich gleich wieder in der Luft, völlig untechnisch und ohne Stil. Als dann das Glockenzeichen ertönte, war für mich die Sache schon vorbei. Ich versuchte, das Flug-Sutra zu denken, um nun auch korrekt zu „fliegen", wie es vorgesehen war. Aber da rührte sich nichts mehr. Ich blieb einfach zwischen den um mich herumhopsenden Leuten liegen, mit einem vor Glück vibrierenden Körper, immer noch voller Leichtigkeit, und gleichzeitig mit dem Stolz, nun auch „abgehoben" zu haben, und zwar nicht schlecht. Hinterher beglückwünschten mich andere und kommentierten meine ungewöhnliche Schau.

Ich blieb für Stunden in einem Gefühl von Glück, Leichtigkeit und Freiheit. Dennoch war ich nicht ganz zufrieden, hatte ich doch den Effekt gar nicht durch bewusstes Denken des Sutras erzeugt; im Gegenteil, als ich es dann versucht hatte, war nichts mehr passiert. Die Sache war wohl so gewesen, dass der äußerst intensive Wunsch auf eine so tiefe Schicht des Bewusstseins gesickert war, dass er dort seine Wirkung entfaltet und die Leichtigkeit erzeugt hatte – die im Übrigen nicht die Leichtigkeit von Akasha (Raum) war, wie eigentlich vorgesehen, sondern die Leichtigkeit der Luft, deren Beherrschung ja Gegenstand des vorangehenden Sutras gewesen war. Ich war nicht absolut schwerelos gewesen, sondern – nach der Theorie der Yoga-Sutren – mein Körper hatte sich in die Qualität des Elements Luft transformiert – immerhin!

Bei der nächsten Sitzung setzte das heftige Atmen wieder ein, leider auch wieder „zu früh". Wieder wurde ich mit jedem Atemzug leichter und leichter. Aber dann bremste ich mich etwas und dachte: „Halt es noch etwas zurück, bis wirklich das Flug-Sutra dran ist. Sonst denken die Leute ja, ich mach es gar nicht mit dem Sutra!" Durch diese Gedanken wurde nun leider das spontane Geschehen abgewürgt. Als das Glöckchen erklang und ich das Flug-Sutra aufnahm, geschah nichts mehr. Ich blieb sitzen. Wie schade! Und auch in den nächsten Tagen und Wochen kriegte ich mich nicht mehr hoch. Anscheinend hatte ich mich etwas verkrampft, sodass ich nicht mehr auf die notwendige subtile Bewusstseinsebene kommen konnte.

Ich kam in das Fliegen erst durch einen Trick wieder hinein, den ich mir abgeschaut hatte: Ich fing während des Flugprogramms einfach bewusst und willentlich an, im Schneidersitz vorwärts zu hüpfen. Dabei merkte ich nach einigen Aufsetzern, dass plötzlich Leichtigkeit aufkam und eine Energie am Ende der Wirbelsäule mich jeweils zu einem weiteren Hüpfer hochtrieb. Später genügte es, wenn ich mich einfach mit dem Wunsch zu fliegen hinsetzte, und schon kam der automatische Impuls zum Hüpfen, der mich in die Luft schnellte. Die absolute Gewichtslosigkeit des ersten Tages erfuhr ich allerdings nie wieder. Dennoch brachte mir jedes Flugprogramm auch in all den Jahren darauf Energie, Leichtigkeit, Lebendigkeit und Freude. Wirklich eine verblüffende Technik, die Maharishi da entwickelt hatte!

Das also waren meine wichtigsten Erfahrungen während dieses Kurses. Ansonsten langweilte ich mich ein bisschen und war ganz zufrieden, als sich das Ende näherte. Wir erfuhren nun, was Maharishi nach dem Kurs mit uns neuen „Gouverneuren des Zeitalters der Erleuchtung" vorhatte: Wir sollten, jeweils in Viererteams, in unseren Ländern selbst Kurse organisieren und abhalten, um die Meditierenden auf das Erlernen der Sidhis vorzubereiten – durch lange „Runden" und Vertiefung des Wissens. Alle Kursteilnehmer waren aufgeregt wegen dieser neuen Perspektiven. Nur ich hatte keine Lust, „ins Feld" zurückzukehren: Was sollte mir das schon noch Neues bringen? Ich meinte, im Prinzip schon alles durchgemacht zu haben. Es wurde doch immer wieder zur Routine. Ich wollte bei Maharishi bleiben.

Seelisberg – in der internationalen Zentrale

An einem der letzten Tage des Kurses – es war inzwischen Mai 1977 – befanden wir uns alle in Seelisberg im Hotel „Sonnenberg". Wir saßen in der großen Halle mit ihren halbkreisförmigen Sesselreihen, die, leicht ansteigend wie in einem Amphitheater, jeweils durch eine durchgehende breite, gepolsterte Tischreihe abgetrennt waren. Maharishi war nicht persönlich anwesend, wohl aber über Video mit uns verbunden. Wir sahen ihn auf den Bildschirmen, und er sah uns, die wir durch verschiedene Kameras ins Visier genommen wurden.

In diesem Treffen ging es um die Konsolidierung der Viererteams: Wer arbeitet mit wem zusammen? Welches Team geht in welche Stadt oder Städte? Fast alle konnten es kaum erwarten, sich in dieses Projekt zu stürzen. Maharishi verstand es wahrhaftig, die Leute anzutörnen. Bald saßen alle Viererteams zusammen.

Nur zwei Leute blieben abseits; das waren Wolfgang Döring, den ich auf dem Kurs kennengelernt hatte, und ich. Wir wollten nicht mit hinaus „ins Feld", sondern hier im „International Staff" arbeiten. Das schien in dieser Situation schon fast abwegig zu sein, war es doch ganz offensichtlich, was Maharishi von uns erwartete.

Schließlich fragte Maharishi: Ist noch jemand übrig? Wolfgang und ich standen auf. Die Kamera schwenkte herüber und zoomte auf uns ein. Wolfgang brachte seinen Wunsch vor. Nach einigem Zögern sagte Maharishi: „Yes, you can stay. – Ja, du kannst bleiben."

Dann fragte er: „And the other one? – Und der andere?" Ich erklärte, ich wollte gern in Seelisberg bleiben und in der Videoabteilung arbeiten, und zwar bei der so genannten „Video-Duplication", also der Vervielfältigung der Video-Bänder, die dann an die Center und Akademien geschickt wurden. In die Videoabteilung hatte ich bei einem meiner Besuche als Vertreter unserer nationalen Zentrale schon mal reingeschaut. Da summten, in der „Duplication-Ecke", nebeneinander und untereinander

20 bis 30 Videorecorder, damals noch die großen U-matic-Maschinen; über jeder Säule von Recordern zeigte ein Monitor, was gerade dupliziert wurde – natürlich immer irgendein Vortrag Maharishis. Und das gab, trotz der vielen Technik, ein sehr anheimelndes Gefühl.

Da wollte ich gerne hin: den ganzen Tag dieses anregende Summen der Maschinen, und mir dabei, neben der Arbeit, automatisch das Wissen Maharishis reinziehen. Zudem wünschte ich mir nach dem Stress meiner vorherigen Arbeit eine einfache Tätigkeit mit nicht zu viel Verantwortung: Einfach nur Bänder einlegen, die Maschinen anstellen, aufpassen, dass alles läuft, abwarten, bis man die Bänder aus den Maschinen nehmen kann – das stellte ich mir schön gemütlich vor.

Nachdem ich mein Anliegen vorgetragen hatte, fragte Maharishi: „What did you do so far? - Was hast du bisher gemacht?" Ich versuchte, bescheiden zu sein: Centerleiter, Regionalkoordinator, zuletzt Arbeit in der deutschen Zentrale. Maharishi saß einfach da und schwieg. Für mehrere Minuten war nichts zu hören, und er verzog keine Miene. Mir wurde schon ganz mulmig zumute, und ich dachte: „Durchgefallen! Vielleicht hat er was gegen mich."

Schließlich, nach bangen Minuten, sagte er wie beiläufig und uninteressiert: „You can stay." – Puh! Tiefes Aufatmen auf meiner Seite. „Aber nutze deine Talente. Setz dich zusammen mit Vesey (dem damaligen obersten Sekretär) und Peter (dem damals die Videoabteilung und überhaupt alles Elektrische unterstand) und finde eine Aufgabe."

Erst später erfuhr ich in etwa, was damals passiert war: Maharishi hatte in einem „Meeting-Raum" in seiner Suite gesessen; um ihn herum viele enge Mitarbeiter, darunter auch der Mann, der für das Video zuständig war. Und dieser hatte ab und zu den Ton weggedreht, wenn nämlich einer der Anwesenden eine Bemerkung machte oder einen Kommentar abgab. Offensichtlich hatten sich jetzt einige für mich eingesetzt, darunter wohl Vesey, der mich als Leiter der deutschen Zentrale kannte, und Peter P., der von mir als erfolgreichem TM-Lehrer wusste. So kam es, dass Maharishi, der mich ja auch schon kannte, mir eine verantwortungsvollere Tätigkeit geben wollte, als nur Kassetten einzuschieben. Also war ich in den internationalen Staff aufgenommen worden.

Das sollte eine neue, ganz andersartige Herausforderung werden. Ich bekam ein kleines Zimmer im Hotel Kulm. Maharishi selbst hatte seine Suite im dritten Stock des Kulm und ging für die öffentlicheren Treffen hinüber zum Sonnenberg. Dazu fuhr er mit dem Fahrstuhl runter in den ersten Stock, ging dort den Flur entlang bis zum Ende des Gebäudes, wo die kleine überdachte und umschlossene Brücke über die Straße zum Sonnenberg führte. Das war eine der Möglichkeiten, die man nutzen konnte, Maharishi anzusprechen und ihn etwas zu fragen. Zu jener Zeit ermutigte er noch dazu. Auf diese Weise konnte er sogar noch während des Gehens Projekte in Gang halten, die seine Entscheidungen benötigten sowie kleine Fragen und Probleme lösen.

Gleich am ersten Tag bekam ich von Peter meinen Job zugewiesen: Ich sollte der Koordinator – praktisch wurde es dann so etwas wie ein Leiter – der gesamten Video-Abteilung werden, deren Unterabteilungen bis dahin mehr oder weniger nebeneinander her gearbeitet hatten. Da gab es die Bereiche „Audio-Editing", „Audio-Duplication", „Video-Editing", „Video-Duplication", „Titeling" und „Video-Library" – die „Amtssprache" war natürlich Englisch.

Ich hatte ja nun leider von Elektronik nicht die geringste Ahnung, hatte ich doch bisher nur als Philosoph und Lehrer gearbeitet. Und nun sollte ich die Abteilung sogar leiten! So etwas war, wie ich später herausfand, typisch für Maharishi: Er steckte die Leute vorzugsweise in Projekte, von denen sie nichts verstanden. Letztlich ging es ihm mehr darum, dass sich seine Schüler an den Schwierigkeiten entwickelten, als dass ihre Leistungen von vornherein exzellent waren.

Die Videoabteilung befand sich in einem großen Raum, der früher wohl als Esshalle gedient haben mochte. Seine Panoramafenster gaben einen fantastischen Blick auf den See und auf die Berge frei. Es summten unzählig viele Maschinen, die Monitore flimmerten; überall lag ein Gewirr von Kabeln. Die Sache war für mich so unübersichtlich und unbekannt, dass ich mich in der ersten Zeit, entgegen der eigentlichen Idee Maharishis, erst einmal in der Duplication-Abteilung versteckte.

Dort erlernte ich die nötigen Handgriffe und wurde auch etwas vertrauter mit den Master-Maschinen, auf denen die großen Rollen der

„Edited Master" abgespielt und auf die vielen Kassettenrecorder übertragen wurden. Nach kurzer Zeit sorgte ich dann erst einmal dafür, dass diese Unterabteilung in einen benachbarten Raum umzog, weil im Hauptraum alles so eng gepackt war, dass sich die Leute auf die Füße traten. Den neuen Raum musste ich allerdings erst einmal schaffen, indem ich eine Art Foyer mit großen Spanholzbrettern abtrennen ließ – wozu ich mich durch den Verwaltungs- und Finanzapparat der Zentrale durcharbeiten musste, bis ich den neuen Raum, die Bretter und die Arbeit genehmigt bekam.

Nach einigen Wochen kam Maharishi in unsere Abteilung. Die dunkelbraune Wand, an der er vorbeigehen musste, gefiel ihm gar nicht, weil sie das Licht vom Foyer wegnahm. So mussten wir die Wand am nächsten Tag wieder eintreten, was nebenbei viel Spaß machte.

Die Unterabteilung musste wieder dorthin zurück, wo sie hergekommen war, wurde allerdings etwas besser platziert und geordneter angelegt. Bei seinem Besuch beachtete Maharishi „meine" Duplication-Abteilung gar nicht, sondern ging direkt in den Hauptraum, in dem das „Editing" ablief – beim Film würde man wohl vom „Schneiden" sprechen. Maharishi interessierte sich nämlich für die neuen Ampex-Master-Maschinen, von denen gerade eine ganze Menge angeschafft worden waren.

Ich eilte hinter ihm her, und es war mir fast peinlich, dass ich ihm nun das Funktionieren dieser Maschinen erklären musste, die ich gerade erst im Groben kennengelernt hatte. Maharishi war jedoch mit meinen Erklärungen zufrieden. Nach diesem Treffen war mir klar, dass ich mich intensiver in die Editing-Abteilung einarbeiten musste, und das tat ich dann auch. Ich behielt jedoch fast bis zum Ende meiner Zeit im „Video" ein etwas mulmiges Gefühl, weil ich nie selbst an den Schneidemaschinen gearbeitet hatte. Es dauerte ziemlich lange, bis ich überhaupt eine Idee davon bekam, was beim Editing im Einzelnen zu tun war. Meine übliche Strategie, erst einmal ein Buch über den ganzen Bereich zu lesen, half mir zwar etwas, reichte aber nicht.

Ich war der Abteilung von außen aufoktroyiert worden und sollte nie Zeit haben, die technischen Einzelheiten zu erlernen. Denn schon bald schlugen die Wellen der Organisationsarbeit über mir zusammen. Es war uns vorgegeben, welche Kurse aus welchen Vorträgen Maharishis herzustellen waren. Ich erkannte, dass meine Aufgabe darin bestand, die Maschinen am Laufen zu halten. Ich musste die Mitarbeiter mit den Original-Mastern versorgen, die sie benötigten – das waren häufig mehrere gleichzeitig. Ich musste dafür sorgen, dass immer Leerrollen zur Verfügung standen, dass die Maschinen funktionierten, musste die Nutzung der Maschinen-Sets koordinieren und musste den Editoren die Transkripte geben und gegebenenfalls erklären.

Diese Transkripte bekamen wir von den „Ladies", die wir allerdings nie persönlich zu Gesicht bekamen, denn in der ganzen Zentrale – die damals, glaube ich, schon „Capital of the Age of Enlightenment", kurz „Capital", genannt wurde – lebten Frauen und Männer streng getrennt. Wenn sich alle gemeinsam in der großen Halle trafen, saßen die Frauen rechts und die Männer links. Diese „Ladies" waren altgediente TM-Lehrerinnen, die Maharishi geschult hatte zu entscheiden, welche Abschnitte aus seinen Vorträgen für Kurse benutzt, welche herausgeschnitten und welche aus anderen Aufnahmen hinzugefügt werden sollte und so weiter.

Der Job erforderte meine ganze Aufmerksamkeit: Es waren so viele Kleinigkeiten zu bedenken. Eines Tages, noch in der Anfangszeit, hatte ich die Idee, eine große Übersichtstafel über die gesamte Arbeit der Video-Abteilung zu malen, mit allen Unterabteilungen und allen laufenden Jobs, und damit Maharishi über den Fortgang der Arbeit zu informieren.

Ich setzte mich also mit meiner Papierrolle in den „Goldraum" – so genannt, weil der Teppich, alle Tapeten, alle Sessel sowie deren Bezüge in Gold oder Goldgelb gehalten waren. Dort traf Maharishi fast jeden Tag irgendwelche Mitarbeiter. In einer der hinteren Reihen sitzend wartete ich auf eine Gelegenheit, mich zu Wort zu melden. Die kam dann auch. Ich stand auf und hielt meine Schautafel hoch. Denn ich wusste, dass Maharishis Aufmerksamkeit normalerweise sofort überschwenkte, wenn jemand so ein „Chart" hochhielt, denn er liebte solche Übersichtsdarstellungen.

So fing ich mit meinen Erklärungen an; doch es kam schnell anders als erhofft: Maharishi zeigte sich sehr unzufrieden mit der Geschwindigkeit unserer Produktion. Ich stand mit rotem Kopf da und ließ sein Schimpfen über mich ergehen. Maharishi forderte, dass wir in Schichten rund um die Uhr arbeiten sollten, um die Produktion zu erhöhen. Ziemlich bedeppert eilte ich sofort in unsere Abteilung, rief die Leute zusammen und erzählte ihnen von Maharishis Unzufriedenheit – insgeheim war ich froh, auf diese Weise ein Mittel in der Hand zu haben, meine Jungs mehr anzuspornen – und teilte sie in Schichten ein.

Von nun an summten die Maschinen für viele Monate Tag und Nacht. Und ich musste 24 Stunden pro Tag herumflitzen, um zu sehen, dass alles lief, dass alle ihre Materialien hatten, sodass sie arbeiten konnten.

Passenderweise bekam ich in der Zeit ein Zimmer direkt über der Video-Abteilung zugewiesen, sodass ich ständig das Geräusch der Maschinen hören konnte. So bemerkte ich, wenn es mal etwas stiller wurde: Dann wusste ich, dass nicht alle Maschinen arbeiteten, und raste runter, um nachzuschauen. Der Boden meines Zimmers war in so schlechtem Zustand, dass ich sogar durch ein Loch zwischen den Bohlen in den Maschinenraum schauen konnte, wenn ich den dünnen Teppich beiseite nahm.

Die Daueranspannung war enorm und brachte mich manchmal an den Rand meiner Nervenkraft. Besonders dann, wenn es noch zusätzliche „Rush-Jobs" gab: wenn für irgendeine Konferenz oder einen Kurs, der in wenigen Tagen anfangen sollte, noch ganz schnell spezielle Bänder hergestellt werden sollten. Dann arbeiteten mehrere Schichten parallel bis zum Umfallen. Aber nicht etwa mit geheimem Grollen – ganz im Gegenteil: Dies waren immer die besten Tage. Wir vibrierten vor freudiger Aufregung und Begeisterung, da wir offensichtlich Teil von ganz wichtigen Projekten waren, die die Welt verändern würden. Völlig erschöpft saßen wir nach so einer Aktion im Essraum zusammen und waren einfach glücklich.

Überhaupt lebte das ganze „Capital" von Rush-Jobs – irgendeine Abteilung hatte immer einen. Maharishi entwickelte eine ungeheure Kreativität im Erfinden von ganz eiligen und über alle Maßen wichtigen Projekten. So hatten wir immer das Gefühl, im Zentrum der Welt zu sein. Was war das für eine aufregende und glückliche Zeit für uns alle! Immer war irgendetwas Besonderes los: Konferenzen im „Capital", große Konferenzen anderswo, für die wir noch schnell etwas vorbereiten mussten …

Und wenn es keine Rush-Jobs gab, so gab es andere Aufregungen: Kommt Maharishi heute in die große Halle? Ist er gerade im Goldraum? Wen trifft er dort? Kann ich vielleicht nach der Arbeit dabeisitzen und zuhören? Lässt mich die WYMS rein?

Eine andere Abwechslung ereignete sich meist kurz vor Vollmond. Dann gab es – jedenfalls im Sommer – „Boatrides": Schiffsfahrten auf dem See. Alle durften mit. Meist wurden – natürlich auf den letzten Drücker, denn Maharishi entschied immer ganz spontan – drei Vergnügungsschiffe angemietet; wir kannten sie schon. Das eine Schiff war Maharishi, seinen wichtigsten Leuten und natürlich geladenen Gästen vorbehalten. Auf den anderen beiden Schiffen tummelte sich das Fußvolk.

Natürlich entstand für die, die sich schon etwas hochgearbeitet hatten, jedes Mal die aufregende Frage: Wer darf heute auf Maharishis Boot? Der entschied das jedes Mal neu. Die Sekretäre legten ihm nach ihrem Gefühl eine Liste vor, die er guthieß oder modifizierte. Am Abend fuhren dann lange Autokolonnen auf der gewundenen Straße, 400 m Höhenunterschied überbrückend, runter zum See. Die Boote lagen schon da. Vor dem Boot Maharishis standen die Security-Leute der WYMS und ließen nur die Geladenen an Bord. Maharishi kam mit dem diensthabenden Sekretär und vielleicht ein oder zwei ganz besonders wichtigen Gästen immer ganz zum Schluss.

Mitten auf dem See wurden dann häufig die Schiffe zusammengebunden und Kabel hinübergelegt, sodass man auch in den anderen Schiffen per Lautsprecher hören konnte, was auf dem Hauptboot gesprochen wurde. Meist funktionierte das allerdings nur unvollkommen. Doch immerhin bekamen wir auf den Nebenschiffen einen Hauch von den lockeren und entspannten Gesprächen mit, die Maharishi mit seinen Gästen führte.

Eine besonders wilde Vollmondfahrt ist mir noch gut in Erinnerung geblieben: Gleich nach dem Ablegen düste Maharishis Schiff los, sodass die anderen beiden Schwierigkeiten hatten zu folgen. Ich stand an Deck des zweitschnellsten Schiffes und konnte im hellen Mondlicht Maharishis Boot noch in der Ferne dahinrauschen sehen. Es ging bis Altdorf am südlichen Ende des Sees. Dort fuhr das Schiff in den kleinen

Hafen ein. Wir kurvten draußen auf dem See herum und warteten. Der Kapitän hatte auch keine Ahnung, was da gespielt wurde. Schließlich überredeten wir ihn, auch in den Hafen einzulaufen. Gerade als wir auf die Hafeneinfahrt zukamen, schob sich Maharishis Schiff wieder heraus. Aber es fuhr nicht los, sondern machte eine große Runde vor dem Hafen. Wir immer hinterher.

Das dritte Schiff war nirgends zu sehen. Es hatte uns verloren. Dann fuhr das andere Schiff wieder in den Hafen. Gerade als wir nach einiger Zeit folgen wollten, kam es wieder heraus und machte erneut große Bögen. Und so ging es weiter. Wir, ständig auf Maharishi und sein Schiff fokussiert, fühlten uns immer verwirrter.

Schließlich rauschte das Hauptschiff nach einigen derartigen Runden wieder nach Hause. Das war es dann. Hinterher erfuhren wir, dass Maharishi die Idee gehabt hatte, in Altdorf Eiscreme für die Gäste aus einem Café holen zu lassen. Deswegen hatten sie dort angelegt, und einer war mit dem Auftrag losgelaufen, das Eis zu organisieren. Als er nach einiger Zeit noch nicht zurück war, ließ Maharishi das Schiff aus dem Hafen laufen und draußen herumkurven. Dann ging es wieder zur Anlegestelle. Der Junge war immer noch nicht zurück. Also ging es wieder raus. Und das mehrmals. Während der Zeit unterhielt sich Maharishi angeregt mit den Gästen. Bis schließlich das Eis zum Kai gebracht worden war.

Eine andere Abwechselung, die immer Leben ins Capital brachte, waren die Konferenzen, zu denen Top-Wissenschaftler von außen eingeladen wurden. Maharishi legte immer großen Wert darauf, dass die Transzendentale Meditation und seine ganze Lehre von der etablierten Wissenschaft anerkannt wurden. Auf diese Weise wollte er die TM allmählich ins Erziehungssystem integrieren lassen. Er hoffte offensichtlich: Wenn in allen Schulen und Universitäten meditiert und die WKI, die Wissenschaft der Kreativen Intelligenz, gelehrt würde, dann träten wir wirklich ins Zeitalter der Erleuchtung ein.

Immer wieder ließ er in unserem Capital Konferenzen zu bestimmten Themen organisieren: Zum Beispiel zur Quantentheorie, zu Grundlagen der Biologie und anderen Themen. Zu jener Zeit besuchten uns manchmal sehr angesehene Wissenschaftler wie der Nobelpreisträger für Physik,

Brian Josephson und andere bekannte Physiker, Biologen, Chemiker und auch Literaturwissenschaftler. Die Konferenzen wurden von unseren eigenen promovierten Wissenschaftlern moderiert. Das waren zumeist langjährige Anhänger Maharishis, die hier im Capital wohnten und gut geschult waren.

Während dieser Konferenzen durften wir unsere Arbeit liegen lassen und kompetentes Publikum spielen. Und wir genossen die Abwechslung und die angeregte Stimmung dieser Tage. Die Sitzungen liefen meist so ab, dass die Gäste ihren Vortrag hielten und Maharishi entweder zwischendurch oder danach seine Kommentare abgab. Die Einzelheiten, die der Sprecher rüberbringen wollte, beachtete er nicht weiter; er kam immer sehr schnell auf seine eigene Philosophie und seine Botschaft zu sprechen. Ich wunderte mich manchmal, dass die Leute das so friedlich hinnahmen. Sie hörten immer aufmerksam zu, und, kreativ und groß denkend, wie die meisten waren, holten sie etwas für sich heraus.

Einmal gab es eine Konferenz mit dem Titel „Gesetz, Recht und Rehabilitation". Ein ziemlich langweiliges Thema, wie mir schien. Der Hauptsprecher war einer der höchsten Richter (oder sogar der höchste Richter) vom Supreme Court of India, Justice Iyer, ein ganz brillanter Redner. Bei einer der Sitzungen versagte der Mann am Video-Mischpult völlig, indem er aus Versehen nicht unsere modernen und professionellen Marconi-Kameras einstöpselte, sondern stattdessen eine alte kleine Nebenkamera, die eigentlich nur Randszenen aufnehmen sollte. Zufällig bediente ich gerade diese Kamera – das erste und einzige Mal, dass ich mich als Kameramann versuchte – und machte das nicht gerade gut. Die Kamera hatte noch keinen Monitor. Ich musste durch ein Okular schauen, was sehr anstrengend für die Augen war. Wegen des schlechten Stativs rutschte mir außerdem das Bild immer wieder nach oben weg. Aber genau diese Aufnahmen waren nachher alles, was wir von diesem Treffen auf Band hatten. Die Leute an den Editing-Maschinen versuchten dann mit „Cover-Shots" das Beste daraus zu machen.

Kurze Zeit danach kam eine andere Gruppe wichtiger Gäste, und an einem Nachmittag, als Maharishi etwas anderes zu tun hatte, ordnete er an, dass diese Leute die Rechtskonferenz auf Video anhören sollten.

Und da machte ich einen dicken Fehler, der mich leicht Kopf und Kragen hätte kosten können. Aber zum Glück drückten die beiden Sekretäre, Vesey und Neil, ein Auge zu, da ich noch so neu war und doch insgesamt guten Willen zeigte. Die Bänder dieser Konferenz waren nämlich noch nicht vervielfältigt. Also konnte man sie nur von der Master-Spule direkt abspielen. Die großen Master-Maschinen standen im Video-Raum im Kulm. Die Gäste sollten die Konferenz aber in einem Saal im Sonnenberg anschauen. Es wurde also ein langes Kabel durch die Gänge und über die Brücke hinüber gelegt. Die Bänder sollten auf meiner Maschine, mit der ich damals duplizierte, abgespielt werden – sodass ich während der ganzen Zeit – viele Stunden lang – meinen Job, andere Kassetten zu vervielfältigen, nicht hätte machen können.

Da ich aber die Konferenz nicht leiden mochte, sie langweilig fand, und mir einfach nicht vorstellen konnte, dass sich irgendjemand dafür interessieren könnte, stöpselte ich nach einiger Zeit das Kabel, das in den Saal mündete, einfach aus. Einige Stunden später fand Maharishi heraus, dass die Gäste untätig herumsaßen. Da war er natürlich recht ungehalten – zumal er in diese Konferenz geradezu vernarrt war. Die Sekretäre kamen angeschossen und stauchten mich zusammen – mit Recht. Ich stand mit rotem Kopf da und konnte mich nur schwach mit dem Duplikations-Auftrag, den ich ja auch gehabt hatte, herausreden. Die Sekretäre sahen mir nach, dass ich noch Anfänger im Umgang mit Maharishi war. Ich musste noch lernen, dass die Wünsche des Meisters immer oberste Priorität hatten. Auf diesem Prinzip beruhte ja letztlich unser ganzes vedisches Erleuchtungssystem: dass man das eigene Denken völlig auf den Meister einstellte.

Insgesamt war Maharishi wohl zufrieden mit mir. Ich schätze, dass sich während meiner Zeit in der Video-Abteilung die Gesamtproduktion verzehnfachte. Das lag zum einen daran, dass wir gerade die neuen Ampex-Maschinen bekommen hatten, die zwar viele Macken hatten, aber im Vergleich zu den alten und schwerfälligen IVC-Kolossen doch viel leichter zu bedienen waren. Aber es lag auch an meinem Einsatz und meiner Koordination. Ein Aspekt meiner Arbeit bestand darin, dass ich die Maschinen immer am Laufen halten musste. Und sie fielen in der Tat häufig aus; denn sie waren erst entwickelt worden und enthielten viele unerprobte Technologien. Eigentlich hätten wir einen Fachelektroniker gebraucht, am besten einen von der Firma Ampex selbst. Aber wir hatten nur einen Ingenieur, das war Peter P. – derselbe, der mich in diesen Job gebracht hatte. Der jedoch hatte kaum jemals Zeit und war fast nie im Videoraum zu sehen, da er noch andere Aufgaben hatte. Mein Haupt-Techniker war Johannes Seefluth, der mehr oder weniger nur ein Bastler war und nie eine Fachausbildung genossen hatte. Aber er hatte ein Händchen für diese Dinge. Sein Erfolgsgeheimnis war, dass er die Maschinen liebte.

Wenn eine Maschine streikte, so war es, wie ich bemerken konnte, sehr häufig darauf zurückzuführen, dass der Maschinenmann gerade im Stress war, unter Druck stand, abgelenkt wurde oder was auch immer und durch seine Spannung die sensible Elektronik störte. Ich rief dann Johannes; der ganz ruhig ankam – für mich häufig zu langsam – aber diese seine Ruhe war sein Erfolgsgeheimnis. Meist schaltete er die Maschine zunächst einmal aus. Dann streichelte er sie mehrmals und schaltete sie wieder an. Und, man glaubt es nicht, in den meisten Fällen lief sie dann wieder. Während dieser Zeit lernte ich, dass auch Maschinen lebendige Wesen sind, die ihre Launen haben und die vor allem auf den Geisteszustand ihrer Besitzer bzw. ihrer Benutzer sehr „feinfühlig" reagieren. Letztlich freuen sie sich wie alle Wesen über Liebe, und die konnte ihnen Johannes mehr als jeder andere geben.

Und was kam aus unserer ganzen Mühe heraus? Reihen um Reihen von „Edited Masters". Die meisten davon für den umfangreichen „Invincibility-Kurs", in den Maharishi sein ganzes Wissen reinpacken wollte – jedenfalls soweit er es für verdaulich hielt. Hunderte von Stunden hatte er extra für diese Serie von Bändern aufgenommen. Zehn Jahre später hörte ich vom „Tape Librarian", dass dieser Kurs niemals zum Einsatz gekommen war – jedenfalls nicht in der geplanten vollständigen Form. Wozu war unsere Arbeit also gut? Offensichtlich fast ausschließlich für uns, also für diejenigen, die daran gearbeitet hatten. Wir hatten uns daran entwickelt.

Ich steige auf: Organisation des „Sidhi-Centerkurses"

Nach ungefähr anderthalb Jahren begann ich eine gewisse Unzufriedenheit mit dem Job zu verspüren. Zwar gab es unzählige Abwechslungen und Herausforderungen, aber das Prinzip des Ganzen kannte ich allmählich. Und wenn es etwas gibt, was ich nicht leiden kann, so ist es Routine. So beschloss ich eines Tages, Maharishi um einen anderen Job zu bitten. Ich stellte mich vor den Goldraum, in dem Maharishi ein „Meeting" abhielt, um ihn abzufangen. Als er heraustrat, schritt ich auf ihn zu und redete auf ihn ein, während er über die Brücke hinüber zum Kulm ging. Ich sagte ihm, dass ich gerne etwas anderes machen wollte. Er fragte mich: „Was willst du denn tun?" Ich sagte ihm ehrlich: „Ich weiß es nicht. Ich weiß nur, dass ich bei dir bleiben will." Das klang, so schien es mir in dem Moment, vermutlich etwas schwülstig und pathetisch. Aber später wurde mir klar, dass meine Antwort entscheidend gewesen war. Denn es scheint da ein kosmisches Gesetz zu geben: Was man möchte, muss man klar aussprechen.

Aber vielleicht existierte auch noch ein anderes Prinzip, das speziell in der Beziehung zum Meister gültig war: Später, als ich schon Maharishis Sekretär war, gab es zwei Situationen, in denen jemand zu mir kam und sagte, er würde gerne Maharishis Sekretär werden – der höchste Traum aller. In beiden Fällen hatte ich das Gefühl, dass ich es Maharishi weitersagen müsste – wenn auch die Chancen noch so gering waren. Und in beiden Fällen reagierte er überraschend aufmerksam und positiv und wollte denjenigen persönlich sehen.

Nach meiner Antwort auf der Kulm-Brücke reagierte er nicht weiter. Jemand anders kam heran und stellte eine Frage. Am nächsten Morgen, früh um 8 Uhr, ich schlief noch, kam Peter S., damals sein Sekretär, mit einem Telefon in mein Zimmer und sagte: „Maharishi will dich sprechen". – Totale Aufregung bei mir; das war noch nie passiert. Peter wählte Maharishs geheime Nummer, sagte: „Hans ist hier", gab mir den Apparat und verschwand.

Was jetzt folgte, war mein längstes persönliches Gespräch, das ich je mit Maharishi geführt habe; es dauerte über eine Stunde. Maharishi fragte mich nach meinem Studium, zeigte sich beeindruckt, dass ich bei

Weizsäcker promoviert hatte, und sagte, ich sollte diesen kontaktieren und über TM informieren.

Am Schluss des Gesprächs fragte er noch einmal, was ich denn nun machen wollte. Ich wiederholte die gestrige Antwort. Er fragte: „In welche Richtungen lief denn dein Denken?" Ich sagte: „Vielleicht MERU*16 Faculty?"– also Lehrkörper unserer privaten Maharishi European Research University; das hätte bedeutet: eine Art Dozent. Maharishi sagte „Hmm" – so viel wie: keine schlechte Idee.

Dann sagte ich: „Eine andere Idee war: Veda-Gruppe". Das war eine kürzlich ins Leben gerufene kleine Gruppe, die sich mit der vedischen Literatur beschäftigte und unter anderem Übersichtstafeln über die Struktur des Veda entwarf. Wieder machte er „Hmm".

Und dann fing ich an zu stottern: „Ja, also irgendwann ... ich bin noch nicht gut genug ... aber irgendwann möchte ich mal dein Sekretär werden." Jetzt war es heraus. Ich dachte: Jetzt macht er mich fertig oder schickt mich sogar gleich nach Hause. Aber er sagte wieder nur „Hmm", als wäre nichts vorgefallen.

Wir sprachen noch eine Weile, und schließlich sagte er: „So, you will be MERU Faculty." Das bedeutete also: Dozent für Philosophie im Lehrkörper der Universität. Das war eine gute Position, und ich fühlte mich geehrt; im Hintergrund aber war mir etwas mulmig zu Mute, weil ich mich jetzt wieder in die Philosophie einarbeiten musste, dieses ganze intellektuelle Zeug, von dem ich geglaubt hatte, es seit meiner Promotion hinter mir gelassen zu haben. Ich spürte sofort eine gewisse Anspannung und Anstrengung im Kopf. Aber ich war doch recht glücklich. In kindlicher Weise erzählte ich Maharishi dann noch, dass ich jetzt meine Bücher kommen lassen würde, aber er reagierte nicht darauf.

Nach dem Telefongespräch meditierte ich erst einmal und wollte dann zum Yogischen Fliegen in den Keller gehen, wo besondere Räume mit Matratzen eingerichtet waren. Ungeduscht und nur provisorisch angezogen, ging ich noch bei der Videoabteilung vorbei, um nach dem Rechten zu sehen. Dort hatte eine Schicht wie immer die ganze Nacht durchgearbeitet. Ich sprach mit meinen Jungs und gab Anweisungen. In diesem Moment kam jemand hereingeeilt und sagte, ich sollte sofort in den Goldraum kommen, Maharishi wolle mich sprechen. Es war mir etwas peinlich, dass ich mich noch nicht gewaschen hatte und nicht korrekt gekleidet war, aber ich durfte nicht zögern, das war klar.

Im Goldraum saß Maharishi auf seinem Sofa; sonst war nur noch Herr Ritterstaedt, im Raum. Maharishi gegenüber hing eine Deutschlandkarte. Als ich reinkam, guckte er mich nur kurz an und fragte: „Wo sind die Grenzübergänge in die DDR?" Ich hatte natürlich keine Ahnung, worum es ging. Doch zum Glück kannte ich mich in der deutschen Geographie ganz gut aus und zeigte auf die richtigen Stellen auf der Karte.

„Gut, mach dort kleine Aufkleber drauf." Die lagen schon bereit und ich klebte sie auf. Danach ging es um die größten deutschen Städte und die Lage der TM-Center. Überall mussten verschiedenfarbige 'Sticker' angebracht und bunte Nadeln eingestochen werden, sodass die Karte schließlich wie ein Generalstabsplan aussah, übersät mit lauter farbigen Stacheln und Punkten.

Ich fragte nicht, was das Ganze sollte, hatte ich doch inzwischen mitgekriegt, dass Maharishi es gar nicht gern hatte, wenn man seine Pläne verstand. Er hatte etwas von einem Feldherrn und Strategen und achtete immer darauf, „die Gegenseite" – die es definitiv gab – im Unklaren zu lassen.

Irgendwann dämmerte es mir, dass es um die Organisation eines „Sidhi-Center-Kurses" ging: Die Sidhis, die bisher nur auf internationalen Kursen gelehrt worden waren – auf Sechsmonatskursen, wie ich einen hinter mir hatte – sollten jetzt in allen deutschen Centern unterrichtet werden. Schließlich ging die Sitzung zu Ende und Maharishi verließ den Raum.

Dies war der erste von vielen Tagen in den nächsten zwei bis drei Jahren, an denen ich nicht zu einem geordneten „Programm" kommen sollte – obwohl uns das doch immer als absolute Priorität hingestellt worden war. Erst ein oder zwei Jahre später lernte ich, dass in Maharishis Augen die Meditation und das ganze „Programm" ziemlich unwichtig waren, wenn man direkt für ihn arbeitete. Das entsprach dem Grundprinzip der vedischen Tradition: Die eigentliche Entwicklung und Evolution kommen durch den Dienst am Meister. Maharishi selbst war bei seinem Meister auch nicht zum Meditieren gekommen, obwohl er es vorher gerne und lange praktiziert hatte.

Habe ich schon mal erwähnt, dass ich in meinem ersten Seelisberg-Jahr immer das Gefühl hatte, Maharishi würde mich nicht mögen? Er war mir gegenüber immer sehr distanziert, fast abweisend – so empfand ich es jedenfalls. Ich dachte: Irgendwie muss ich in einem früheren Leben schlechtes Karma auf mich geladen haben. Hatte ich ihn mal verraten? Lange Zeit fühlte ich mich in seiner Umgebung wie nicht dazugehörig.

Dann aber, im Frühjahr 1978, gab es eine Situation, in der es schien, als ob sich etwas änderte: Im Erdgeschoss des Hotel Sonnenberg sollte ein Raum, der bisher nur als Lager gedient hatte, zum „Veda-Raum" ausgestaltet werden – zu einem besonders würdigen kleinen Meeting-Raum mit teurer Seidentapete, Bühne, großem Guru-Dev-Bild, goldenen Sesseln, Bücherregalen für die vedischen Schriften und so weiter. Mehrere Tage lang saß Maharishi selbst auf einem Sessel in der Mitte dieses Raumes und wies die Helfer an, wie der Raum einzurichten sei. Ich hatte gerade etwas Zeit und nutzte die Chance, Maharishi nahe zu sein, schleppte Stühle, Kisten, Blumengestecke. Er sprach derweil mit irgendwelchen „Ladies" und Administratoren, die um ihn herum hockten, über anliegende Projekte. Gelegentlich wandte er sich kurz den arbeitenden Helfern zu und gab neue Anweisungen.

Er verfügte in dieser Hinsicht über eine unvorstellbare Nervenkraft. Er überblickte viele, viele Aufgaben auf einmal. Wohin auch immer er seine Aufmerksamkeit wandte – sofort war er im Bilde über die ganze Situation, gab kurze Anweisungen, woran die entsprechenden Mitarbeiter dann für längere Zeit zu arbeiten hatten, währenddessen er sich mit anderem beschäftigen konnte. Meistens waren es drei bis fünf Dinge gleichzeitig, die er organisierte.

Während der Arbeit im neuen Veda-Raum schenkte er mir mal wieder etwas Aufmerksamkeit. Ich merkte, wie er es wertschätzte, dass ich ihm mit solchem Eifer dienen wollte. Jedes Mal, wenn er mich ansah oder gar eine Anweisung gab, durchströmte mich ein Glücksgefühl. Ich geriet richtig in Fahrt und dachte, jetzt kriege ich die Kurve. Ein ähnliches Glücksgefühl durchflutete mich, als Maharishi zum ersten Mal meinen

Namen nannte: Es befanden sich wohl einige Hundert Leute, der ganze Staff, in der Halle. Maharishi wollte sich unsere Ideen anhören, wie wir für das Capital und die Bewegung Einkünfte kreieren könnten. Sollten wir zum Beispiel irgendwelche Produktionen starten und Firmen aufbauen? Ich meldete mich und sagte, unsere Stärke sei doch das Wissen; wir sollten lehren und Kurse geben und nichts anderes. Irgendwann im Laufe des Meetings bezog er sich dann auf meinen Beitrag und sagte: „Vielleicht sollten wir, wie Hans sagte, doch einfach Kurse geben." Ich war fast überrascht darüber, dass er meinen Namen wusste, und war ganz verlegen, dass er meine bescheidene und eigentlich selbstverständliche Anregung aufnahm.

Tatsächlich bauten wir später doch Firmen auf und kauften überall in der Welt große Farmen, um Landwirtschaft und mit ihr die so genannten „Sidha-Länder" zu betreiben. Hier sollten die jeweiligen Arbeiter in die Meditation eingeführt werden und die Sidhis lernen, wodurch sie dann sehr viel effektiver und kooperativer arbeiten würden. Außerdem würden diese Gruppen dann in der ganzen Umgebung durch ihr „Programm" Kohärenz erzeugen.

Später gab es Hunderte solcher Sidha-Länder auf den verschiedenen Kontinenten. Dadurch wurde wohl tatsächlich Kohärenz erzeugt, und so hatten diese Unternehmen sicherlich ihren Sinn. Das Geldverdienen allerdings, das Maharishi ursprünglich als Motiv angegeben hatte, funktionierte nie. Die Meditation machte die Arbeiter nur entspannter. Alle Sidha-Länder erwiesen sich schließlich als finanzieller Flop. Zig Millionen Dollar gingen dabei drauf. Äußerlich gesehen war es eine Katastrophe.

Aber ich zweifle keinen Moment daran, dass Maharishi von Anfang an gewusst hatte, dass finanziell nichts dabei herauskommen würde. Dazu habe ich später viel zu oft gesehen, wie er auch im Praktischen unglaublich klug war. Er wusste immer schon im Voraus ganz genau, wie sich etwas entwickeln würde. Als Jahre später zum Beispiel einmal mehrere Fachleute unglaubliche Profite durch ein günstig zu kaufendes Patent erwarteten, sagte er mir nach dem Treffen privat: „It's all a mirage – das ist alles eine Fata Morgana." Und er hatte Recht, wie immer.

Für mich jedoch war diese Sitzung, in der zum ersten Mal die Idee der Sidha-Länder angedacht wurde und er meinen Namen genannt hatte, ein Meilenstein gewesen.

Jetzt aber, nach meinem langen Telefongespräch, war seine Anerkennung und Zuwendung noch manifester. Am Nachmittag desselben Tages besuchte Maharishi „meine" Video-Abteilung und ließ sich von uns die Struktur der Arbeit und den Fortschritt erklären. Dann wurde auch über einen Nachfolger für mich geredet. Insgesamt war er offensichtlich zufrieden, ohne mich jedoch irgendwie zu loben.

In den Tagen danach wurde ich mehr und mehr in die Organisation des neuen „City-Center-Kurses" einbezogen. Von MERU Faculty war nie wieder die Rede. Im Zusammenhang mit der Arbeit für den neuen Kurs durfte ich bald sogar in Maharishis persönlicher Suite arbeiten. Diese Suite, im dritten Stock des „Kulm", bestand aus zwei Bereichen: Im inneren Bereich lagen Maharishis persönliche Zimmer, der äußere enthielt einen Meeting-Raum für private Treffen und das Büro der Sekretäre. Der ganze Komplex war abgeriegelt. Vor der Tür schoben die WYMS-Leute Tag und Nacht Wache.

Das Privileg, das ich nun genoss, war, dass ich – zusammen mit Heiner R. – in dem kleinen Meeting-Raum telefonieren durfte. Es gab mehrere Telefone, für die man nicht jedes Mal bei der Rezeption um eine Außenleitung bitten musste. Den ganzen Tag über saßen Heiner und ich hier und riefen die Center und die Gouverneure in Deutschland an, um in jeder größeren Stadt ein Viererteam zu etablieren, das die Kurse leiten sollte. R. war für Norddeutschland zuständig, ich für den Süden. Ganz Deutschland lag vor uns wie ein Schachbrett, auf dem wir die Gouverneure hin und her schoben wie Bauern und Läufer. Selbstverständlich war jeder TM-Lehrer, der nicht durch Beruf oder Familie an einen Ort gebunden war, für Maharishi bereit, überall hinzugehen, wo er gebraucht wurde. Trotzdem gab es ein großes Hin und Her, bis alle Teams „standen".

Ab und an ging Maharishi durch unseren Arbeitsraum; es war ja der Durchgang zu seinen Privatgemächern. Wie es sich nach vedischen Prinzipien gehörte, sprangen wir dann auf und legten die Hände zum Gruß zusammen – häufig etwas unbeholfen, wenn wir nämlich noch das

Telefon in der Hand hatten. Maharishi blieb dann meist stehen, lächelte und erkundigte sich nach dem Fortschritt des Projektes. Das war ihm offensichtlich überaus wichtig. Diejenigen, die gerade am anderen Ende der Leitung waren, erzählten uns hinterher manchmal, dass ihnen ein Schauer über den Rücken gelaufen wäre, als sie so unerwartet die Stimme Maharishis im Hintergrund vernommen hätten. Und wir fühlten uns natürlich super damit.

Einmal testete Maharishi meine Effektivität, was ich natürlich in dem Moment nicht ahnte: Er hatte gerade ein Treffen im Goldraum, und ich war aus irgendeinem Grunde auch dort. Da gerade kein Sekretär zur Hand war, bat er mich, ihn mit dem nationalen Leiter von Venezuela zu verbinden. Ich erinnere mich bis heute an dessen Namen, den ich damals noch nie gehört hatte: Villanueva.

Ich ging vor die Tür, wo sich Telefone befanden, die mit den Apparaten auf Maharishis Tisch verbunden waren, und dachte: „Kein Problem; Eileen von der Kommunikationsabteilung wird ja sicher die Nummer wissen." – Aber dem war nicht so. Ich rief alle möglichen Leute im Haus an. Keiner kannte die Nummer. Dumme Situation, denn ich ahnte und wusste: Mit einer Misserfolgsmeldung kann ich Maharishi unmöglich unter die Augen treten. „Geht nicht", gab es nicht. Wir mussten alles erreichen, was er uns aufgegeben hatte. Was also tun? Ich hatte ja noch nicht einmal eine Autorisation, Auswärtsgespräche zu führen.

Da fiel mir ein, dass ich ja den Schlüssel zu Herrn Ritterstaedts Büro hatte, wo es eine Außenleitung gab. Ich eilte also rüber ins Kulm und rief die nationale Zentrale der USA an. Das war eine gute Idee. Zum Glück war dort schon jemand; und den kannte ich sogar von irgendwelchen Kursen her – das war wichtig, denn Telefonnummern waren in unserer Bewegung immer eine wohlbehütete Sache und durften eigentlich nicht herausgegeben werden. Ich konnte den Mann überzeugen, dass Maharishi die Nummer brauchte; er gab sie mir. Ich hetzte zurück ins Sonnenberg: Die WYMS glaubte mir, dass ich eine Leitung für Maharishi brauchte, und ich rief in Venezuela an. Glücklicherweise war Villanueva tatsächlich da. Ich sagte ihm: „Maharishi will dich sprechen, bleib dran"; und so ging ich ganz cool – nach einer halben Stunde Arbeit, und so, als sei nichts gewesen – in den Goldraum und sagte zu Maharishi: „Villanueva is on the line." Auch Maharishi nahm das wie selbstverständlich hin und drückte den Knopf zur Freisprechanlage. Ich aber befand mich in einem emotionalen Hoch. Ich spürte: Das war ein entscheidender Test, und ich hatte ihn bestanden. Ich hatte mir etwas einfallen lassen und nicht aufgegeben.

Maharishis persönlicher Sekretär

Eines Tages, nicht allzu viel später, kam Wolfgang Esch, der derzeit der einzige aktive Sekretär war, in mein Zimmer und sagte: „Maharishi fragt, ob du mir in meinem Job helfen willst." Ich dachte: „Nicht schlecht; da komme ich näher an Maharishi heran", und sagte: „Ja." Am Abend durfte ich dann mit in die Suite. Maharishi fragte mich, ob ich Wolfgang helfen wollte: Ich sagte: „Beautiful."

Mir wurde erst Tage später klar, was dieses Angebot bedeutete. Wolfgang erzählte mir, wie es zu dieser Entwicklung gekommen war: Er selbst war vor einigen Monaten vom damaligen Sekretär Peter S. als dessen Assistent in den Job eingeführt worden. Peter wurde bald danach Sidhi-Administrator, hatte also einen anderen Job, sodass Wolfgang allein war.

Die Arbeit war aber eigentlich nicht von einer Person zu bewältigen: Ab neun Uhr morgens musste er am Telefon bereit sein. Wenn niemand anrief, konnte er meditieren, doch meistens wurde er gestört. Am späteren Vormittag fing dann die eigentliche Arbeit an und ging fast ohne Unterbrechung weiter bis tief in die Nacht: ein Uhr, zwei Uhr waren keine Seltenheit.

Maharishi bemerkte natürlich, dass Wolfgang völlig übermüdet und erschöpft war. Er sagte zu ihm: „Denk doch mal darüber nach, wer dir helfen könnte." Wolfgang hatte, so anstrengend die Arbeit war, eigentlich keine Lust, seinen Job mit jemandem zu teilen. Dazu war der ständige Kontakt zu Maharishi einfach zu beglückend – wie auch die gewisse Machtposition, die Anerkennung und Bewunderung, die er im ganzen Capital genoss. Doch am späten Abend fragte Maharishi nach: „Ist dir jemand eingefallen, der dir helfen könnte?" Wolfgang erzählte mir, dass ihm in diesem Moment nur der Name „Hans" eingefallen war. Daraufhin sagte Maharishi: „Hans will be very good."

So wurde ich also Wolfgangs Assistent. – Jedenfalls schien es so. Tatsächlich aber war ich praktisch sofort der zweite Sekretär neben Wolfgang. Und das war von Maharishi auch so gemeint gewesen. Aber es war typisch für ihn, dass er mir gegenüber jede Anerkennung vermied und so auch diese Beförderung völlig runterspielte und quasi verdeckte.

So bemerkte ich sie erst am nächsten oder übernächsten Tag, als Wolfgang mir plötzlich erklärte, wie man das Antilopenfell faltete und entfaltete, wenn man es auf dem Sitz Maharishis ausbreitete. Dazu muss man wissen, dass das Tragen des Tierfelles das Statussymbol war, das zeigte, dass man nun einer der zwei oder drei persönlichen „Sekretäre" Maharishis war und damit – anscheinend – an der Spitze der Bewegung stand. In der vedisch-indischen Tradition sitzen die Meister immer auf einem Antilopenfell. Warum, ist nicht genau bekannt. Ein feinfühliger Freund erklärte mir einmal, dass so ein Fell negative Erdstrahlen und andere Schwingungen abhielte. In unserer Bewegung, und so war es wohl Tradition, durften nur allerengste Vertraute, praktisch nur die Sekretäre, das Fell anfassen.

Als Wolfgang mir also erklärte, wie man es faltete, hinter dem Meister hertrug und es auf seinem Sitz ausbreitete, wurde mir dadurch plötzlich klar, dass ich jetzt in die Spitzenposition hineingeraten war.

Ich überließ natürlich zunächst einmal Wolfgang das Tragen des Fells, war er doch der Dienstältere. Aber einige Tage später war es dann soweit. Ich schob Dienst im Sekretärsbüro, das noch innerhalb der Suite lag und an dessen nach innen offener Tür Maharishi vorbeikam, wenn er hinausging. Wolfgang war nicht da. Ich nahm also das Fell und ging hinter Maharishi her. Der Fellträger durfte, so meine ich mich zu erinnern, im Allgemeinen mit Maharishi zusammen in die enge Fahrstuhlkabine, wo er dann aber maximalen Abstand zu wahren versuchte, um Maharishi nicht mit seinen weniger entwickelten Schwingungen zu belästigen. Häufig allerdings raste der Sekretär auch zu Fuß die zwei Treppen hinunter, während der Fahrstuhl nach unten glitt, und empfing ihn unten, um dann schräg hinter Maharishi den langen Gang entlang zu gehen. Dort durften in der damaligen Zeit meist noch irgendwelche Staff-Mitglieder stehen, die Maharishi etwas fragen wollten.

Als wir bei diesem meinem ersten Gang über die Brücke zum Sonnenberg kamen, stand an der Seite Karl-Eberhard, genannt K.-E., ein alter Freund von mir, und bewunderte und beneidete als einer der ersten meinen neuen Status. Am Abend sagte er mir scherzhaft: „Es ist gut, dass Maharishi endlich einmal einen promovierten Sekretär hat."

Von der Brücke ging es durch den Goldraum. Dessen Hintertür war ein Eingang zu der großen schönen Versammlungshalle, in dem die rund ein- bis zweihundert Bewohner des „Capitals" schon auf Maharishi warteten. An der Tür beging ich in meiner Aufregung eine Dummheit: Die Regel war nämlich, dass der felltragende Sekretär als erster in die Halle kommen musste, um rechtzeitig das Fell auslegen zu können. Dadurch wussten die Anwesenden, dass sich Maharishi unmittelbar vor der Tür befand, und dass sie nun aufstehen mussten. In diesem Fall kam ich irgendwie nicht rechtzeitig an Maharishi vorbei, weil sich draußen eine relativ enge Gasse von Wartenden gebildet hatte. So bat ich ihn, mich vorbeizulassen. Ihn in dieser Weise zu stören, war natürlich nicht angemessen; aber Maharishi lächelte mich verständnisvoll an und ging zur Seite, wusste er doch, was für ein großer Moment das für mich war.

Ich eilte also auf die Bühne und breitete das Fell auf seinem Sitz aus. Im Publikum hörte ich eine überraschte und bewundernde Frauenstimme leise ausrufen: „Hans!" – Bis dahin hatte noch niemand von meinem neuen Status gewusst. Ich ging dann zur Seite in den Hintergrund und wartete, bis Maharishi die Anwesenden durch Zusammenlegen der Hände begrüßt, sich gesetzt und seine Beine zum Schneidersitz gefaltet hatte. Das Ritual, dem ich folgte, verlangte dann, dass ich vorging und den kleinen Tisch vor ihn hinschob. Der war mit goldenem Brokat bezogen und hatte schön geschwungene vergoldete Beine. Auf ihm lagen – vorher von uns bereitgelegt – immer ein Stapel Papier – mit Goldrand – und verschiedenfarbige Filzstifte. Maharishi kritzelte gerne etwas auf das Papier, während er sprach oder zuhörte, und machte sich manchmal auch Notizen. Außerdem stand dort der vergoldete Wecker, den ich zusammen mit dem Fell hereingetragen und aufgestellt hatte.

Den beachtete Maharishi fast nie. Nur, wenn er nach meist sehr langen, in die Meditations- oder Schlafenszeit hineingezogenen Sitzungen das Gefühl hatte, nun sei es genug, schaute er demonstrativ erstaunt auf die Uhr und schloss die Sitzung. Wenn er den Tisch etwas von sich weg schob, ging der Sekretär, der beim ersten Anzeichen des Aufbruchs schon von hinten auf die Bühne geschlichen war, nach vorne und zog den Tisch ganz weg, wobei er sich hinknien oder -hocken musste, um Maharishi nicht die Sicht zu verdecken. Der stand dann auf, legte die Hände zum Gruß zusammen, wobei er alle anschaute, und ging dann zu den Stufen, die seitwärts zur Rückseite der Bühne hinunterführten. In dem Moment musste der Sekretär dann schnell das Fell zusammenfalten, es unter den Arm klemmen, die beschriebenen Papiere und den Wecker ergreifen und hinter Maharishi hereilen. Dabei musste er aufpassen, nicht von den Devotees abgedrängt zu werden. Es konnte immer sein, dass Maharishi in den Nachbarraum zu einem anderen Treffen ging. Dort musste dann wieder rechtzeitig das Fell ausgebreitet werden.

Das war das normale Ritual der Treffen in der großen Halle, das ich schon oft beobachtet hatte und bei dem ich immer die Sekretäre bewundert und beneidet hatte. Ich hatte das große Glück, noch viele Male an diesem Ritual teilnehmen zu können – jedes Mal innerlich glühend und vor Stolz geschwellt, aber mich äußerlich so unscheinbar wie möglich gebend. Der Sekretär durfte ja selbst keine Aufmerksamkeit auf sich ziehen!

Nicht immer ging alles glatt. Einmal, das war zu einer Zeit, als es mir seelisch miserabel ging, weil ich das Gefühl hatte, Maharishi sei mit mir nicht zufrieden, was auch stimmte, ließ ich im Goldraum, als Maharishi schon direkt hinter mir stand, tatsächlich das Fell vor dem Sofa auf den Boden fallen. Maharishi sagte: „Oh". Das war ganz furchtbar, denn das Fell war so etwas wie ein heiliger Gegenstand und durfte eigentlich den Boden nicht berühren.

Ein anderes Mal, in der großen Halle, war ich wie immer so weit wie möglich in den Hintergrund getreten, und dabei von einem Ficus verdeckt worden. Als Maharishi vor das Sofa trat, schaute er kurz zur Seite und bemerkte eine Gestalt hinter dem Baum. Er zuckte zusammen, fing sich dann aber schnell, nachdem er mich erkannt hatte. Es war mir natürlich schrecklich peinlich, Maharishi erschreckt zu haben. Das war ja das Letzte, was ich wollte, und unbewusst kam die alte Sorge in mir hoch, dass Maharishi mir vielleicht nicht ganz traute. In dieser Situation bemerkte ich allerdings auch, dass Maharishi durchaus den normalen menschlichen Reaktionen ausgesetzt war – was die meisten von uns damals kaum für möglich hielten, da wir glaubten, er wäre ein göttliches Wesen, frei von Angst und quasi allwissend.

Maharishi hatte Wolfgang und mir bei meinem Einführungstreffen Instruktionen gegeben, wie wir unsere Arbeit aufteilen sollten. Er wusste, dass keiner von uns allein einen so langen Arbeitstag wie den seinen durchhalten konnte. Wir sollten also in Schichten arbeiten, sodass jeder genug Schlaf bekommen würde und auch etwas „Programm" machen könnte. Maharishi sagte zu uns: „Always do proper hopping – macht das Flugprogramm immer ordentlich." Ganz offensichtlich rechnete er damit, dass wir die anderen Komponenten – Meditieren und die anderen Sidhi-Sutren – nicht regelmäßig würden durchziehen können.

Ich überließ natürlich Wolfgang die bessere Schicht. Das war die Spätschicht. Denn abends und nachts traf Maharishi im Allgemeinen spezielle Gäste im Meetingraum seiner Suite, und die Sekretäre durften meist mit dabeisitzen, falls er irgendetwas brauchte oder jemanden rufen lassen wollte. Der Sekretär konnte so in der kraftvollen und zugleich liebenden Ausstrahlung Maharishis baden, und außerdem durch das Zuhören tiefer in das Denken des Meisters eindringen. Es war ja immer hochinteressant, was Maharishi so über die verschiedenen Situationen und Lebensbereiche dachte.

Ich versuchte auch meist, so lange ich irgend konnte, bei diesen Treffen dabeizusitzen. Nur selten ermahnte mich Maharishi, nun doch zu Bett zu gehen. Er sagte nie: „Geh schlafen". Er sagte nur: „Go and rest." Meist war es dann auch schon nach Mitternacht, wenn ich mich endlich zurückzog.

Ab 9 Uhr morgens musste ich dann im Büro sitzen – auf einer Matte am Boden, die Telefone und Intercoms um mich herum aufgestellt. Ich versuchte nun zu meditieren, denn nur selten war ich vorher schon dazu gekommen. Dies war eine Zeit, zu der Maharishi nur ungern gestört wurde, denn auch er meditierte jetzt in seinem Privatzimmer oder befand sich jedenfalls in Stille. Diese Stille war ganz dick und satt bis in mein Büro zu spüren; es war eine ganz besonders blissvolle Stunde.

Immer wieder gab es aber auch Störungen, sei es, dass jemand aus dem Haus selbst etwas wissen wollte, sei es, dass jemand von auswärts anrief, sei es, dass eine wichtige Person abreisen und Maharishi vorher noch sprechen wollte. Obwohl mich jeder Anruf aus der Meditation riss, hoffte ich doch jedes Mal, dass es etwas absolut Dringliches war, wovon Maharishi auf jeden Fall informiert werden wollte. Also musste ich erst einmal herausfinden, worum es ging und ob die Sache nicht bis später warten konnte.

Dabei musste ich immer auf dem Laufenden sein; musste wissen, wer ganz wichtig, wer einigermaßen wichtig und wer weniger interessant war. Aber auch jemand aus der dritten Kategorie konnte ein bedeutsames und dringendes Anliegen haben. Ich versuchte dann, ein umfassendes Bild von dem jeweiligen Projekt oder dem Sachverhalt zu bekommen, und zu erspüren, ob sich Maharishi wohl gerne für diese Angelegenheit oder Person stören lassen würde.

Wenn ich dann das Gefühl hatte, dass die Sache nicht aufschiebbar wäre – glücklicherweise lag ich meist richtig –, freute ich mich, Maharishi anrufen zu dürfen, und tippte die geheime Nummer in die Gegensprechanlage ein. Am anderen Ende herrschte meist eine ganz tiefe Stille. Ich flüsterte dann leise: „Jai Guru Dev." Meistens antwortete nun Maharishi, der das Intercom anscheinend vor sich stehen hatte, mit ganz weicher, fast gebrechlicher Stimme: „Jai Guru Dev." Nun trug ich ganz sanft und ruhig die Essenz dessen vor, was der Anrufer wollte.

Und nun gab es zwei Möglichkeiten: Entweder wollte Maharishi mit dem Anrufer persönlich sprechen, dann stellte ich den Anruf zu ihm durch und schaltete das Intercom sofort aus, damit ich nicht mithören konnte. Denn ich wusste: Maharishi mochte absolut keine Neugier; jeder Neugierige war ihm suspekt. Auch ich durfte bei Weitem nicht alles wissen – nur so viel, wie für meine Arbeit notwendig war. Alle Neugierigen waren bei ihm schnell CIA-verdächtig.

Obwohl ich in meiner ganzen Zeit in der Bewegung niemanden getroffen habe, der eindeutig CIA-Mitglied war, so redete Maharishi doch häufig vom „CIA" – das war ein Synonym für: „die Gegenseite". Ich weiß bis heute nicht, ob er uns nur schulen wollte oder ob tatsächlich der CIA schon in unseren Reihen vertreten war. Tatsache war, dass der CIA – oder verwandte Organisationen – unsere Bewegung überwachten. Alle Gruppierungen, die die Freiheit des Denkens fördern, sind ihnen ein Dorn im Auge. Und sicherlich haben sie viele unserer Projekte gestört oder sogar vereitelt. Später, wenn Maharishi einmal begeistert von irgendeinem viel versprechenden Plan vor einer auch nur etwas größeren Gruppe sprach – etwa: Eine Regierung will die TM in die Schulen einführen oder Ähnliches –, dann wusste ich schon: Daraus wird sowieso nichts, das ist nur ein Ablenkungsmanöver für den „CIA". Und tatsächlich wurden all diese Projekte irgendwie in letzter Minute gestört oder vereitelt. Die wirklich wichtigen Projekte dagegen wurden immer erst bekannt gegeben, wenn sie bereits durchgezogen worden waren.

Wenn Maharishi nicht vertraulich mit dem Anrufer sprechen wollte, gab er mir über das Intercom Anweisungen, was ich der Person sagen sollte – entweder, solange sie noch verbunden war oder später. Dabei musste ich aufpassen, dass der Anrufer zunächst stummgeschaltet wurde, also nicht mithören konnte. Einmal machte ich den Fehler, dass ich nur den Hörer mit der Hand zuhielt, während Maharishi eine Bemerkung machte. Da fragte Maharishi plötzlich: „Hat er das mitgehört? Frag ihn!" Tatsächlich hatte der Anrufer durch meine Hand hindurch verstanden, was Maharishi gesagt hatte. Dies wiederum hatte der offensichtlich mitbekommen. Da war er natürlich sauer und tadelte mich.

Eine weitere, für mich sehr interessante Situation entstand immer dann, wenn Maharishi direkt über das Intercom mit dem anderen sprechen wollte, wozu ich dann sein Telefon auf Freisprechen schaltete. Dann konnte ich beide Seiten hören und manchmal auch klärend eingreifen, wenn die eine oder andere Seite nicht richtig verstanden hatte.

Nervlich anstrengend konnte es allerdings werden, wenn zufällig zugleich noch eine dritte Person auf einem anderen Apparat anrief, die ich dann ganz leise ausfragen und „abfertigen" musste.

Ich hegte den leisen Verdacht, dass Maharishi diese Gespräche über das Intercom unter anderem auch deswegen auf diese Weise führte, damit ich etwas lernen konnte. Es waren nicht die allervertraulichsten Dinge, die da besprochen wurden, aber sie waren manchmal doch außerordentlich aufschlussreich. Ich erzähle hier mal zwei solcher Gespräche: Einmal riefen zwei „Gouverneure", also TM-Lehrer an, die in Maharishis Auftrag in Afrika herumreisten und Kontakte knüpften. Diese beiden waren für den Folgetag vom dortigen Staatspräsidenten zum gemeinsamen Mittagessen eingeladen worden. Nachdem sie von Maharishi Weisungen erhalten hatten, wie sie das Gespräch aufziehen sollten, fragten sie noch: „Sicher wird es bei dem Essen Fleisch geben. Was sollen wir machen? Aus Höflichkeit mitessen?" Maharishi sagte nur: „Es ist zu spät." Sie wiederholten ihre Frage. Er sagte wieder: „Es ist zu spät". Weder die beiden noch ich wussten etwas mit dieser Antwort anzufangen. Ich schaltete mich ein und versuchte Maharishi die Situation klarzumachen. Aber der hatte sehr gut verstanden. Er erklärte: „Es ist zu spät, solche Fragen zu stellen. Wir essen kein Gift, nur um einem Freund zu gefallen."

Eine andere, sehr witzige Gesprächssituation war folgende: Der Anrufer war Bruno Romano, der nationale Leiter Italiens. Gegen Ende des Gesprächs, das sich um nationale Aktivitäten gedreht hatte, kam Maharishi plötzlich auf das Kolosseum in Rom zu sprechen. Er sagte, Bruno sollte zum Bürgermeister von Rom gehen und diesem sagen, er sollte doch dieses grässliche Gebäude abreißen lassen, in dem seinerzeit Menschen den Löwen vorgeworfen worden waren.

Bruno verschlug es die Sprache. Schließlich konnte er vorbringen, dass doch gerade viele Millionen – oder gar Milliarden? – Dollar dafür ausgegeben worden waren, um die U-Bahn unter dem Kolosseum hindurchzuführen, ohne dieses zu beschädigen. Maharishi ließ sich davon nicht beeindrucken. Er sagte: „Geh zum Bürgermeister und erzähle ihm, du hättest einen Freund aus dem Ausland zu Besuch gehabt. Der hätte Rom ganz wunderbar gefunden. Nur als er zum Kolosseum gekommen sei, hätte er ausgerufen: „Was für ein schrecklich düsteres Gebäude! Da spürt man ja noch, welch furchtbare Grausamkeiten darin abgelaufen sind! Das Gebäude sollte unbedingt abgerissen werden!"

Derartige Herausforderungen Maharishis an seine Schüler waren typisch für ihn. Mit so etwas wollte er uns hart und stark machen. Man stelle sich vor, wie sich der arme Bruno bei seiner Audienz beim Bürgermeister gefühlt haben muss! Sofern er je den Mut aufgebracht haben sollte, diesem Wunsch Maharishis nachzukommen.

Wie schon gesagt, legte Maharishi immer Wert darauf, wichtige Gäste, die abreisten, noch in letzter Minute zu sprechen – dasselbe galt für enge Mitarbeiter, die auf eine spezielle Mission gingen. Einerseits freuten sich die Abreisenden, Maharishi noch einmal persönlich zu sprechen, andererseits stellte es ihre Nerven auch ganz schön auf die Probe. Zumal Maharishi ja die Angewohnheit hatte, immer erst in allerletzter Minute zu erscheinen, beziehungsweise sich verbinden zu lassen.

Meist war es so: Ich wusste, wann die Person spätestens abfahren muss-te und arrangierte Fahrer, Autos, Gepäcktransport. Die Leute warteten dann an einem internen Telefon oder im Meetingraum auf ihr Gespräch. Rechtzeitig erinnerte ich Maharishi vorsichtig daran, dass Soundso gleich abfahren müsste und auf ihn wartete. Maharishi sagte dann etwas wie: „Ja, ich komme." Dann dauerte es allerdings meist noch eine ganze Zeit, bis er tatsächlich erschien. Er wollte nicht, dass die Leute ihre Zeit und Energie beim Warten auf dem Flughafen vergeudeten.

So kam er gewöhnlich erst ziemlich genau dann aus seinem Zimmer, wenn die Person, unserer Berechnung nach, eigentlich hätte abfahren müssen. Dann sprach er in aller Ruhe mit ihr. Diejenigen, die das schon ein paar Mal erlebt hatten, entspannten sich, wussten sie doch, dass sie ihren Flug erreichen würden, wenn sie Maharishi die Sache überließen. Der schloss dann das Gespräch immer genau im richtigen Moment, sodass der Reisende auf die letzte Minute am Flughafen ankam. Falls jemand erst deutlich nach der Abflugzeit am Terminal erschien, stellte sich fast immer heraus, dass auch das Flugzeug Verspätung hatte. Wenn einer dieses Ritual zum ersten Mal mitmachte, konnte man annehmen, dass er in dieser Stunde einiges durchmachte – zu seinen Gunsten natürlich, denn die Aufregung löste eine ganze Menge Stress.

Zu den Gesprächen Maharishis mit den Abreisenden möchte ich hier mal eine nette Geschichte erzählen, die allerdings erst passierte, als ich längst nicht mehr Sekretär war. Ich hörte sie von Deepak Chopra, und das auch nur auf einem Video-Band. Deepak ist inzwischen ja weltweit als spiritueller Autor, Redner und Seminarleiter bekannt. Was vielleicht nicht jeder weiß, ist, dass Maharishi ihn aufgebaut hat.

Deepak hatte TM gelernt und war ein hingebungsvoller Anhänger Maharishis. Nach einiger Zeit der Schulung sandte ihn Maharishi häufig auf Tourneen, um Vorträge über TM und Maharishis Weltfriedensansatz zu halten. Einmal wollte Deepak seine Familie in Indien besuchen. Wie üblich wollte Maharishi ihn direkt vor der Abreise noch einmal sprechen. Das Treffen fand wie immer in letzter Minute statt, eigentlich schon zu spät. Aber Maharishi war ganz gelassen und unterhielt sich ausführlich mit Deepak. Er trug ihm auf, eine ganze Reihe von Top-Politikern in Indien zu kontaktieren und ihnen den neuen ayurvedischen Gesundheitsansatz der TM zu präsentieren. Deepak war ja von Haus aus Arzt. Das passte also sehr gut.

Deepak kannte die Vorgehensweise Maharishis, trotzdem dachte er im Stillen: „Wie soll ich in der kurzen Zeit meines Indienaufenthaltes, der ja sowieso schon so voll gestopft ist, an all diese hohen Tiere rankommen?" Das Gespräch zog sich endlos hin – so lange, bis der Flug definitiv nicht mehr zu erreichen war. Deepak dachte: „Soll ich jetzt überhaupt noch zum Flugplatz fahren?" Er tat es aber doch, um den nächsten Flug zu erwischen. Als er am Flughafen ankam, stellte sich heraus, dass das Flugzeug mehrere Stunden Verspätung hatte und dass man Deepaks Platz schon jemand anderem gegeben hatte. Man entschuldigte sich vielmals bei ihm und bot ihm einen Platz in der Business-Klasse an. Deepak hatte natürlich nichts dagegen.

Es flog dann nur noch ein weiterer Passagier in dieser Klasse mit; ein Inder. Die beiden kamen ins Gespräch und Deepak erzählte ausführlich vom vedischen Gesundheitsansatz des Meisters. Nach einiger Zeit sagte der Mitreisende: „Dass ich Sie hier treffe, ist ein Geschenk des Himmels. Ich bin nämlich im Auftrag der indischen Regierung unterwegs und sollte im Westen nach neuen Erfolg versprechenden Gesundheitssystemen forschen. Und ich muss sagen: Ich hatte bislang nichts Berichtenswertes gefunden. Ich habe in den nächsten Tagen Termine beim Präsidenten, beim Gesundheitsminister und bei einigen anderen Politikern und Vertretern der Gesundheitsbehörde. Wären Sie bereit, mitzukommen und Ihren Ansatz zu präsentieren? Der scheint mir der einzig wirklich neue und Erfolg versprechende zu sein – und dass er noch dazu ursprünglich aus Indien kommt ...!" Da hatte Deepak also seine Präsentationen, bei genau den Personen, die ihm Maharishi zu kontaktieren aufgetragen hatte, ohne Mühe! Das war eines dieser Wunder, wie man sie in der Zusammenarbeit mit Maharishi immer wieder erlebte.

Die Situationen, in denen Maharishi früh morgens aus seinem Zimmer kam und ich mit dem Fell hinter ihm den noch stillen Gang entlang gehen konnte, gehörten für mich zu den beglückendsten Momenten. Maharishi war dann noch so frisch und in der Stille; es war reinster Bliss.

Noch besser war es natürlich, wenn ich bei dem anschließenden Treffen dabeisitzen konnte. Ich musste ein feines Gespür dafür entwickeln, ob das angemessen war. Häufig waren die Besprechungen zu vertraulich oder zu persönlich. Dann wartete ich vor dem Raum, ob mich Maharishi vielleicht rufen würde.

In der Anfangszeit verschätzte ich mich einmal und merkte nicht, dass mich Maharishi nicht mit im Raum haben wollte. Ich hatte wohl eine hinweisende Geste nicht mitbekommen, und so fuhr er mich regelrecht an: „Get out!" Das war ein rechter Stich ins Herz; obgleich ich mir sicher war, dass es zu meinem Besten geschah. Doch Maharishi trug nie jemandem etwas nach; nach der Sitzung war er wieder so freundlich wie immer.

Wenn ich morgens ein paar Stunden im Büro gesessen, und insbesondere, wenn etwas angelegen hatte, merkte ich dann doch, dass mir die Meditation fehlte und besonders das „Hopping". Ich wartete dann sehnsüchtig auf Wolfgang, der mich ablösen sollte. Der ließ sich aber meist viel Zeit, war er doch fast immer bis spät in die Nacht hinein bei Maharishi gewesen. Wenn er dann endlich kam, ging ich in den Keller, um noch etwas zu meditieren und mein Flugprogramm zu machen. Danach waren Wolfgang und ich meistens gleichzeitig aktiv. Tagsüber war ja immer etwas los: Wir mussten Treffen für Maharishi arrangieren, vor der Tür des Meetingraumes warten, falls etwas gebraucht würde oder jemand hinzugeholt werden sollte; es kamen Anrufe rein sowie Anfragen aus dem Hause selbst – alle kamen zu uns, damit wir etwas „checken" könnten.

Maharishi schaffte es immer, gleichzeitig viele, viele Mitarbeiter oder auch Projektgruppen unter Spannung zu halten. Sehr häufig kamen Projekte an einen Punkt, wo Maharishi eine neue Anweisung zu geben hatte oder wo eine neue Richtungsvorgabe gebraucht wurde. Nicht selten saßen die Leute wie auf Kohlen, weil externe Verhandlungspartner auf eine Antwort warteten.

Aber Maharishi hatte wie immer die Ruhe weg. Man muss nicht denken, dass wir Maharishi jederzeit jede beliebige Frage stellen konnten. Keineswegs. Er war ja praktisch kontinuierlich mit den Gesprächen und Treffen beschäftigt, die er gerade haben wollte. Andere Dinge vorzubringen – dazu war nur selten Gelegenheit.

So trugen Wolfgang und ich alle Fragen an Maharishi mit sämtlichen Details in ein Büchlein ein. Das hatte uns Maharishi geraten. Dabei hofften wir beide, so viele ernsthafte und wichtige Fragen wie möglich zu erhalten. Wer von uns welches Projekt bekam, unterlag scheinbar dem Zufall, je nachdem, wer gerade am Telefon war oder auf dem Weg durchs Haus von einem Fragenden erwischt wurde. Doch wenn eine Projektgruppe schon mal etwas über einen von uns gecheckt hatte, so ging sie meist wieder zu demjenigen, der den Hintergrund schon kannte.

In Kleinigkeiten konnten wir auch schon mal Anweisungen geben, wenn wir die Meinung Maharishis dazu kannten oder ganz klar spürten. Da mussten wir aber sehr aufpassen, denn Maharishi wollte über alles Bescheid wissen und alles im Griff behalten. Es ging ihm – das verstand ich erst später – ja gar nicht so sehr um die Projekte selbst, sondern darum, dass sich die Leute durch ihr Projekt innerlich auf ihn ausrichteten.

Jeder von uns beiden hatte also ein Interesse daran, so viele Projekte wie möglich zu betreuen, denn das gab uns die Chance, um so häufiger mit Maharishi sprechen zu können. Das „Dumme" war nur, dass Maharishi auch jedem von uns dann jeweils neue Arbeit gab, also Instruktionen, was wir zu tun und zu arrangieren hätten. Aber uns war das recht: Je mehr Aufgaben jeder hatte, umso mehr Chancen entstanden, über den Fortgang und den Erfolg zu berichten.

Und jede noch so geringe Konversation mit Maharishi war einfach Bliss. Wenn die seltene Gelegenheit kam, Fragen vorzutragen – manchmal dauerte es Tage oder in seltenen Fällen sogar mehr als eine Woche –, dann hatte sich die Komplexität der Entscheidung schon von selbst enorm verringert. Was anfangs eine Riesengeschichte gewesen war, konnten wir in zwei Sätzen zusammenfassen. Und in wenigen Minuten hatte Maharishi eine Richtung vorgegeben, der die Fragenden dann wieder wochenlang folgen konnten.

Auf diese Weise hielt Maharishi unzählig viele Leute gleichzeitig auf Trab. In der Wartezeit hatten sie außerdem viel Stress gelöst und Nervosität und Sorge verloren. Ich erinnere mich an keinen Fall, in dem ein ernsthaftes Projekt wirklich geschädigt wurde, weil die Leute die Antwort nicht rechtzeitig bekommen hätten – selbst wenn es ihnen so erscheinen mochte, als bräche jeden Moment die Welt zusammen. Spätestens in letzter Sekunde konnten wir immer fragen, und sie erhielten ihre Richtlinie.

Und um was für Projekte ging es? Eins der wildesten war, dass wir eine Chip-Fabrik aufbauen wollten. Dafür wurden tatsächlich teure Maschinen angeschafft. Geld spielte für Maharishi in solchen Dingen keine Rolle, während er uns andererseits fast pedantisch trainierte, an allen Ecken zu sparen und überall die allerbesten Preise rauszuschlagen. Er konnte hunderttausend Dollar in ein Projekt investieren, das letztlich nur dem Training einer einzigen Person diente, und gleichzeitig verlangen, dass wir mindestens drei Preisangebote für Bleistifte einholten.

Für den Bau der Chip-Fabrik mussten wir in aller Welt meditierende Ingenieure finden und diese inspirieren, nach Seelisberg zu kommen. Es kamen auch tatsächlich eine ganze Reihe. Mir scheint, dass es letztlich der eigentliche Zweck war, neue Leute in Maharishis Nähe zu holen, die für ihn arbeiten wollten. Denn als das Projekt, wie längst vorauszusehen gewesen war, irgendwann einschlief, blieben die meisten da und machten andere Jobs.

Ähnlich wie die Chip-Fabrik sollte eine Produktion von Quarz-Armbanduhren – damals noch eine neue Technologie – in Gang gesetzt werden. Dieses Projekt kam allerdings nicht über das Planungsstadium hinaus. Anders war es bei der Tape-Factory, einer Fabrik, in der die laufend an alle Center verschickten Video-Bänder hergestellt werden sollten. Unsere Organisation war damals der zweitgrößte Abnehmer von Video-Masterbändern und U-matic-Kassetten in ganz Europa (oder sogar weltweit). Da sah Maharishi ein hohes Sparpotential. Es wurde tatsächlich eine gigantische, gebrauchte, Anlage angeschafft und in einem Gebäude im Nachbardorf Emmetten installiert. Außerdem hatten wir für 100.000 Dollar das Know-how gekauft.

Die Leiter unseres Projekts waren Peter P. und Jost H.. Als die Anlage mit viel Arbeit aufgebaut und in Gang gesetzt worden war, stellte sich heraus, dass sie keine brauchbaren Bänder produzierte. Das gekaufte Know-how war offensichtlich unzulänglich. Das Hauptproblem war, dass die Schicht mit den Magnetspänchen nach kürzester Zeit wieder von der Filmgrundlage abgeschabt wurde, wenn ein Video-Kopf längere Zeit darüber hinwegkratzte.

Peter und Jost mussten nun ihre eigenen Experimente machen, um die so genannte Stillframe-Zeit zu verlängern – die Zeit, die das Band im Standbild das ständige Schleifen des Kopfes über derselben Stelle aushielt. Aber die beiden kamen nicht voran; die hergestellten Bänder blieben unbrauchbar.

Schließlich schaltete sich Maharishi intensiver ein, und ich konnte beobachten, welche Pragmatik er auch hier an den Tag legte. Er traf Peter und Jost jeden Tag in seiner Suite – in dem kleinen Meetingraum, in dem ich seinerzeit mit Heiner R. gearbeitet hatte. Dort mussten die beiden Diagramme mit allen Aspekten und Parametern, an denen sie herumexperimentierten, an der Wand aufhängen. Maharishi wies die beiden an, pro Run immer nur einen Parameter zu verändern (zum Beispiel die Dauer des Malvorgangs der Eisenspäne) und jeweils alles andere gleich zu lassen. Jeden Tag hörte er sich die Ergebnisse an, ließ sie in die Wandtafeln eintragen (etwa: Stillframe 5 Minuten) und gab Anweisungen, welcher Parameter als nächstes geändert werden sollte.

Tag für Tag berichteten die beiden über die jeweiligen Ergebnisse, die zum Teil natürlich auch eine Verschlechterung der Qualität beinhalteten, bis nach etwa drei Wochen ein einwandfreies Band mit guter Bildqualität und einem Stillframe von vielen Stunden hergestellt wurde. Diese Leistung war nur der Klugheit Maharishis zuzuschreiben.

Doch nun kommt der Hammer: Die Bänder wurden nie benutzt! Sobald die Fabrik funktionierte, hieß es, sie sollte als Ganzes in ein anderes Land transportiert werden – wahrscheinlich war es Indien. So wurden die Maschinen und Förderbänder demontiert, sorgfältig in Plastikfolien verpackt und dann in ein Zollfreilager gebracht. Und dort blieben sie liegen, bis sie nach circa 10 Jahren, um Lagergebühren zu sparen, in unser neues „Capital" in Vlodrop in Holland verfrachtet wurden und dort in einem besonderen Raum versiegelt und vom Zoll plombiert wurden. Vielleicht liegen sie heute noch dort. Hatte das Maharishi von Anfang an so im Auge gehabt? Ich halte das nicht für ausgeschlossen. Vielleicht hatte er ja das gesamte Projekt nur für die Entwicklung der Beteiligten gestartet.

Eines der Standard- und Lieblingsprojekte, mit denen Maharishi seine Anhänger beschäftigte, war das Suchen von Immobilien. In aller Welt inspirierte er die Gouverneure, entweder große Gebäude zu suchen, die als TM-Akademien genutzt werden könnten, oder aber ein Gelände, auf dem man eine Akademie bauen könnte. Immer wieder erhielten Wolfgang und ich Anrufe von jemandem, der ein sehr passendes und günstiges altes Hotel gefunden hatte. Wir wussten, so etwas interessierte Maharishi sehr. Jetzt mussten wir alle Details erfragen, und wenn wir glaubten, ein vollständiges Bild von dem Objekt zu haben, waren wir glücklich, einen ernsthaften Grund zu haben, Maharishi per Intercom anzurufen.

Uns war damals noch nicht klar, dass diese Projekte zum guten Teil nur ein Vorwand waren, die Leute zu beschäftigen und sie zum Beispiel in schwierige Verhandlungssituationen zu bringen, an denen sie stark werden konnten. Das war besonders in der Frage des Kaufpreises sehr einfach. Meist hatten unsere Leute schon Vorverhandlungen geführt und ein gutes Angebot erhalten. Aber wie günstig es auch immer sein mochte – Standard war, dass Maharishi sagte, wir sollten die Hälfte bieten; manchmal war es sogar noch weniger.

Das brachte unsere Unterhändler dann häufig in recht peinliche Situationen, weil unser Angebot dann wirklich lächerlich erschien. Außerdem fragte Maharishi immer nach Details, die zu erfahren niemand bedacht hatte. Damit schulte er auch uns, Wolfgang und mich. Wir hatten jeder für sich schon lange Checklisten erarbeitet, nach denen wir die Anrufer ausfragten: Größe, Lage, Bauart, Umgebung ... Doch wie detailliert wir auch Bescheid wissen mochten, Maharishi fragte praktisch jedes Mal nach etwas, das wir nicht bedacht hatten. Verlegen bekannten wir dann: „Oh, tut mir leid, das weiß ich nicht."

„Dann finde es heraus." Und so hatten wir wieder was zu tun, mussten Anrufe tätigen und so weiter. Es war immer dasselbe Spiel. Die Hotels wurden, glaube ich, nur sehr selten wirklich gekauft.

Mittels dieser Projekte führte der Meister auch die Öffentlichkeit an der Nase herum. Anscheinend legte er Wert darauf, dass alle Welt seine Organisation für unendlich reich hielt, was sie definitiv nicht war. Wir Anhänger glaubten immer, Maharishi verteidigen zu müssen, wenn andere ihn für geldgierig hielten. Ihn aber kümmerte so etwas nicht – im Gegenteil: Er förderte das Image des unendlich reichen Gurus, der nur hinter dem Geld her war.

Ich erinnere mich an ein ganz verrücktes Treffen eines Abends im Goldraum: Ein indischer Journalist war angereist. Er wollte eine Reportage über uns schreiben. Weil er Inder war, dachten wir alle, dass er wohlwollend über uns berichten würde. Maharishi gewährte ihm Zutritt zu allen Abteilungen (sicherlich wohldosiert), und am Abend durfte er dann bei einem angeblich hochvertraulichen Treffen im engsten Kreis dabei sein. Hierzu waren auch ich, der ich zu dem Zeitpunkt noch nicht Sekretär war, und andere Staff-Mitglieder quasi als Statisten anwesend. Doch natürlich wusste ich nicht, was gespielt wurde, wunderte mich nur über den völlig wilden Ablauf: Alle paar Minuten kam ein „ganz wichtiger" Anruf von irgendwo aus der Welt rein, und jemand berichtete über ein Hotel, das er gefunden hatte. Maharishi fragte jeweils ziemlich bald nach dem Kaufpreis und nannte dann ein Angebot, das wir machen sollten. Es wurde nur so mit Millionenbeträgen hin- und hergeschmissen.

Der Journalist machte viele Fotos und notierte sich alles. Später erschien ein großer, sehr kritischer, Artikel von ihm im „Stern" – er arbeitete also gar nicht für die indische Presse, wie wir gedacht hatten –, in dem er berichtete, in einem ganz geheimen Treffen dabei gewesen zu sein. Er hätte gemerkt, dass Maharishi nur an Immobilien und Geld interessiert gewesen sei. – Dafür also die Show!

Insgesamt waren Wolfgangs und meine Tage eine Perlenschnur von lauter Glücksmomenten. Unser ganzes Denken drehte sich um Maharishi: Wann gibt es einen triftigen Grund, ihn anzurufen? Gibt er uns spezielle Aufträge, über deren Erfolg wir dann wieder berichten könnten? Wann kommt er aus seiner Suite – sodass wir mit dem Fell hinter ihm her gehen (und als die großen Sekretäre bewundert werden können)? Wann ruft er uns, damit wir irgendwelche Leute zu Treffen heranholen? Wann gibt es große Treffen oder „Boatrides", die wir zu organisieren haben?

Wir arbeiteten bis zur Erschöpfung, befanden uns aber gerade deswegen in ständigem Bliss. Nur selten gab es Gelegenheit, sich durch eine kleine Meditation zu erholen. Ich erinnere mich, dass ich mich einmal in mein Zimmer zurückziehen konnte, weil ich wusste, dass Wolfgang sich um Maharishi kümmerte, der irgendein Treffen in einem der Meetingräume abhielt. Ich hockte mich auf meine Matratze – um mich herum, wie üblich mehrere Telefone – und fing an zu meditieren. Sofort geriet ich in einen fast komaartigen Erschöpfungszustand. Plötzlich fing eines der Telefone an zu klingeln. Ich ahnte irgendwie, dass es Wolfgang war, der Unterstützung brauchte. Ich hörte das Telefon, und dann auch noch das andere, direkt neben mir klingeln, und sie klingelten und klingelten, aber ich war so in mir zusammengesackt, dass ich mich praktisch nicht bewegen konnte. Ich musste sie einfach klingeln lassen und fuhr fort, halb wachend, halb schlafend, das Mantra zu denken. Diese Arbeit bis zum Umfallen war offensichtlich ein Trainingsprogramm Maharishis, durch das er unsere Blockaden und Widerstände lockerte. Solche Extremschulungen hatte ich ja schon in der Videoabteilung mitgemacht.

Die Schlacht vom Weißenhäuser Strand

Ein oder zwei Monate nach Beginn meiner Tätigkeit als Sekretär, – es war zwischen Weihnachten 1978 und Neujahr 1979 – bekam ich eines frühen Morgens einen Sonderauftrag, der sich als ein rechtes Abenteuer erweisen sollte. Später nannte ich es für mich „die Schlacht vom Weißenhäuser Strand". Maharishi rief mich auf dem Intercom an: Ich sollte gemeinsam mit der Top-Lady N. zum Weißenhäuser Strand in Norddeutschland fliegen. Dort begann gerade der letzte Teil des ersten Sidhi-Centerkurses, an dessen Vorbereitung Heiner R. und ich noch vor kurzem gearbeitet hatten.

In Schleswig-Holstein sollten nun über 1.500 Teilnehmer zusammenkommen, um die letzte Technik, das Yogische Fliegen, zu erlernen. Ich packte schnell meinen Koffer. An diesem Tag war es unheimlich warm, Fön-Wetter, sicher über plus 15° Celsius. Ich überlegte ernsthaft, ob ich meinen Wintermantel mitnehmen sollte, tat es aber trotz der Wärme – man konnte ja nie wissen. Aber eine Mütze nahm ich nicht mit. Ich wurde zum Flughafen gefahren, wo unsere Centurion – eine einmotorige Propellermaschine mit vier Sitzen – schon auf mich wartete. N. hatte es nicht rechtzeitig geschafft und sollte mit mehreren Helferinnen per Zug nachkommen.

Ich flog also mit zwei Piloten über das sonnige deutsche Land nach Kiel und wurde dort mit dem Auto abgeholt. Bis dahin wusste ich, glaube ich, noch gar nicht richtig, was meine Aufgabe sein würde. Ich sprach dann vom Hotel aus mit Maharishi, der mir erklärte, worum es ging: nämlich um die Prüfung der Finanzen der Kursteilnehmer. Denn von vielen waren die Kursgebühren noch nicht eingegangen, obwohl alle angeblich schon bezahlt hatten. Die Unterweisungen sollten erst stattfinden, wenn alle Finanzen geklärt waren. Meine Aufgabe war es, mit all den Kursteilnehmern zu sprechen, deren Kursgebühr noch nicht aufgetaucht war, und herauszufinden, wo das Geld geblieben sein könnte. N. und ihre Finanz-Ladies sollten daraufhin die Kontoauszüge noch einmal durchforsten. Ich bekam einen TM-Lehrer als Helfer: Bernd Nothelle. Den ganzen Tag saßen wir beide mit den verschiedenen Problemkandidaten zusammen und gaben dann N. unsere Informationen. So konnten praktisch alle fehlenden Beträge gefunden werden.

Nach ein oder zwei Tagen zogen Bernd und ich auf die nahe gelegene Insel Fehmarn, wo eine zweite Teil-Gruppe des Kurses wohnte. N. und ihre Damen blieben am Weißenhäuser Strand, auf dem Festland. Am Abend sollten wir ihr unsere Ergebnisse bringen. Bernd und ich arbeiteten den ganzen Tag. Im Laufe dieses Tages verschlechterte sich das Wetter gravierend. Es fing an zu stürmen. Schließlich so stark, dass wir Mühe hatten, von einem Haus zum anderen zu gelangen. Die Häuser, in denen unsere Leute wohnten, bildeten eine Reihe und waren durch Lücken getrennt. Wenn wir aus der Tür eines dieser Häuser traten, wurden wir von dem Wind, der durch die Lücke pfiff, einfach weggeweht und mussten uns im Windschatten des nächsten Hauses an dieses heranrobben.

Außerdem wurde es eisig kalt und fing heftig an zu schneien. Als wir mit unserer Arbeit um Mitternacht fertig waren und zu unserem Hauptquartier zurück wollten, meinte Bernd: „Sollen wir nicht bis morgen früh warten? Bei diesem Sturm durch die Nacht zu fahren, ist ja lebensgefährlich. Morgen ist vielleicht besseres Wetter." Ich sagte: „Nein, wir müssen die Ergebnisse sofort zu N. bringen, damit sie noch in der Nacht alles prüfen lassen kann."

Die Fahrt war dann in der Tat abenteuerlich. Als wir über die Brücke zum Festland fuhren, krochen alle paar Meter schon die Schneewehen quer über die Straße – zum Glück von links, sodass unsere Fahrbahn noch passierbar war. Am Weißenhäuser Strand lag der Schnee schon so hoch, dass wir nur bis auf circa 50 Meter an unser Hotel rankamen; dann blieben wir stecken und mussten zu Fuß gehen. Es wurde klar: Wären wir auch nur eine halbe Stunde später gefahren, wären wir nicht mehr zurückgekommen und hätten für viele Tage auf Fehmarn festgesteckt.

Ich ging sofort zu N. – es war circa ein oder zwei Uhr nachts – und klopfte sie aus dem Bett. Ihre Mitarbeiterinnen mussten nun ja sofort unsere Ergebnisse bearbeiten. N. aber bat mich inständig, ihre Mädchen schlafen zu lassen. Sie hätten mehrere Nächte durchgearbeitet und könnten nicht mehr. Ich ließ mich erweichen. Das aber war ein Fehler, wie sich am nächsten Morgen herausstellte. Als ich mit Maharishi telefonierte, war der sehr ungehalten. Die Kontoauszüge hätten sofort geprüft werden müssen, denn heute sei Freitag, der letzte Tag vor dem Wochenende, wo die Kursteilnehmer noch ihre Banken wegen verbliebener Unklarheiten hätten anrufen können.

Es mag hier so aussehen, als sei Maharishi nur hinter dem Geld her gewesen. Das war aber ganz sicher nicht der Punkt. Tatsächlich ließ er am nächsten Tag die Unterweisungen geben, obwohl noch nicht alles geklärt war. Ich vermute vielmehr, es war kosmisch gesehen wichtig, dass vor so einer wichtigen Initiation – und strategischen Aktion, wie ich gleich noch erklären werde – alle materiellen Belange geordnet waren. Zudem ging es um meine Schulung: Ich hätte klar und stark in meiner Entscheidung bleiben und sein Anliegen an erste Stelle setzen müssen – trotz aller menschlichen Überlegungen.

Am nächsten Tag setzte sich das extreme Wetter fort: orkanartiger Sturm, eisige Kälte um -16° Celsius und Schnee, Schnee, Schnee. Nach kurzer Zeit waren wir von der Außenwelt abgeschnitten. Die Schneewehen lagerten sich bis zum Dach an die Häuser – teilweise sogar höher. Hungern mussten wir nicht, denn unsere Organisatoren hatten anscheinend genug für die ganze Kursdauer eingekauft. Aber wir hatten Schwierigkeiten, von einem Haus zum anderen zu kommen. Ein Glück, dass ich meinen Wintermantel dabei hatte. Um den Kopf wickelte ich mir ein Handtuch. So ein Wetter hatte ich noch nie erlebt, und die anderen vermutlich auch nicht.

Im gesamten Umland waren viele Dörfer völlig eingeschneit. Die Bahn konnte schon lange nicht mehr fahren. Ich sah später Bilder, wie man nach dem Sturm die Gleise frei fräste. Diese lagen an einigen Stellen mehrere Meter tief unter dem Schnee vergraben. Nur Hubschrauber konnten, als der schlimmste Sturm vorbei war, Nahrungsmittel zu den Dörfern bringen und Kranke abtransportieren.

Tatsächlich war es in unserer Bewegung schon bekannt und zeigte sich auch später mehrfach, dass die Außentemperaturen oft dort signifikant sanken, wo wir unsere Kurse abhielten. Maharishi, unterstützt von seinen Physikern, erklärte, dass Geordnetheit mit tiefen Temperaturen einherginge. Tiefe Temperaturen bedeuteten weniger ungeordnete Bewegung der Moleküle und Atome. Bei extrem tiefen Temperaturen, nahe dem absoluten Nullpunkt, käme es bekanntlich zur Supraleitfähigkeit von Metallen und zur Superflüssigkeit von Helium – was man in der Physik als vollkommene Geordnetheit und Kohärenz aller beteiligten Teilchen deutete.

Maharishi erklärte, während der Meditation und besonders bei den Sidhis und dem Yogischen Fliegen nehme die Kohärenz, also die Geordnetheit des Bewusstseins zu, was sich tatsächlich an der größeren Ordnung der Gehirnwellen zeigte. Innere Stille reduziere also sozusagen die mentale Temperatur. Und da Bewusstsein und Materie eng zusammenhingen, ja, in der modernen Physik in gewisser Weise als identisch verstanden würden, wachse durch die mentale Kohärenz größerer Meditationsgruppen die Kohärenz in der Umgebung – und das bedeutete schlicht: Kälte.

Viele Jahre später hörte ich von einem deutschen Berufsoffizier[17], der in Fehmarn dabei war, dass im September 1978 die größten Militärmanöver auf beiden Seiten der deutschen Grenze stattgefunden hätten, die einen drohenden Konflikt von NATO und Warschauer Pakt anzeigten. Er selbst hatte an NATO-Manövern in Schleswig-Holstein teilgenommen. Maharishi hätte die innerdeutsche Grenze besucht und wäre bis nach Fehmarn gereist. Für eine Invasion des Westens hätte die in der Ostsee liegende Flotte der UdSSR die schmale Schiffspassage zwischen Deutschland und Dänemark in der Nähe von Fehmarn passieren müssen, die während des Kurses zugefroren war. Auch der Flug-, Bahn- und Straßenverkehr war ja für mehrere Tage völlig lahmgelegt.

Im Dezember soll Maharishi gesagt haben: „There is an iron sword hanging on a silken thread over Germany. – Über Deutschland hängt ein Damoklesschwert an einem seidenen Faden. Jeder Meditierende in Deutschland sollte auf den Kurs in Fehmarn gehen und die Sidhis und das yogische Fliegen lernen."

Als die Kursteilnehmer ihm am Ende des Kurses von der extremen Kältewelle berichteten, soll er gesagt haben. „We changed a world catastrophe into a natural catastrophe. – Wir haben eine Weltkrise in eine Naturkatastrophe verwandelt." Als in den neunziger Jahren die Militärarchive des Warschauer Pakts der Öffentlichkeit zugänglich wurden, fanden die Fachleute tatsächlich Pläne für Nuklearangriffe auf München, Stuttgart, Frankfurt, Bonn, Köln, Brüssel, Amsterdam und zwei Plätze in Dänemark. Am 13. 08. 2008 berichtete die FAZ ausführlich über den geplanten präventiven Nuklearkrieg in Europa.

Meine Theorie ist: Maharishi hat den Kurs an die unwirtliche Ostsee legen lassen, um eine Invasion zu verhindern. Bei der Naturkatastrophe war natürlich an eine Invasion nicht zu denken. Kein Panzer wäre jetzt sehr weit gekommen. Die Ostsee mochte er nämlich ansonsten, was Kurse betraf, überhaupt nicht. Als im nächsten Jahr die nationale Leiterin, Frau Eickhoff, wieder einen großen Kurs am selben Ort veranstalten wollte, war er absolut dagegen, trotz intensiven Drängens von Frau Eickhoff. Irgendwann, noch bevor der Kurs zu Ende ging, beruhigte sich das Wetter, und die beiden Piloten konnten mit mir zum Flughafen Kiel fahren.

Dann erlebte ich noch etwas Lustiges: Aus irgendeinem Grunde ließ sich die linke Tür unserer Centurion nicht schließen. Nachdem wir abgehoben hatten, konnten wir nur eine Runde drehen und mussten dann wieder landen. Die Piloten zurrten die Tür mit einem Seil am gegenüberliegenden Führersitz fest, und dann starteten wir wieder. Doch durch den starken Sog beim Fliegen öffnete sich die Tür erneut um einen circa 5 cm breiten Spalt, direkt neben mir. Mir wurde allmählich kalt, und so stopfte ich meinen grauen Wintermantel in diesen Schlitz, um die kalte Luft draußen zu halten. Das ging eine Zeit lang gut, aber plötzlich wurde mein Mantel durch den Sog hinausgezogen. In letzter Sekunde konnte ich noch einen Zipfel ergreifen und den Mantel mit aller Mühe wieder reinziehen. Man stelle sich vor, irgendjemand auf der Erde hätte an diesem Winterabend plötzlich einen grauen Wintermantel vom Himmel schweben sehen! Vielleicht ein frierender Obdachloser, der dies als Zeichen des Himmels hätte annehmen können. Vielleicht wäre er dadurch zum Glauben bekehrt worden …

Als ich in Seelisberg ankam, erwartete mich eine weitere, nicht so gute Überraschung: Mein Zimmer stand unter Wasser, oder besser: hatte unter Wasser gestanden. Nach meiner Abreise war nämlich auch hier das Wetter umgeschlagen. Der Sturm hatte mein Fenster aufgedrückt. Als es danach Stein und Bein fror, platzte das Wasserrohr in meinem Zimmer. Die Überschwemmung, die darauf folgte, war insofern besonders fatal, als ich, asketisch, wie ich war, nur auf einer Schaumgummimatratze von ein paar Zentimetern Dicke und einer Pressplatte wie sie manchmal die Rückseite von Kleiderschränken bildet, schlief. Auch lagerten all meine Sachen auf dem Boden, einschließlich meiner heiligen Bücher. So war natürlich alles völlig durchnässt und durchweicht.

Das also war meine „Schlacht am Weißenhäuser Strand": viele Tage kaum Schlaf, immer die „Mannen" anfeuern und hochhalten, und weitere Entbehrungen, wie sie nun einmal zum Krieg gehörten.

Maharishi sandte mich noch ein paar Mal auf „special missions", zum Beispiel einmal nach Kühtai in den Tiroler Alpen und ein oder zweimal nach Wien. Auf dem Flug nach Tirol hatte ich das phantastische Vergnügen, mit im Cockpit der Citation sitzen zu dürfen und den Blick auf die unter mir liegenden Gebirgstäler zu genießen. Auch diese Aufträge waren, wie alle Projekte, nicht nur sachliche Notwendigkeiten, sondern – vielleicht sogar vor allem – Schulungen für mich.

In Kühtai wurde ich zum Beispiel auf ein altes Muster gestoßen: Sobald ein Auftrag einigermaßen abgeschlossen war, trieb es mich so schnell wie möglich „nach Hause" zurück. So auch hier: Als ich dachte, meine Arbeit wäre jetzt erledigt, rief ich Maharishi an. Durch einige Fragen bekam er jedoch sehr schnell heraus, dass noch nicht alles erledigt war. Das war mir recht peinlich, denn untergründig hatte ich schon ein entsprechendes Gefühl gehabt. So musste ich noch ein oder zwei Tage bleiben. – Jeder andere hätte sich gefreut, in dieser schönen Bergwelt Urlaub zu machen. Ich jedoch war fixiert auf die schnellstmögliche Rückkehr. Auf einem Trip einige Wochen später erwartete mich in Wien eine andere Herausforderung, die ich leider nicht ganz bestand; und das wurmt mich bis heute.

In Kühtai hatte ich von einem österreichischen TM-Lehrer den Eindruck gewonnen, dass er die Bewegung unterminiere und sabotiere. Zurück in Seelisberg sagte ich Maharishi, ich hätte den Verdacht, dieser Lehrer sei ein Kommunist. Maharishi trug mir auf, diesem Mann während einer Planungsbesprechung vor versammelter Mannschaft auf den Kopf zuzusagen, er sei Kommunist – das hieß damals soviel wie: von der Gegenseite.

Nun muss man wissen, dass ich eine ziemliche Angst davor hatte, abgelehnt zu werden, insbesondere von einer größeren Gruppe, und das spürte Maharishi ganz sicher. Es war anzunehmen, dass ich mich nicht gerade beliebt machen würde. Und so mogelte ich mich halbwegs durch die Aufgabe, indem ich sagte, Maharishi hätte gesagt, jener sei Kommunist. Das war nicht gut von mir, denn es entsprach ja nicht genau der Wahrheit.

Im Übrigen waren selbst bei dieser Formulierung alle total gegen mich; sie verteidigten den „guten und zuverlässigen Mitarbeiter" und waren jetzt nicht nur gegen mich, sondern auch noch gegen Maharishi aufgebracht. Diese Situation war schon sehr heavy für mich, und das hatte Maharishi sicher bezweckt.

Im Übrigen wunderte es mich, dass er mich als Deutschen mehrfach nach Österreich schickte, um dort Dinge in Gang bzw. in Ordnung zu bringen. Ich fasste das als einen Hinweis darauf auf, dass er die Deutschen und die Österreicher als ein Volk ansah. Im Großen und Ganzen machte ich meinen Job wohl ganz gut, und Maharishi schien zufrieden mit mir zu sein, obwohl er mir niemals auch nur die geringste Anerkennung zollte.

Im Gegenteil – dazu ein Beispiel: Einmal, es war später in Indien, erwähnte Goenka, der Leiter des ‚Indian Express', in meiner Gegenwart, wie umsichtig und klug Hans doch alles regelte. Maharishi machte darauf nur den Wortwitz: „Lufthansa" (In Indien schrieb man meinen Namen „Hansa"). Er wollte anscheinend auf jeden Fall verhindern, dass ich zu eitel würde. Manch anderen dagegen lobte er bis zum Exzess und blies dessen Ego auf wie einen Ballon bis kurz vorm Platzen. Das war für alle Außenstehenden schon fast peinlich, nur der Betroffene merkte es im Allgemeinen nicht. Mein Stolz dagegen wurde gerade dadurch genährt, dass ich solche übertriebene Bauchpinselei offensichtlich nicht nötig hatte.

Ich erinnere mich dagegen an ein Mal, wo er mich indirekt lobte – versteckt in einem schweren Tadel. Es war so, dass mir auch als Sekretär noch die Oberaufsicht über die Video-Abteilung oblag. Eine meiner Aufgaben war, dafür zu sorgen, dass der KSCI*[18] – unser eigener Fernsehsender in den USA – regelmäßig jede Woche ein aktuelles Video-Band mit einer Vorlesung Maharishis zugesandt bekäme. Einmal nun verreiste Maharishi für einige Wochen und sagte vorher, wie sich herausstellte, dem Leiter der Video-Bibliothek, Alfred B., er solle bis auf weiteres absolut kein Video-Band aus seiner Bibliothek herausgeben. Als ich Alfred dann wie üblich bat, ein Band an den KSCI zu schicken, sagte der natürlich: „Das darf ich nicht – direkte Anweisung von Maharishi!" Argumentieren half nicht. Was sollte ich machen? Maharishi konnte ich nicht erreichen. Und sogar, als er zurückgekehrt war, gelang es mir nie, ihn auf diese Sache anzusprechen. Es schien mir, dass ich mich einfach entspannen müsste. Der KSCI musste zusehen, wie er die Programmlücke füllte.

Dann, eines Tages, es waren schon mindestens zwei Monate vergangen, kam der Leiter des KSCI, Walter Koch, nach Seelisberg, um die allgemeine Situation seiner Station zu besprechen. Eines Abends ganz spät fand dann ein Treffen in Maharishis kleinem Meetingraum statt. Ich war dabei, und in einem geeigneten Moment erwähnte ich, dass der Sender seit Wochen nicht sein regelmäßiges Band bekommen hätte. Als Maharishi das hörte, explodierte er und machte mich nach Strich und Faden fertig: Er hätte sich so auf mich verlassen. Und wenn er mal nicht da wäre und nicht gefragt werden könnte, traute ich mich nicht, Entscheidungen zu treffen.

Ich versuchte, mich zu verteidigen, aber Maharishi ließ nichts gelten. Er schimpfte nur weiter; es traf mich wie ein Schwall von Energie. Wolfgang, der neben mir saß, bemerkte die Kraft ebenfalls und wurde auch ganz klein. Maharishi sagte: „So eine Dummheit! Und das bei einer so guten Erziehung! Du bist an der Spitze der Bewegung! Und dann so was!"

Im Grunde lobte er mich also implizit. Ich aber war völlig am Boden zerstört und dachte: Jetzt schickt er mich nach Hause. Schließlich sagte er: „Now go and rest! – Geh jetzt schlafen!" Ich ging raus, konnte aber noch nicht zu Bett gehen, weil ich dafür zuständig war, Walter – es war weit nach Mitternacht und niemand mehr auf – in sein Hotel zu fahren.

Als Walter dann schließlich kam und wir zusammen im Auto saßen, war ich noch ganz verlegen. Walter versuchte mich zu trösten, indem er erzählte, er selbst habe nach meinem Rausgehen zu Maharishi gesagt: „But he is very sincere – er ist sehr aufrichtig." Maharishi hätte geantwortet: „Yes, I know." Am nächsten Tag – ich stand noch unter Schock – hatte ich einiges in der großen Halle zu organisieren – nach Hause geschickt worden war ich offensichtlich noch nicht –, als Maharishi plötzlich vorbeikam, anscheinend auf dem Weg zu einem Treffen. Ich legte die Hände zum Gruß zusammen. Ungewöhnlicherweise blieb er stehen, grüßte auch und sagte zu mir, als wollte er mich auf dem Laufenden halten, was er normalerweise nie tat: „I go and meet these people. – Ich treffe diese Leute."

Ich hatte nicht einmal eine Ahnung, wen, aber darum ging es auch nicht. Maharishi wollte mich einfach nur beruhigen und die Bedrückung von mir nehmen, die er offensichtlich spürte. Er zeigte mir dadurch, dass er nicht im Geringsten nachtragend war und die Sache von gestern Abend schon völlig hinter sich gelassen hatte. Warum aber hatte er mich dann so zusammengestaucht? Er hatte mich ja selbst in diese ausweglose Situation gebracht – wahrscheinlich sogar bewusst! Ich bin mir ganz sicher, dass er mir damit etwas Gutes tun wollte. Vielleicht wollte er meine alte Angst vor Tadel an die Oberfläche locken. Oder er wollte mir sogar altes Karma abnehmen – so etwas machen die Meister bekanntlich. Nach diesem Ereignis war ich jedenfalls sehr erleichtert.

Krise

Leider gab es auch eine Phase, in der Maharishi ganz offensichtlich tatsächlich nicht mit mir zufrieden war, und ich wusste nicht einmal warum: Eines Tages hatte er ein Treffen mit Wolfgang, mir, K.-E. und Uwe, den beiden, die für die Produktion von Druckmaterialien zuständig waren. Wir vier sollten ein neues Team bilden, das die gesamte Kommunikation des „Capitals" leiten sollte. Dabei sollte Wolfgang die Telefonate mit allen Ländern der Welt führen, ich sollte alle einkommenden Briefe lesen und Anweisungen geben, wie sie – durch eine Mannschaft, die ich zugeordnet bekommen würde – beantwortet werden sollten. Mir zog sich das Herz zusammen, obwohl sich der neue Job ja sehr ehrenvoll anhörte. Ich dachte: „Wie schade, anscheinend geht mein Sekretärsjob nun zu Ende. Jetzt bin ich einfach nur noch Abteilungsleiter."

Aber da man ja alles tat, was der Meister wollte, ohne viel zu fragen, stürzte ich mich in den Tagen danach in die neue Aufgabe. Es war eine Arbeit, die mich von morgens früh bis zum späten Nachmittag auf Trab hielt. Ich bekam mit meiner Mannschaft den „Weißen Raum", wo jeder meiner Leute seinen Tisch mit Schreibmaschine hatte. Ich las alle eingehende offizielle Post; die private sortierte ich in die entsprechenden Postfächer ein. Die Post an die einzelnen Abteilungen händigte ich an deren Vertreter aus, die dafür einmal täglich zu mir kamen. Ich musste alles selbst machen und durfte nichts delegieren. Dann gab ich allen Länder-

Sekretären Anweisungen, wie sie die Briefe beantworten sollten, las ihre Briefe, korrigierte sie und ließ sie unter Umständen neu schreiben.

Es war eine Riesenaufgabe. Am Nachmittag um 5 Uhr, wenn alle ins „Programm" gingen, war ich ziemlich fertig und ging auch zum Meditieren. Schließlich war ich ja offensichtlich nicht mehr Maharishis persönlicher Sekretär. Wolfgang verstand seine Aufgabe anders. Er hielt sich weiterhin vor Maharishis Tür auf – wo immer der sich gerade befand – und benutzte die dort überall vorhandenen Telefone für seine Anrufe. Wenn Maharishi dann woanders hinging, nahm Wolfgang wie immer das Fell und folgte ihm. Wolfgang sah sich weiterhin als Sekretär.

Ich erledigte meine neue Aufgabe mit allem Einsatz und machte sie bestimmt sehr gut. Aber mehr und mehr spürte ich, dass Maharishi nicht zufrieden mit mir war. Er lächelte mich nicht mehr an, ja, schaute weg oder auf den Boden, wenn er an mir vorbei ging. Was machte ich nur falsch? Ich tat doch genau das, was er mir gesagt hatte!

Das zog sich eine ganze Reihe von Wochen so hin. Ich wurde immer unglücklicher, ja verzweifelte geradezu. Sicher hätte ich Wolfgang um Rat fragen können, kam aber irgendwie nicht auf die Idee, zumal ich etwas sauer war, dass er seinen neuen Job so leicht nahm und ihn nur als eine Nebenbeschäftigung zum Sekretärsjob auffasste.

Eines Tages kam ich wieder um 5 Uhr aus dem Weißen Raum und ging zufällig am „Pink Room" vorbei, wo Maharishi offensichtlich ein Treffen hatte. Wolfgang hielt sich vor der Tür auf. Ich stand etwas bei ihm rum. Da sagte Wolfgang: „Du Hans, ich bin ziemlich kaputt und würde gern etwas meditieren. Könntest du vielleicht hierbleiben – für den Fall, dass Maharishi was will?"

„Okay", sagte ich – mit etwas Bedenken: Wollte Maharishi überhaupt noch, dass ich als sein Sekretär tätig war? Ich blieb jedenfalls. Irgendwann klingelte Maharishi. Ich ging etwas beklommen rein: Wie würde er reagieren, wenn jetzt ich statt Wolfgang reinkäme? Aber er verhielt sich ganz cool und gab mir einen kleinen Auftrag – irgendwelche Materialien zu holen oder so etwas. Danach klingelte er noch einige Male nach mir und gab mir Aufträge für ein Treffen am Abend, wozu ich diverse Leute einladen sollte.

Als er dann wieder einmal klingelte und ich reinkam, sah ich, dass er am Aufstehen war. Durfte ich jetzt wie früher sein Fell nehmen? Es war ja niemand anders da. Also tat ich es und beobachtete ihn dabei. Anscheinend hatte er nichts dagegen. Ich ging mit dem Fell hinter ihm her über die Brücke. In dem Moment kam Wolfgang von seiner Meditation zurück; er stand am Rand, grüßte Maharishi, lächelte danach mich an und nickte mir zustimmend zu. Er war offensichtlich richtig froh, dass ich meine Position wieder ergriffen hatte – obwohl er ja, seitdem ich mich so zurückgehalten hatte, Maharishis verstärkte Aufmerksamkeit hatte genießen können. Diese seine Freude über mein Glück, worin sich seine echte Freundschaft zeigte, habe ich ihm nie vergessen.

Zeit zum Meditieren gab es jetzt keine mehr für mich. Ich flitzte im Haus herum und organisierte alles für das abendliche Treffen. Einmal war ich gerade dabei, aus dem Goldraum zu gehen, als Maharishi schon vor der Tür stand. Ich hielt den Türflügel für ihn auf. Da strahlte er mich an, und mir wurde plötzlich und endlich klar, was in der ganzen Zeit schiefgelaufen war: Es war nicht so, dass ich den Sekretärsposten hatte aufgeben sollen. Nein, ich hatte nur eine zusätzliche Aufgabe bekommen: die Leitung des Weißen Raums. Das hatte ich mir vorher nicht vorstellen können, denn die neue Tätigkeit war in der Tat mehr als ein Vollzeit-Job. Aber Maharishi dachte halt anders als ein normaler Chef. Er wusste, wie viel er mir aufhalsen konnte, ohne dass ich völlig zusammenbrach. Er wollte mich an meine Grenzen führen und mich zwingen, noch effektiver zu werden: Jetzt musste ich nämlich Mittel und Wege finden, die doppelte Arbeit zu leisten.

Von dem Moment an kümmerte ich mich nicht mehr um mein regelmäßiges „Programm" – abgesehen von den kurzen „Hopping"-Sitzungen, die uns Maharishi ja ans Herz gelegt hatte. Ich war nur noch für ihn da, was mich noch mehr als vorher in eine ständige Hochstimmung versetzte. Außerdem fand ich Wege, meine beiden Aufgaben zu kombinieren, indem ich zum Beispiel alle Post, die ich zu lesen und zu bearbeiten hatte, immer in einem kleinen Koffer mit mir herumtrug. Wann immer ich mich vor einem Meeting-Raum für Maharishi bereithalten musste, öffnete ich den Koffer und las die Briefe. Das war alles gar nicht so einfach, denn ich musste die verschiedenen Kategorien wie zum Beispiel ungelesene oder bereits bearbeitete Schriftstücke im Koffer auseinander halten.

Schwierig wurde es auch, wenn Maharishi mich rief; denn dann hieß es: Schnell alles zusammenraffen, in den Koffer stopfen und mit diesem in der Hand zu ihm hineineilen. Aber ich gewöhnte mich daran. Von dem Zeitpunkt an war wieder alles in Ordnung; Maharishi war offensichtlich zufrieden und schenkte mir seine volle Aufmerksamkeit.

Indien – Höhepunkt und Absturz

So schwanden diese zwei wunderbaren Jahre dahin. Ab und zu verreiste Maharishi; manchmal wussten wir wohin, manchmal nicht. Wir waren ja auch nicht die allerhöchsten Tiere. Da gab es noch den indischen Sekretär Nandkishore. Und es gab die Top-Ladies, von denen einige mehr eingeweiht wurden als wir.

Eines Tages stand wieder eine größere Reise bevor: nach Indien. Wie meistens hatten wir nur eine blasse Ahnung davon, worum es ging. Jedenfalls war es unsere Aufgabe, die Flugtickets zu besorgen. Anscheinend sollte die ganze Führungselite mitfliegen. Da gab es, wie so oft, ein totales Hin und Her darum, wer mitfliegen durfte und wer nicht. Das hielt viele Leute in Aufregung.

In mehreren Treffen ging Maharishi mit Wolfgang und mir die Namen durch. Wir verhandelten mit verschiedenen Fluggesellschaften und bestellten schließlich die Tickets – auf verschiedene Tage und Flüge verteilt. Die allerhöchsten Chargen flogen zuletzt und erster Klasse. Wieder gab es Treffen, in denen alles über den Haufen geworfen wurde: Nein, der und der bleibt hier, der fliegt später, aber die und die fahren auch mit …

Immer wieder mussten wir die Fluggesellschaft anrufen und die Buchungen ändern – so lange, bis die völlig aus der Fassung gerieten und uns mitteilten: Wenn sie noch einmal etwas ändern, machen wir nicht mehr mit. Dann müssen sie mit einer anderen Linie fliegen. Auch Wolfgang und ich warteten bis zum letzten Moment mit Spannung darauf, ob wir mitkämen oder wieder hierbleiben sollten, um den Betrieb aufrechtzuerhalten. Schließlich sagte uns Maharishi: „Ja, ihr fliegt auch mit." Große Freude! „Und mit welchem Flug fliegst du selbst?" – „Ich fliege nicht, ich bleibe hier." Große Enttäuschung! Da sollten wir also ohne Maharishi in Indien rumhängen? Aber nachfragen ging nicht.

In der allerletzten Minute, die von der Airline aus möglich war, hatten wir dann die endgültige Liste fertig. Ich saß neben unserem Telex-Mann und diktierte sie ihm. Als die Liste raus war, warf ich mich vor Erschöpfung und Erleichterung flach auf den Boden. Irgendwie war ich doch begeistert, mal nach Indien zu dürfen, auch wenn Maharishi vielleicht gar nicht mitkäme. Wolfgang stand im Übrigen nicht mit auf der Liste und blieb also doch. Ich sollte der Reiseleiter des Hauptfluges sein.

Gerade hatte ich, genau wie Wolfgang, einen Dienstwagen bekommen, einen großen Pontiac – weil wir die so günstig aus den USA beziehen konnten. Ich war ganz stolz. Bis jetzt hatte ich ihn nur einmal gefahren; die Fahrt zum Flughafen war meine zweite und, wie sich später herausstellte, meine letzte Tour damit. Ich bin mir sicher, Maharishi wusste das. Das Auto wurde einfach für die Bewegung gebraucht, und um mein Ego zu päppeln, hatte er es mir zugeteilt. Ich musste am Morgen des Abflugs noch bei unserer Vertragstankstelle vorbeifahren, um dort mit unserer eigenen „Währung" zu tanken, die letztlich so etwas wie Benzingutscheine war. Die Tankstelle machte aber erst zu einer bestimmten Uhrzeit auf. Außerdem war der Pontiac ziemlich langsam und schwerfällig. So kam ich mit all den Tickets erst sehr spät am Flughafen an. In der Nacht hatte es noch mehrere Änderungen gegeben. Die entsprechenden Tickets mussten also noch in letzter Minute umgeschrieben werden; sogar der lokale Chef der Fluggesellschaft beteiligte sich daran, da die Sekretärinnen es zeitlich allein nicht geschafft hätten.

An diesem Punkt musste ich plötzlich eine Entscheidung treffen: Eine der Top-Ladies, die erster Klasse fliegen sollte, war noch von der Liste gestrichen worden. Wer sollte jetzt ihren Erste-Klasse-Sitz bekommen? Meine erste Reaktion war: Dann könnte ja ich als Sekretär, Gruppenleiter und somit wichtige Person(!) mir diesen Vorzugsplatz nehmen. Doch diesem Impuls zu folgen, vereitelte zum Glück ein etwas mulmiges Gefühl.

So gab ich den Platz einer anderen Top-Lady, die sonst Economy-Class geflogen wäre. Was ich damals nicht wusste war, dass unser Travelservice-Mann, Willi Kempe, später dem Meister über meine Wahl berichten musste. Dieser sagte dann, so erfuhr ich es von Willi: „Das war eine gute Entscheidung." Da war ich aber froh, mich zurückgestellt zu haben.

Von Zürich aus sollte es zunächst nach Paris gehen, um dort in den interkontinentalen Flug umzusteigen. Ich als Reiseleiter und offiziell sogar Direktor unseres Travelservice, der aber von Tuten und Blasen keine Ahnung hatte, bekam in Zürich die Boarding-Pässe in die Hand gedrückt, um sie an unsere Leute zu verteilen. Dabei hatte ich gar keine rechte Vorstellung davon, wozu diese Papiere gut waren – bis dahin war ich nur mit Inlandflügen geflogen und wusste nichts von Platzreservierungen. Als ich dann das Flugzeug bestieg, hatte ich immer noch einige dieser Karten in der Hand. Das war natürlich idiotisch. Eine Stewardess raste hinter mir her und nahm sie mir wieder ab, als ich schon im Flugzeug saß. Sie dachte offensichtlich, ich wäre blöd – und das war ich ja auch. Es zeigte sich schließlich, dass tatsächlich drei Plätze unbesetzt blieben. Drei unserer Top-Ladies waren nicht gekommen. Über so etwas wunderte ich mich schon nicht mehr. Offensichtlich hatte sie Maharishi in allerletzter Minute zurückgehalten.

In Paris hatten wir viele Stunden Aufenthalt. Und anstatt mir gleich nach Ankunft die Boarding-Pässe für den Interkontinentalflug aushändigen zu lassen – wodurch ich gute Plätze im Nichtraucherbereich hätte aussuchen können – wartete ich bis kurz vor dem Abflug damit. Ich war halt unerfahren. Infolgedessen hatte ich dann große Schwierigkeiten, unsere anspruchsvollen Ladies zu beruhigen oder Umplatzierungen zu arrangieren, weil viele von uns im Raucherbereich sitzen mussten. Schließlich hob die Maschine ab.

Die drei fehlenden Ladies stießen doch noch in allerletzter Sekunde dazu. Sie waren im Privatjet nachgekommen und flogen nun Erster Klasse. Ich selbst saß, wie andere auch, inmitten der Raucherabteilung der Economy Class. Trotzdem genoss ich den Flug. Endlich konnte ich mich einmal entspannen! Ich hängte mich in den Sitz, hörte über die Bordanlage fast die ganze Zeit Chopin und hatte Zeit zum Dösen und Träumen.

Der Ankunft auf dem Flughafen Delhi folgte die Fahrt mit einem klapprigen, schief hängenden und schmutzigen Bus durch das dürre und staubige Land in die City. Die frühe Morgensonne beschien Haine exotischer Bäume, unter denen Elefanten wandelten. Alles war noch still und frisch, Glück lag in der Luft, obwohl mir innerlich etwas beklommen zu Mute war. Es war meine erste Begegnung mit einer völlig fremden Welt. Wir luden das Gepäck vor dem Lodhi-Hotel ab. Erstaunlicherweise wurden fast alle Koffer nach einigem Suchen wiedergefunden. Nur Maharishis Koch Mohan vermisste seinen: „Suitcase Mohan no.“

In den ersten Tagen gab es nicht viel zu tun. Eine Inderin, Kirti, Top-Lady in Maharishis Staff, und, wie Insider wussten, seine Nichte, gab uns Instruktionen, wie wir am besten gesund bleiben könnten: „Keine ungewaschenen Früchte; am besten nur Gekochtes essen; im Restaurant kein Wasser, sondern nur Coca Cola oder „soft drinks“ trinken, und auch die nur, wenn der Deckel noch fest drauf ist – könnte ja sonst „verlängert“ sein.“

Ich erinnere mich noch an die ersten yogischen Flug-Sitzungen, draußen im Garten des Hotels: Wir zelebrierten das Flugsutra in Zelten, bei denen zwischen Wand und Dach ein breiter offener Raum zur Luftzirkulation freigelassen war. Bei der Hitze absolut notwendig! Durch diese Zwischenräume hindurch konnte man in den Himmel schauen. Geier kreisten über uns in dunstiger Helle. Wir „flogen“ natürlich nicht auf Schaumstoffmatratzen – die gab es in Indien nicht –, sondern auf staubenden Baumwollmatten, die in mehreren Schichten übereinander gestapelt wurden. Das Aufkommen war immer recht hart.

Doch überall herrschte Bliss, Bliss, Bliss. Glück lag einfach in der Luft. Trotzdem zog ich es nach dem ersten Mal vor, mein „Programm“ im Zimmer zu absolvieren, wo in der ersten Zeit noch gekühlte Luft aus einem Schacht kam und später, fast ohne Übergang, Warmluft. Letzteres wusste ich bald zu würdigen, denn im Winter kann man in Delhi ganz schön frieren.

Nach ein oder zwei Wochen Akklimatisierung und Faulenzen kamen plötzlich Anweisungen von Maharishi. Jetzt erst wurde mir klar, dass ein großer Kurs mit circa 3.000 Teilnehmern aus aller Welt in Delhi angesetzt worden war. Thema: Vedic Science – Vedische Wissenschaft. Unsere Gruppe sollte die Anreisenden am Flughafen empfangen und zu ihren weit verstreuten Hotels dirigieren. Viele Tage lang trafen dann die Gruppenflüge aus aller Welt ein, fast immer am frühen Morgen. Vor oder hinter den offiziellen Kontrolltischen hatten wir unsere eigenen Stände aufgebaut, an denen wir die Eintreffenden registrierten und zu ihren jeweiligen Bussen schickten.

Maharishi hatte sich um etliche Details gekümmert. Zum Beispiel wollte er, dass alle Busse Nummern bekamen, die wir den ankommenden Teilnehmern geben sollten – je nach Hotel. Diese Anweisung nahm ich leider etwas leicht, zumal immer wieder Gruppen und auch Einzelreisende eintrafen, über die wir nicht informiert worden waren – sodass wir häufig improvisieren und Busse anders einsetzen mussten als geplant. Ganze Tage und zum Teil auch Nächte verbrachten wir am Flughafen. Schlaf gab es wieder nur wenig.

Eines Vormittags nach einer durchwachten und anstrengenden Nacht, hing ich völlig verschwitzt noch dort rum, als mich jemand auf den persönlichen indischen „Boy" und Fahrer Maharishis aufmerksam machte, der sich auch im „Arrivals"-Bereich aufhielt. Sollte heute vielleicht Maharishi selbst ankommen? Wir quetschten den Boy aus: Ja, tatsächlich, Maharishi wurde in einigen Stunden erwartet. Schnell organisierte ich ein Taxi, fuhr ins Hotel, wusch mich, zog mich um, kaufte auf dem Rückweg noch schnell eine Blumengirlande bei einem Straßenhändler, um dann am Flughafen wieder zu warten.

Endlich kam Maharishis Maschine an. Zusammen mit indischen Anhängern organisierten wir noch, dass er nicht die normale Passkontrolle durchlaufen musste, sondern als VIP den Hintereingang benutzen konnte. Dort erwartete ich ihn dann fast allein und begrüßte ihn. Ich versuchte, ihm meine etwas bescheidene, nicht mehr ganz frische und leider eben nicht selbst gefertigte Blumengirlande überzuhängen. Aber Maharishi hielt seine Hand über den Kopf und ließ es nicht zu, trotz eines zweiten Versuchs. Es war etwas peinlich für mich. Und natürlich machte ich mir Gedanken darüber, was ich wohl falsch gemacht haben mochte, und ob er mir böse war.

Maharishi ging dann durch einen Bereich, in den ich ihm nicht folgen durfte, und sein Auto kam nach einiger Zeit auf der anderen Gebäudeseite heraus, wohin ich schon geeilt war. Er fuhr in einiger Entfernung an mir vorbei. Dann hielt der Wagen, das Fenster wurde runtergekurbelt, und Maharishi winkte mich heran: Ob ich seinen Aufenthaltsort wüsste, zu dem er jetzt führe? Ich äußerte eine Vermutung – die falsch war. Nandkishore, der ihn begleitete, sagte: „Indian Express Building – das Pressegebäude der bekannten Tageszeitung Indian Express." Maharishi sagte: „Komm dorthin", und das Auto fuhr los.

Ich stieg sofort in eins der klapprigen und schmutzigen Taxis. Selten in meinem Leben war ich so glücklich wie in der halben Stunde dieser Fahrt: Maharishi hatte speziell mich eingeladen! Er wollte meinen Bericht! Er war offensichtlich nicht ungehalten über meinen ungeschickten Versuch mit der Girlande! Ich genoss den Bliss, der sogar in den hässlichen Straßen Neu Delhis in der Luft hing. Gleichzeitig war ich natürlich aufgeregt, was Maharishi wohl zu mir sagen würde. Der Taxifahrer fand schließlich das sich noch in Konstruktion befindende Gebäude; ich ging zum Eingang, der nicht bewacht war. Nur vor der inneren Tür stand ein Aufpasser. Ich sagte: „Ich bin Maharishis Sekretär; er will mich sehen." Der Mann kannte Maharishi gar nicht, nur seinen eigenen Chef Goenka. Aber von meinem resoluten Auftreten beeindruckt ließ er mich rein. Ich kam in eine Suite, die eigentlich die Privatsuite Goenkas war, der sie Maharishi für diese Zeit zur Verfügung gestellt hatte – wie überhaupt das ganze neue Teilgebäude des Indian Express. Doch das wusste ich natürlich alles noch nicht.

In dem Wohn- und Meetingraum saßen nur Maharishi, Goenka, Nandkishore und Praveen, ein Neffe von Maharishi, wie man inoffiziell wusste. Ich setzte mich und konnte meinen Bericht abgeben. Prompt fragte Maharishi auch nach den Nummern auf den Autobussen. Es wurde deutlich, dass ich mich nicht ganz genau an die Anweisungen gehalten hatte. Maharishi verzog die Augenbrauen. Zum Glück kam mir Praveen zur Hilfe: Wie ich ja gesagt hätte, wären viele Gruppen ohne Anmeldung angekommen, und wir hätten das System immer wieder umstoßen müssen.

Maharishi gab sich anscheinend zufrieden, aber ich fühlte mich ein wenig unbehaglich. In den Tagen danach wusste ich immer noch nicht, was nun hier in Indien meine Aufgabe und mein Status sein würden. Ich war ja in das ganze Projekt nicht allzu tief eingeweiht worden. Nicht einmal Maharishis Ankunft hatte man mir mitgeteilt.

Nach ein oder zwei Tagen wurde mir dann mehr Klarheit zuteil: Es wurde gerade das große Lichtfest Dipavali gefeiert. Das entsprach in etwa dem Weihnachtsfest bei uns. Alle 3.000 Kursteilnehmer sollten nach Noida, einem Entwicklungsgebiet außerhalb Delhis, kommen, wo unsere Bewegung ein großes wüstenartiges Gelände gekauft hatte. Dort sollte in einem riesigen Zelt die Feier stattfinden; unter Anwesenheit des Shankaracharyas (des ‚Papstes' der Hindus)! Ich erhielt die Aufgabe, die weit in Delhi verstreuten Kursteilnehmer darüber zu informieren und womöglich den Transport zu organisieren. Das war wirklich kein leichter Job, am größten Feiertag Indiens, wo kaum ein Busunternehmen oder ein Taxifahrer bereit war zu arbeiten! Außerdem darf man sich das damalige indische Telefonsystem nicht so vorstellen wie das deutsche. Allein die Rezeption des Hotels zu erreichen und um eine Verbindung zu bitten, war schwieriger, als wenn wir heute nach Papua Neuguinea telefonieren wollten – und die Verbindung war schlechter. Meistens konnte man sich nur durch Schreien verständlich machen.

So versuchten wir Staffleute an allen Telefonen, die uns zur Verfügung standen, in den verschiedenen Hotels irgendwelche Kursteilnehmer an den Apparat zu kriegen, und ihnen die Botschaft durchzuschreien. Da wir nur wenige Busse organisieren konnten, mussten sie meist die Transportfrage selbst lösen. Uns blieb nur, ihnen Ort und Zeitpunkt zu erklären. Wie durch ein Wunder kamen abends alle in Noida an. Ich setzte mich auf eine Matte im Zuhörerbereich. Nach und nach trudelten die Teilnehmer ein. In der Mitte der riesigen Zelthalle saßen Hunderte von indischen Panditschülern[19] und Anhänger des Shankaracharya. Direkt davor, unter der breiten Bühne, standen große, flache Körbe mit aufgetürmten indischen Süßigkeiten: Ladhus, Barfi, Obst. Außerdem lagen dort Stapel von goldgelben Baumwollschals bereit, als Geschenke der TM-Bewegung für die Panditjungs.

Nach langem Warten kam endlich der Shankaracharya mit seinem Gefolge herein und ließ sich auf seinen Thron nieder. Hinter ihm stieg Maharishi auf die Bühne und setzte sich auf einen flachen, wesentlich niedrigeren Sitz zu Füßen des Shankaracharyas.

Das Fest bestand im Wesentlichen aus einer lang gezogenen Puja zu Ehren Mahalakschmis[*20]. Viele Pandits in wunderschönen roten Roben rezitierten die Veden und vollführten vedische Opferungen, um Mahalakschmi herbeizurufen und gnädig zu stimmen – was anscheinend gelang, denn es entstand eine ungeheuer kraftvolle Atmosphäre. Nach der Puja und den darauf folgenden Bhajans[*21], bei denen alle anwesenden Inder einstimmten, kam es zu einer unschönen Szene: Als es an die Verteilung der Geschenke ging, stürmten die jungen Panditschüler nach vorne und fielen dermaßen gierig über die Süßigkeiten her, dass die Helfer des Shankaracharya brutal mit Tauen auf sie einschlagen mussten, um sie zurückzudrängen; sonst hätten sie alle Leckereien niedergetrampelt, inmitten derer sie standen und die sie sich händevoll in den Mund stopften. Es entstand ein Hin- und Her-Gewoge in der Menge, denn die Vorderen wichen zurück, da sie die Schläge der Aufseher abbekamen, doch von hinten drängten immer neue Jungen nach. Der Shankaracharya und Maharishi schauten mit nicht so glücklichen Gesichtern zu.

Als die Feier vorbei war, drängten sich viele – Westler und Inder – auf der geräumigen Bühne um den Shankaracharya und Maharishi; oder war der Shankaracharya schon gegangen? Ich weiß es nicht mehr. Er interessierte mich nicht so sehr. Ich sah ihn als zwar gütigen und weisen Menschen, aber eben doch als einen Menschen an, während Maharishi für mich in gewisser Weise ein voll erleuchteter Meister war.

Bald war die Bühne voll von Menschen. Ich dachte: „Warum soll ich nicht auch hinaufgehen? Da könnte ich Maharishi vielleicht nahekommen.“ Gesagt, getan. Ich kletterte aufs Podest, schob und drängelte mich unauffällig in Maharishis Nähe und genoss seine Ausstrahlung. Nach einiger Zeit gab Maharishi ein Zeichen, dass man jetzt aufbrechen sollte. Nandkishore, der mich gesehen hatte, rief mich zu sich und sagte, ich sollte ans Mikrofon gehen und alle Teilnehmer – es ging im Wesentlichen um die Westler – immer wieder auffordern, jetzt das Zelt zu verlassen und nach Hause zu fahren. Das tat ich, und mit ruhiger Stimme wiederholte ich immer wieder dieselben Worte im Sinne von: Alle sollten jetzt bitte gehen; Maharishi würde als letzter das Zelt verlassen. Allmählich schoben sich die Kursteilnehmer zu den Ausgängen.

Schließlich hockten nur noch ein paar ganz enge Mitarbeiter, meist Inder, auf der Bühne um Maharishi herum, der ganz entspannt zu ihnen sprach. Als er dann aufbrach, gab er mir den Auftrag zu checken, ob alle Teilnehmer eine Transportmöglichkeit gefunden hätten. Er würde in seinem Auto auf mich warten, und dann würden wir gleichzeitig abfahren. Ich flitzte auf dem Gelände herum und konnte schließlich berichten, dass alle weg waren. Auf der Fahrt zurück, im letzten Wagen, dicht hinter Maharishi her, schwelgte ich wieder total im Glück. Ich wusste: Ich bin noch „in". Ich werde auch hier in Indien eine Aufgabe haben und „Sekretär" sein. In der Tat stellte sich in den folgenden Tagen heraus, dass ich für alle Belange, die irgendwie mit dem Kurs zusammenhingen und die Westler betrafen, zuständig war. Für indische Angelegenheiten gab es indische Sekretäre.

Jetzt muss ich etwas über die Kurslokalität erzählen. Sie war in der Tat ungewöhnlich. Es war wie gesagt ein noch unfertiger Neubau, der schräg an das alte Gebäude des Indian Express angebaut worden war. Wie ich später herausfand, hatte Goenka den Neubau ohne Genehmigung begonnen und wurde dann von den Behörden gestoppt, sodass er ihn nicht einrichten und nutzen durfte. So kam es, dass er ihn uns zur Verfügung stellte.

Zwischen beiden Trakten befand sich eine keilförmige schmale Lücke. Hier war, von einer Zeltplane überdacht, die Küche für unseren Kurs eingerichtet worden. Viele indische Arbeiter hockten den ganzen Tag dort und schnippelten Gemüse, brutzelten und brieten.

Beide Teilgebäude waren wohl vier Stockwerke hoch. Im alten Gebäude, lief die Aktivität der Zeitung weiter, im Erdgeschoß wohnte Maharishi in Goenkas persönlicher Suite. Im neuen Trakt waren der Essraum, die Vorlesungshalle, die beiden Flugräume für Männer und Frauen und – sehr wichtig – die Klinik untergebracht. Letztere bestand, wie alle anderen Räume auch, aus einer riesigen Halle. In einer Ecke hatte man, durch Zeltplanen abgetrennt, die mit Feldbetten bestückte Abteilung für die schweren Fälle errichtet. Der größere Teil jedoch war mit Baumwollmatten ausgelegt, auf denen sich zum Beispiel die Leute mit Grippe und Durchfall hinlegen konnten. Dabei konnten sie über Video-Monitore die Vorlesungen verfolgen, die unten im ersten Stock stattfanden. Die Klinik befand sich im obersten Stockwerk. Sie war in den ersten zwei Wochen des Kurses praktisch immer voll. Auch ich fing mir bald nach Beginn eine heftige Grippe ein und lag mehrere Tage zwischen all den anderen hustenden und schniefenden Leuten auf der Matte.

Die Halle im Erdgeschoss wurde zur Speisehalle. Unter den Tischen am Rande, auf denen meist Berge von Früchten ausgebreitet waren, hörte man abends spät die indischen Arbeiter – Cleaner und andere Helfer – schnarchen, denn dort waren ihre Schlafplätze. Die beiden Gebäudetrakte stießen in einer Ecke aneinander. Dort hatte man im ersten Stock einen provisorischen Übergang gebaut. Da die Stockwerkhöhe der beiden Gebäude unterschiedlich war, musste man ein paar Stufen einbauen. Sie bestanden aus etwas wackeligen, ledergepolsterten alten Möbelteilen. Auf ihnen musste Maharishi vom alten Gebäudeteil in die große Lecturehalle hinübersteigen.

Daraus ergab sich einmal ein kleines beglückendes Erlebnis für mich. Es war am Ende einer „Lecture", also einer großen Vorlesung vor den gesamten Teilnehmern. Wie meistens, ging ich hinter dem hinausgehenden Meister her; als sein Sekretär genoss ich dieses Privileg. Dabei hatte ich wie immer irgendwelche Akten oder Unterlagen in der Hand, an denen ich gerade arbeitete. Ich ging wie üblich schräg links hinter Maharishi zum Hinterausgang des Saales und hatte meine Mappe in der linken Hand. Da kam mir die Idee, ich sollte die Bücher lieber in die rechte Hand nehmen, damit ich den Meister mit meiner linken Hand würde stützen können, falls er auf den wackeligen Stufen straucheln sollte.

War es Intuition oder tat mir Maharishi einen Gefallen? Er verlor tatsächlich auf der Stufe das Gleichgewicht, riss den linken Arm hoch und fiel dabei nach links. Blitzschnell packte ich ihn mit meiner linken Hand am Arm – leider etwas heftig, sodass es richtig klatschte – und richtete ihn wieder auf.

Maharishi ging ruhig weiter; ich, glühend vor Stolz, hinter ihm her; und diesmal fühlte ich mich berechtigt, mit ihm in den Fahrstuhl zu steigen – was ich im Allgemeinen vermied, um ihn nicht mit meiner übererregten Verfassung und meinem Körpergeruch zu belästigen, denn meistens war ich, durch die indische Hitze und das viele Hin- und Herhetzen, ziemlich durchgeschwitzt. Maharishi bemerkte natürlich meinen Stolz und lächelte mich an. Mir war nur peinlich, dass ich ihn so hart angepackt hatte, ich spürte noch immer den Aufschlag auf meiner Hand.

Der Vedic Science Kurs sollte offiziell nur einen Monat dauern. Aber als dieser Monat um war, lief alles weiter. Maharishi lud die Leute ein zu bleiben. Sehr viele taten dies noch für Monate; manche bewarben sich für den internationalen Staff; und ich hatte die Aufgabe, Maharishi ihre Bewerbungsformulare vorzulegen, seine Kommentare anzuhören und sie manchmal weiterzuleiten.

Zum Beispiel stellte sich heraus, dass er niemals binationale Ehepaare akzeptierte. Noch ablehnender verhielt er sich gegenüber gemischt-rassigen Paaren. Zweimal passierte es auch, dass jemand zu mir kam, der gerne Maharishis persönlicher Sekretär werden wollte. Obwohl ich natürlich nicht das geringste Interesse daran hatte, noch jemanden neben mir zu haben oder mich sogar ersetzen zu lassen, hatte ich doch, wie bereits erwähnt, das Gefühl, ich müsste es Maharishi mitteilen. In beiden Fällen wollte Maharishi die Leute sehen, und einer von ihnen erhielt dann auch gewisse Aufgaben.

Von dem Wissensaspekt des Kurses bekam ich so gut wie nichts mit. Zwar konnte ich häufig bei den Vorträgen dabei sein und hatte immer einen guten Platz, seitlich direkt an der Bühne. Aber ich verstand kein Wort, weil mein Kopf immer voll von allen möglichen Dingen war, die ich zu erledigen und zu organisieren hatte. Und das war viel. Denn auch hier hatte ich alle internationale Post zu bearbeiten. Auch hier trug ich in meinem kleinen Koffer ständig all die Briefe mit mir herum.

Häufig hockte ich zwischen den herumlaufenden Angestellten Goenkas und Maharishis indischen Sekretären im Gang vor der Tür zu seiner Suite auf dem Boden. Außer mir durfte kein Westler in diesen Gang hinein; es war Goenkas privater Trakt und wurde von dessen Leuten be-

wacht. Ich breitete die Post auf dem Boden aus und machte Randnoti-
zen; danach ging alles an die „Sekretäre" der einzelnen Länder, die dann
die Antworten verfassten. Das Intercom zu Maharishi stand in meiner
Nähe; und häufig musste ich schnell alles zusammenraffen und in den
Koffer stopfen, wenn er mir einen Auftrag gab. Wenn ich gar zu sehr unter Druck geriet, weil zu viel Post gekommen war, versteckte ich mich
im Meetingraum, wenn er unbenutzt war. Der lag auch in diesem Trakt.
Hier gab es zwischen Wand und Wandvorhang einen schmalen Platz, an
dem ich mich besser konzentrieren konnte. – Natürlich nicht ohne einem
indischen Sekretär gesagt zu haben, wo ich zu finden war.

Sobald ich aus diesem Flur in den öffentlichen Bereich herauskam,
drängten sich im Allgemeinen irgendwelche Westler um mich, die etwas
mit Maharishi besprechen wollten. Häufig musste ich auch Geld aus
der Kasse genehmigen, die ich zu verwalten hatte. Einerseits war dieses
Bedrängtwerden von „Bittstellern" extrem belastend, denn ich musste
mich immer voll konzentrieren, um schnellstmöglich einen umfassenden
Eindruck der jeweiligen Geschichte zu gewinnen. Andererseits freute ich
mich über jeden, der zu mir kam, denn vielleicht lieferte er mir ja wieder
einen Grund, Maharishi zu kontaktieren.

Manchmal ging ich zum Flugprogramm in den riesigen „Flugkeller"
des Gebäudes. Dessen Decke war sehr hoch, Gott sei Dank, denn bei
Hunderten von schwitzenden „Hoppern" war die Luft nicht gerade die
frischeste. Ich versteckte mich in einer Ecke. Die Beleuchtung war nicht
allzu hell. Dennoch konnte ich mir fast sicher sein, dass gerade dann
ein indischer Sekretär die Treppe herunterkam und nach mir rief, weil
Maharishi etwas von mir wollte. Schnell zog ich mich wieder an, froh und
aufgeregt, dass Maharishi nach mir gerufen hatte, und gleichzeitig stolz,
weil alle hörten, dass ich von ihm gesucht wurde. Maharishi triezte mich
also bis an die Grenzen meiner Kraft.

Ich konnte nur überleben, wenn ich mein Ich völlig losließ. Zu meiner
„Aufweichung" trug auch noch meine Wohnsituation bei: Irgendwann
mussten wir Staff-Mitglieder aus dem Lodhi-Hotel in billigere Unterkünfte umziehen. Ich kam ins Hotel „Marina". Das war, glaube ich, eigentlich ein Absteigehotel, ohne Aircondition, mit kahlen Steinwänden

und ebensolchen Fußböden. Ich hatte es insofern noch ganz gut getroffen, als ich ein Zimmer bekam, das auf beiden Seiten Fenster hatte. Als dann im März die große Hitze begann, konnte ich nachts im Durchzug liegen. Das kühlte ein wenig.

Doch leider befand sich direkt unter meinem Fenster eine große Kreuzung mit Ampeln, auf der ab circa 5:00 Uhr morgens das totale Chaos herrschte. Nicht nur dass alle paar Minuten die Meute mit Gestank und Getöse anfuhr, es herrschte auch das typische Hupen, das quasi nie abbrach. Denn in Indien wird man nicht als Verkehrsteilnehmer wahrgenommen, wenn man nicht dauernd die Hupe bedient. Das Fenster konnte ich wegen der Hitze nicht schließen. So wurde mein Schlaf also schon sehr früh morgens ziemlich gestört, um es mal milde auszudrücken. Aber ich döste doch noch weiter, denn ich war einfach zu erschöpft.

Meist war ich am Abend zuvor erst um Mitternacht aus dem Indian Express zurückgekommen – durch eine heiße Nachtluft von circa 35 Grad. Zu Fuß war der Rückweg zu weit; ich musste ein Taxi nehmen. Das aber war um diese Zeit gar nicht so einfach, obwohl direkt vor dem „Express"-Gebäude ein Zelt stand, in dem circa 10 Taxifahrer schliefen. Sogar ein Telefon war darin – mit der üblichen miserablen Verbindung, bei der man kaum ein Wort verstand. Und die Taxifahrer konnten sowieso meist kein Englisch. Schon vom Gebäude aus rief ich dort an, erhielt aber, falls tatsächlich nach langem Klingeln jemand abnahm, nur ein unverständliches Gegrunze, woraufhin wieder aufgelegt wurde. Ich ging dann häufig direkt zum Zelt und versuchte jemanden zu wecken. Aber meistens wollten alle lieber weiterschlafen. Dann musste ich zum nächsten größeren Platz laufen, um dort ein zufällig vorbeifahrendes Taxi anzuhalten. Ein paar Mal lief ich dann tatsächlich lieber noch eine Stunde zum Hotel.

Die Last der Arbeit lag inzwischen zum größten Teil auf meinen Schultern, denn Wolfgang, der mit Maharishi zusammen in Indien angekommen war, zog sich allmählich mehr und mehr zurück. Nicht nur, dass er die Hitze nicht vertrug, er wollte auch lieber das Leben genießen, anstatt sich so kaputt zu machen. Dabei wohnte er in einem Hotel mit Aircondition. Als ich mich einmal eine Meditation lang in seinem kühlen Raum erholt hatte, fasste ich den Mut, Maharishi auch um ein Zimmer mit Klimaanlage zu bitten; aber der lehnte ab. Wolfgang war nicht so ein Willenstyp wie ich, der gerne Entbehrungen auf sich nahm. Ich dagegen war einfach immer da, wartete vor der Suite in der Nähe des Intercoms, und erhielt daher auch die Aufträge Maharishis – über deren Ergebnisse ich dann wieder berichten konnte. So wurde ich allmählich zum Hauptsekretär für „westliche" Angelegenheiten.

Schon am 8. Januar, als Maharishi aus seiner jährlichen „Silence" herauskam, ließ er mich als ersten Westler holen. Das war eine besondere Ehre und auch ein besonderes Glück. Denn Maharishis Ausstrahlung nach sieben Tagen Abgeschiedenheit und Fasten war einfach unglaublich: so subtil, so liebevoll, so körperlich fragil und doch so kraftvoll …

Ich kam in seine Suite, in der außer ihm nur Nandkishore und Goenka saßen; er sprach ein paar Sätze mit mir und beauftragte mich dann, all die anderen führenden Westler heranzuholen: unter anderem Wolfgang, frühere Sekretäre wie Neil P. und John C., Geoffrey C., den Hauptkursleiter unter Maharishi, und einige andere. Diese Anerkennung war einer der Höhepunkte meiner „Karriere". Ein anderer Höhepunkt hatte sich kurz vor der Indien-Fahrt ereignet: Ich hatte den Teilnehmern des TTC (des Lehrerausbildungskurses), der gerade zu Ende ging, im Auftrag Maharishis die letzten geheimen Instruktionen vermitteln dürfen. Eigentlich hatte ich nur das allergeheimste Audio-Band eingelegt und den Recorder angeworfen. Aber ich hatte gespürt, dass ich in diesem Moment eine riesige Aura von Power und Licht ausstrahlte, Ausdruck der Autorität, die ich von Maharishi geliehen bekommen hatte.

Übrigens hatte mich Maharishi einige Zeit davor auf meine Vertrauenswürdigkeit getestet: Als er für einen anderen TTC die letzten Instruktionen gab, war ich derjenige, der den Raum und seine Umgebung gründlich daraufhin prüfen musste, dass niemand darin oder in der Nähe sei. Ich selbst blieb dann als einziger Nicht-Kursteilnehmer im Saal, klemmte mich aber in die hinterste Ecke an eine der großen Glastüren und raschelte mit dem Vorhang, damit ich ja nichts hören konnte – der Meister sprach über eine Kopfhöreranlage zu den Leuten. Als er dann den Raum verlassen hatte und ich ihn aufräumte, bemerkte ich auf seinem Tisch einen Zettel mit Notizen, den er dort vergessen hatte.

Ich ahnte sofort, dass dies seine Erinnerungshilfen für die geheimsten Instruktionen waren. Daher vermied ich gewissenhaft, sie anzuschauen, faltete das Papier zusammen und steckte es ein. Später zeigte ich ihm in seinen Meeting-Raum den gefalteten Zettel und fragte, was ich damit tun sollte. Er sagte ganz cool und ohne eine Emotion zu zeigen: „Zerreiß ihn", was ich dann in seiner Gegenwart sorgfältig tat. Ich bin mir sicher, dass dies ein Test war. Wenn ich den nicht bestanden hätte, hätte er mir sicher nicht das geheime Audioband anvertraut.

Doch ich bestand nicht alle Tests und bekam das dann immer sofort zu spüren. Einmal erwartete Maharishi in Indien einen ganz besonderen Gast, wollte aber gleichzeitig die Lektion in der großen Halle abhalten. So gab er mir den Auftrag, ihn zu informieren, sobald der Gast ankäme. Ich lungerte also am Eingang herum, und es tat mir leid, dass ich nicht bei der Vorlesung und in seiner Nähe sein konnte. Schließlich bat ich einen sehr vertrauenswürdigen Menschen, einen der altgedienten und führenden amerikanischen Staff-Mitglieder, der sowieso im Eingangsbereich zu arbeiten hatte, mich sofort zu informieren, wenn dieser Gast einträfe – und ging in die Halle.

Als Maharishi mitbekam, dass ich nicht auf meinem Posten stand, instruierte er leise einen indischen Sekretär, zum Eingang zu gehen. Es war dann sehr schmerzlich für mich, als jener nach einiger Zeit in die Halle kam und Maharishi ein Zeichen gab, dass der Gast da wäre – woraufhin Maharishi sofort den Vortrag abbrach und hinausging, um ihn zu empfangen.

Das war so die Art der Erziehung, die mir Maharishi angedeihen ließ. Er verlor danach niemals ein Wort über den Vorfall.

Am Ende des Einmonatskurses begannen die Teilnehmer, Gruppe für Gruppe nach Hause zurückzukehren. Wie immer wollte Maharishi alle Abreisenden noch unmittelbar vor ihrem Flug persönlich sehen. Mir oblag es, die Treffen und den Transport zum Flughafen zu organisieren. Die Flieger starteten meist in den Stunden nach Mitternacht. Jeden Abend wartete also eine Gruppe zwischen 20 und 70 Teilnehmern in Maharishis Meetingraum, um den letzten Segen zu erhalten. Ich hatte genau ausgerechnet, wann der Bus oder die Busse abfahren mussten, um rechtzeitig am Flughafen zu sein. Meist hatte ich auch das Gepäck schon vorher dorthin transportieren lassen, damit es eingecheckt werden konnte und das Flugzeug auf keinen Fall ohne unsere Leute abflog.

Maharishi wurde über die Zeit der Abfahrt informiert. Aber trotz aller Erinnerungen kam er dann, wie nicht anders zu erwarten, ungefähr zu dem Zeitpunkt in den Raum, zu dem die Teilnehmer eigentlich hätten abfahren müssen. Er sprach in aller Ruhe zu ihnen, beantwortete Fragen und ging auf besondere Anliegen ein.

Die Teilnehmer waren durch den Indienaufenthalt und die Anwesenheit Maharishis meist recht entspannt. Sie wussten, dass schon alles gut gehen würde. Ich hätte es auch wissen sollen, aber je weiter der Abfahrtszeitpunkt überschritten wurde, desto unruhiger wurde ich. Ab und zu gab ich Maharishi ein Zeichen: Jetzt müssen die Leute aber wirklich los! Der aber blieb gleichmütig. Buchstäblich händeringend stand ich in der Tür. Mehrere Fluggesellschaften hatten mir nämlich schon gesagt: „Wenn Ihre Leute noch einmal so verspätet kommen, fliegen wir einfach los und nehmen nie wieder Passagiere von Ihrer Organisation mit.“

Dann, von einer Minute auf die andere, sagte Maharishi: „So, jetzt müsst ihr gehen.“ Und nun war es wichtig, dass alle sofort aufbrachen, denn Maharishi hatte genau im Gespür, wie weit er gehen konnte. Ich meine mich zu erinnern, dass einmal ein Flug tatsächlich nicht erreicht wurde, und das war, weil einzelne Teilnehmer noch unbedingt persönliche Dinge mit Maharishi besprechen wollten, obwohl er nun zum Aufbruch drängte.

Eine dieser Sitzungen ist mir besonders in Erinnerung geblieben: Die Abreisenden waren fast ausschließlich Amerikaner. Maharishi sprach über die üblen Methoden der amerikanischen Regierung, überall in der Welt Kriege anzuzetteln, um dann beide Seiten mit Waffen versorgen zu können. Er nannte die USA „the most criminal country of the world – das kriminellste Land der Welt“ – auch in Bezug auf die hohe Verbrechensrate in den USA.

Dann sagte er: „It's just bad luck to be born in America – Es ist einfach ein Unglück, in Amerika geboren zu sein.“ Die Kursteilnehmer waren natürlich schockiert und erschüttert. Einige fragten: „Was sollen wir denn tun? Sollen wir auswandern?" Maharishi sagte: „Nein", und wiederholte mehrfach seinen Satz: „Es ist einfach ein Unglück, in Amerika geboren zu sein." Dies war, im Gegensatz zu anderen Sitzungen, ein sehr bedrückender Abschied für die Teilnehmer.

Am Schluss dieser Treffen ließen meistens einige Kursteilnehmer gewisse Dinge wie zum Beispiel Rudraksha-Ketten[*22] und ähnliches von Maharishi segnen. Einmal brachte jemand ein wunderschönes Shiva-Lingam[*23] von einigen Kilogramm Gewicht und platzierte es vor Maharishi. Dieser zeigte sich begeistert über das schöne Exemplar und sagte dann: „Lass es bei mir. Du bekommst es später." Der Mann war anscheinend ein fortgeschrittener Devotee, denn er stimmte ohne mit der Wimper zu zucken zu, sich von seinem Lingam zu trennen. Wahrscheinlich war ihm – wie mir – klar, dass er sein Lingam nie wieder sehen würde. Der Hintergrund, weswegen Maharishi das Lingam einbehalten wollte, war vermutlich – abgesehen vom Ausfuhrverbot der indischen Regierung –, dass man nach der vedischen Lehre dreidimensionale Darstellungen der Gottheiten nur besitzen soll, wenn man sie jeden Tag mit einer vorgeschriebenen Puja verehrt. Das aber kann nur ein ausgebildeter Pandit und auf keinen Fall ein Westler.

Die Hitze wurde ab Ende Februar von Tag zu Tag gewaltiger. Aber ich fing an, sie zu genießen: Diese Kraft der Sonne – sie erschlug einen fast! Wenn ich dann jedoch im offenen Skooter nur mit dünner Kurta[*24] und Dhoti[*5] bekleidet durch die Straßen düste und die heiße Luft den Körper umwehte, war ich total im Glück – ein Glück, das man nur in Indien finden kann. Hier musste man jeden Eigenwillen aufgeben, eigentlich jedes Planen; denn so etwas wäre zu anstrengend gewesen. Ich musste lernen, völlig loszulassen und mich von der Natur treiben zu lassen. Schließlich wurde es bis zu 45° heiß. Da war die Luft wie eine Wand.

Einmal musste ich mit einer Gruppe junger Inder dichtgedrängt im Auto irgendwohin fahren. Die Fenster ließen wir zu – ganz anders als man es bei uns in einer ähnlichen Situation tun würde. Denn die Hitze, die von draußen reinkam, war wesentlich größer als die Wärme im Innern des Autos, da jeder schwitzende Körper selbst mit seinen 37°, zur Kühlung beitrug!

Eines schönen Tages gab es dann ein erstes kleines Anzeichen dafür, dass meine große Zeit sich dem Ende entgegenneigte. Es war schon April. Ein neuer Kurs war für westliche Teilnehmer angekündigt worden. Der sollte in Kaschmir stattfinden. Maharishi rief Wolfgang und mich ans Intercom und sagte, einer von uns solle nach Kaschmir gehen, um dort nach dem Rechten zu sehen. Wir sollten untereinander entscheiden, wer ginge. Es war klar, dass keiner von uns gerne Maharishi verlassen wollte. Ich sagte: „Vielleicht geht besser Wolfgang, denn er ist erfahrener im Verhandeln." Maharishi antwortete: „Die Verhandlungen sind schon abgeschlossen." Da wurde mir klar, dass Maharishi dazu tendierte, dass ich gehen sollte. So sagte ich also: „Ich gehe." Maharishi war zufrieden.

In Kaschmir gab es für mich eigentlich nicht viel zu tun. Es waren noch ein paar Kleinigkeiten für den Kurs vorzubereiten; aber das machten Sushil und die schöne Anjou, ein junges indisches Ehepaar, das aus der Gegend stammte. Der Kurs sollte an und auf dem Dhal-See, der Touristenattraktion bei Srinagar, stattfinden. Der See war in einem offenen Hochtal gelegen, mit Schneebergen im Hintergrund. Die Teilnehmer würden auf den meist malerischen und reich verzierten hölzernen Hausbooten wohnen. Eigentlich eine wunderbare Szenerie, aber ich hatte den Eindruck: „Was soll das?" Die laute und luftverpestete Stadt Neu Delhi war mir lieber: Denn selbst in jener heißen Steinwüste hatte ich noch die indische Spiritualität gespürt und die allem zu Grunde liegende Glückseligkeit. Und die fehlte mir in Kaschmir, jedenfalls in der Stadt und am See.

Zuerst wohnte ich in einem Hotel in Seenähe, zog dann aber auf eine kleine Insel, deren Oberfläche fast völlig von einem großen Haus ausgefüllt war. Die Insel lag nur circa 30 Meter vom Ufer entfernt. Doch musste man mit einem Boot übersetzen. Hier residierten die geschäftstüchtigen Kuru-Brüder, unsere örtlichen Partner, welche die meisten Hausboote des Sees koordinierten und eine Art Reisebüro betrieben. In ihrem Haus bekam ich ein Zimmer im ersten Stock. Die beiden versicherten mir, dass das Wasser in diesem Haus durch eine Leitung vom städtischen Wasserwerk käme; es sei also sauber. Das war schon ein Gegensatz zu dem Wasch- und Duschwasser auf den Hausbooten, das direkt aus dem See gepumpt wurde; meist durch einen Filter aus Leinentuch daran gehindert, die groben Fäkalien mitzutransportieren; denn alle Abwässer der dicht nebeneinander liegenden Hausboote liefen in den See.

Ich riskierte es also, meine Zähne mit dem Wasser zu putzen, das aus meinem Wasserhahn kam. Was ich nicht wusste, war, dass ausgerechnet das Wasser in meinem Zimmer auch aus dem See kam: Später entdeckte ich den kleinen Wasserbehälter auf einem Pfahl in der Nähe des Ufers vor meinem Fenster, in den hinein das Seewasser gepumpt wurde, um dann durch einen Stofffilter zu meinem Hahn geleitet zu werden. Bald kamen die Kursteilnehmer an. Einmal hielt ich eine kurze Rede vor ihnen. Ansonsten hatten wir nicht viel miteinander zu tun. So konnte ich mir tagelang die Gegend anschauen.

Dann kam der fatale Tag, der den Anfang meines „Falls" signalisierte: Am Vormittag erreichte mich über das Telefon der Kuru-Brüder die Botschaft Maharishis, ich solle sofort nach Delhi zurückkehren. Ich war erleichtert und froh, endlich wieder zu ihm zu dürfen. Jetzt bloß schnell weg hier, damit mich nicht etwa noch eine gegenteilige Nachricht erreichen könnte, falls sich Maharishi inzwischen doch noch anders entschieden haben sollte.

Ein wirklich dummer Gedanke! Vielleicht war er der tiefere Grund, warum ich von diesem Moment an vom Pech verfolgt wurde, obwohl ich doch bis dahin in der ständigen „Unterstützung durch die Natur" gebadet hatte. Das überlegte ich hinterher noch lange.

Doch zunächst gab ich dem Travel-Mann der Kurus den Auftrag, mir einen Flug zu organisieren; noch für heute und sofort! Schnell packte ich derweil meine Reisetasche. Ich nahm mir nicht einmal die Zeit, Bargeld zu organisieren. Das Taxi stand bereit, und zwar in letzter Minute, um den Flug noch zu erreichen. Dummerweise musste der Fahrer noch tanken, was wertvolle Zeit kostete; und er konnte anscheinend mit seinem Gefährt nicht sehr schnell fahren. Aber ich war mir meiner „Unterstützung" ziemlich sicher: Wahrscheinlich würde sich der Abflug irgendwie verzögern, sodass ich noch mitfliegen könnte. Als ich aber am Flughafen ankam, sah ich das Flugzeug gerade auf die Landebahn hinausrollen. Da war nichts mehr zu machen, auch nicht mit der Power meines Auftretens.

Sollte ich jetzt zurückfahren in das Zimmer, das ich schon geräumt hatte und das vielleicht schon wieder anderweitig belegt war? Wie sähe das aus, wenn ich nach jenem, in gewisser Weise „triumphalen", Abschied – Maharishi hatte mich persönlich rufen lassen! - „geschlagen" zurückkäme? Nein! Es musste noch eine andere Möglichkeit geben. Und in der Tat stellte sich heraus, dass am selben Tag noch ein Flugzeug nach Jammu, also zumindest in Richtung Delhi fliegen würde. Und dort sollte es auch einen Anschlussflug nach Delhi geben; sie könnten allerdings von hier aus nicht feststellen, ob noch Plätze darauf frei wären. Ich riskierte es, war ich doch die Unterstützung der Natur gewohnt, zumal ich im Auftrag Maharishis arbeitete. Wahrscheinlich war es nur ein kosmischer Vertrauenstest. So ließ ich also mein Ticket umschreiben.

Der Flug über die Himalaya-Gipfel war wunderbar. Ich saß auf einem Fensterplatz in einem fast leeren Flugzeug und blickte hinunter auf schneebedeckte Berge, auf Flusstäler und kleine Dörfer. Eine gewisse Bangigkeit blieb, aber allmählich entspannte ich mich. Der Flughafen von Jammu lag weit außerhalb des Ortes und bestand nur aus einem Rollfeld und einem kleinen kahlen Betonbau mit einem Wartesaal, einem Büro und einem Schalter – nicht größer als ein Dorfbahnhof. Ich wartete auf das Flugzeug nach Delhi. Als es ankam, winzig klein, stiegen einige Leute aus und andere ein. Und dann stellte sich heraus, dass kein einziger Platz für mich frei war. Wumm! Das traf mich wie ein Hammer. Hatte der Kosmos aufgehört, für mich zu sorgen? War mein falscher Gedanke so schlimm gewesen, dass ich nun von der Natur bestraft wurde? War ich aus der Gnade gefallen? So etwas war ich nicht mehr gewohnt. Ich geriet in eine Art leichte Panik, verlor meine innere Stärke, die ich sonst trotz hektischer Arbeit immer gehabt hatte.

Was sollte ich jetzt tun? Der nächste Flieger würde erst morgen starten. Jetzt war es Nachmittag. Sollte ich hier in diesem desolaten Bahnhof auf der Bank schlafen? Bargeld für das Taxi nach Jammu und ein Hotelzimmer hatte ich, glaube ich, nicht mehr. Der Flughafenleiter schlug mir vor, ich könnte mir das Geld für den Flug nach Delhi auszahlen lassen und dann von Jammu aus mit der Bahn weiterfahren. Aufgeregt, wie ich war, konnte ich kaum einen ruhigen und klaren Gedanken fassen. Schließlich sagte ich: „Ja, zahlen Sie mir bitte den Betrag aus." Davon, so dachte ich, könnte ich mir immerhin einen Nachtzug erster Klasse mit Aircondition leisten. Ich stieg in eines der Taxis, die es immerhin gab, und fuhr in Richtung Stadt.

Unterwegs kamen mir, verwirrt wie ich war, wieder Zweifel: Sollte ich nicht doch besser den Flug morgen nehmen? Ich ließ den Taxifahrer umkehren. Aber kurz vor dem Flughafen entschied ich mich wieder anders: Nein, doch bitte zum Bahnhof. Dort angekommen, fand ich vor allen Schaltern riesige Warteschlangen vor; ich musste wohl oder übel stundenlang anstehen – ein weiterer Schock. Schließlich lotste man mich aber zu einem Sonderschalter. – Die Inder behandelten westliche Ausländer häufig immer noch wie eine Herrenrasse. Das war fast beschämend für mich, aber in diesem Fall natürlich nützlich.

Es stellte sich heraus, dass in beiden Nachtzügen, die heute noch Richtung Delhi fahren würden, keine Plätze erster Klasse mehr frei waren. Wieder ein Schock! Ich stellte mir vor, wie ich die 18 Stunden in einem mit schwitzenden Einheimischen vollgepackten Wagen verbringen musste. Hatte ich doch beim Warten an Bahnschranken gesehen, wie überfüllt die indischen Züge im Allgemeinen in den niedrigen Preisklassen waren. Nicht selten hingen die Leute draußen am Wagen oder saßen auf dem Waggondach. Aber man sagte mir, auf einem der beiden Züge, dem späteren, sei noch ein Liegeplatz zweiter Klasse frei, allerdings ohne Klimaanlage. Den musste ich dann ja wohl nehmen.

Bis zur Abfahrt waren noch ein paar Stunden Zeit, die ich in der Abendsonne auf einer Bahnhofsbank verbrachte, meine Reisetasche unter den Kopf geschoben, damit sie mir nicht gestohlen werden konnte. Nach einiger Zeit fing ich wieder an, die Szenerie um mich herum zu genießen. Insbesondere beobachtete ich zwei eindrucksvolle Swamis[*25] mit langen, aufgeknoteten Haaren und weißem Bart. Ihren Besitz hatten sie offensichtlich in einer Tuchrolle bei sich. Als sie dann aber anfingen zu rauchen, war ich etwas desillusioniert; und erst recht, als ich sah, wie aufgeregt sie hin und her liefen, als der Zug einfuhr.

Dann kam die Zeit, zu der der erste der beiden Delhi-Züge abfahren sollte, derjenige, für den keine Platzkarte verfügbar gewesen war. Ich ging auf den entsprechenden Bahnsteig und schaute, ob sich die Situation vielleicht verändert hätte. Ein indischer Bahnbeamter riet mir, einfach in diesen Zug zu steigen und dort im Vorraum des Erste-Klasse-Wagens zu warten, ob nicht doch noch ein Sitz frei würde. Das käme häufig vor. Wieder riskierte ich es. Ich stieg ein und stand, immer noch etwas unschlüssig, in der Nähe der Tür. Der Zug fuhr los. Ich wartete eine lange Zeit, bis der Schaffner mit diesem Wagen durch war. Und wieder war kein einziger Platz frei. Ich musste, nach ungefähr zwei Stunden Fahrt, in der nächsten Station wieder aussteigen und dort auf „meinen" Zug warten.

Dieser Bahnhof befand sich buchstäblich „in the middle of nowhere" – kein Bahnhofsgebäude, eigentlich nicht einmal ein richtiger Bahnsteig und kein Mensch weit und breit. Inzwischen war es schon stockfinster geworden. Ich legte mich auf eine der Bänke und schaute in den Himmel. Selten habe ich einen so wunderbar klaren Sternenhimmel gesehen. Dies war anscheinend ein sehr, sehr dünn besiedeltes Gebiet, eigentlich eine Art Wüste. Ein Dorf lag etwas abseits. Keine „Lichtverschmutzung" außer einer Bahnhofslaterne in einiger Entfernung. Und fast kein Laut, Stille. So etwas gab es noch. Nur in weiter Ferne hörte ich ab und zu einen Hund bellen. Es war absolut blissvoll; und ich fing an, es zu genießen. – Wenn nur nicht im Untergrund die Sorge und die Bangigkeit gewesen wären …

Nach zwei Stunden hörte ich in der Ferne meinen Zug näherkommen. Als er schließlich mit quietschenden Bremsen tatsächlich hielt – ich zweifelte inzwischen schon an fast allem – hastete ich an ihm entlang, um meinen Wagen mit dem reservierten Platz zu finden. Natürlich befand sich der am anderen Ende. Hoffentlich fuhr der Zug nicht ohne mich ab. Endlich: meine Wagennummer. Ich wollte die Tür öffnen, doch die war abgeschlossen! Und weit und breit war kein Mensch zu sehen. Ich bummerte in meiner Panik lange an die Tür. Schließlich kam jemand und machte mir von innen auf. Puh!"[26]

Kaum war ich eingestiegen, setzte sich der Zug auch schon in Bewegung. – Wo aber war jetzt mein Platz? Im Halbdunkel fand ich ihn. Natürlich lag da schon jemand. Aber die Leute waren in der Regel sehr obrigkeitsbewusst, und so machte der Mann mir sofort meinen Platz frei und quetschte sich zu seiner Familie. Der Schaffner kam: Alles in Ordnung. Ich atmete etwas auf. Meine Holzliege war ungewöhnlicher Weise in Zugrichtung längs, unter einem offenen – wie üblich vergitterten – Fenster angebracht. Ich hängte mein helles Jackett, mit Pass und allem darin, über mich, schob meine Tasche unter die Liege und legte mich hin. Von meinem Platz aus konnte ich nun wieder in den Himmel schauen; die warme Nachtluft umwehte mich. Ich ergab mich in die Gegenwart und genoss sie. Ab und zu hielten wir an einem kleinen Bahnhof, auf welchem die Leute wie Sardinen nebeneinander auf dem Bahnsteig schliefen. Sie ließen sich nicht stören. Die schläfrige Stimme der Ansager, der ratternde Zug, der indische Duft, die Sterne – alles wieder totaler Bliss! Ich schlief ein. Ein paar Mal wachte ich auf und sah jedes Mal einen indischen Polizisten mit brauner Uniform und Gewehr, der anscheinend speziell unseren Wagen bewachte, in meiner Nähe an die Wand gelehnt stehen. Um sechs Uhr, es war schon hell, kaufte ich mir auf einer Station einen Softdrink, zog meine Tasche unter mir hervor und fummelte darin herum; der Polizist war noch da; ich legte mich wieder hin und schlief wieder ein.

Um 8 Uhr wachte ich erneut auf, wollte etwas aus der Tasche holen und fand sie nicht mehr. Das konnte doch nicht sein! Ich schaute im ganzen Abteil umher – nichts! Sollte sie jemand gestohlen haben? – Meine unscheinbare indische Reisetasche? Der Polizist war „unglücklicherweise" nicht mehr da. Ich rannte hinaus auf den Bahnsteig, sah jedoch weit und breit keinen Polizisten. Ich dachte: „Wenn jemand die Tasche gestohlen hat, nimmt er sich vielleicht gleich die „wertvollen" Dinge raus, meinen Rasierer, meinen Reisewecker und mein kleines Fernglas, und lässt die Tasche irgendwo liegen." Für mich waren eigentlich nur die ayurvedische Leberpillen wichtig, die Dr. Dwivedi, der beste Vaidya*27 und Kräuterspezialist, speziell für uns westliche Kursteilnehmer zur Vorbeugung hergestellt hatte. Ich suchte also den Bahnhof ab, immer in der Sorge, der Zug könnte ohne mich abfahren. Und dann fand ich auch den Polizisten, sprach ihn an; aber er verstand kein Englisch. Die Tasche war nicht zu finden. Ich stieg wieder ein, der Zug fuhr ab.

Um die Mittagszeit kamen wir schließlich in Delhi an. Ich gab noch am Bahnhof meine Diebstahlsanzeige auf und fuhr zum „Indian Express". Völlig verschwitzt und staubverschmutzt ging ich sofort zum Intercom

Maharishis und rief ihn an. Er sagte: „Gut, dass du da bist; ich hatte schon nachgefragt, wo du bleibst." Ich erzählte ihm, was schiefgelaufen war und dass ich so wenig „support" gehabt hatte, dass ich schon dachte, er hätte gar nicht gewollt, dass ich käme. „Nein, nein," sagte er. „Ich wollte, dass du kommst und mir berichtest." Nach einer kurzen Pause fügte er hinzu: „Und flieg gleich heute wieder zurück." Ich war schockiert. Ich wollte mich doch ausruhen, mich wenigstens waschen. Und ich musste mir doch eine neue Tasche besorgen und all die anderen Reise-Utensilien. Aber natürlich diskutiere ich nicht. Ich fand Leute, die mir alles Notwendige in wenigen Stunden auf dem Chandni Chok Markt einkauften. Abends saß ich bereits wieder im Flugzeug nach Kaschmir.

In der Folgezeit flog ich noch einige Male zwischen Kaschmir und Delhi hin und her. In Kaschmir wohnte ich jetzt auch auf einem Hausboot. Ich beteiligte mich an Verhandlungen mit weiteren Bootsbesitzern, denn inzwischen begann eine zweite Phase des Kurses mit wesentlich mehr Teilnehmern. Dabei stellte ich fest, dass man für die ersten Boote keine besonders günstigen Preise rausgeschlagen hatte: Die Kuru-Brüder, denen das überlassen worden war, hatten wohl mehr an ihre Provision gedacht als an unsere Interessen. Obwohl ich wahrlich kein Geschäftsmann war, handelte ich doch wesentlich niedrigere Preise für bessere Boote aus.

Aber ansonsten hatte ich immer noch nicht viel zu tun. Schließlich ging der Kurs zu Ende und ich kehrte endgültig nach Delhi zurück. Dort kam mir alles irgendwie fremd vor. Es war nur noch eine relativ kleine Gruppe da, vielleicht um die hundert unserer Staffleute, alte und neu hinzugekommene; der Flugraum lag jetzt woanders; Maharishi erschien kaum jemals, vermittelte aber den Eindruck, als wollte er für ewig in Indien bleiben. Er schickte viele unserer Leute in Zweier-Teams auf Tour, damit sie im gesamten Land viele Menschen in die TM einführten. Dabei wollte er ausnutzen, dass in der Tageszeitung „Indian Express" immer wieder über den Kurs berichtet worden war – zum Teil mit ganzseitigen tiefgehenden Darstelllungen der „Vedischen Wissenschaft". Eines Tages rief er Jürgen Zander, einen hypermotivierten und meinem Gefühl nach hochentwickelten Erleuchtungs-Sucher, Indien-Fan und schon Fast-Hindu, zusammmen mit mir ans Intercom und trug uns auf, gemeinsam durch Indien zu reisen, Präsentationen zu halten und die TM zu verbreiten. Jürgen war begeistert; ich dagegen traurig.

Nun brauchten wir neue Visa, denn unsere alten ließen sich nach acht Monaten absolut nicht mehr verlängern. Wir entschieden uns, nach Nepal zu fliegen, um dort nach einigen Wochen bei der indischen Botschaft neue Einreisevisa zu beantragen. So hingen wir einige Zeit in Katmandu herum, besuchten Tempel und ähnliches. Als wir dann endlich meinten, zum Amt gehen zu können, ohne zu befürchten, Misstrauen zu erregen, merkten wir, dass es nicht so ganz einfach war, ein neues Visum zu bekommen. Wir wurden erstmal abgelehnt und hatten wieder Zeit, uns etwas Neues auszudenken.

Und dann passierte etwas, was alle meine Pläne, ja meine gesamte Zukunftsperspektive über den Haufen warf: Als ich nach einem Nachmittagsschläfchen aufwachte, fühlte ich mich extrem tranig und dumpf. Diese Benebelung ging nicht wieder weg. Am nächsten Tag fühlte ich mich mehr und mehr wie aus der Welt gefallen, elend und in einer ganz tiefen Weise krank. Am Tag darauf entschlossen wir uns, einen Arzt aufzusuchen, natürlich einen ayurvedischen; denn so hätte es Maharishi sicherlich empfohlen.

Doch es war, als hätte der Kosmos alles exakt darauf angelegt, dass ich aus dem Verkehr gezogen wurde: angefangen mit dem schlechten Wasser in Kaschmir, gefolgt vom Diebstahl der Leberpillen, der Entfernung von Maharishi. Nun geriet ich zu allem Übel auch noch an einen miserablen Vaidya*27: einen jungen, absolut blutigen Anfänger, der gerade erst von einem älteren eingewiesen wurde, welcher neben ihm saß. Der junge Mann verschrieb mir ein Mittel gegen Fieber und eins gegen Durchfall.

Wie sich bald darauf herausstellen sollte, litt ich unter Amöbenruhr und Gelbsucht. Mir ging es jeden Tag schlechter und schlechter. Schließlich besorgte Jürgen mir einen westlichen Arzt. Der erkannte die Hepatitis sofort und verschrieb mir ein Cortisonpräparat. Zu dem Zeitpunkt hatte ich von diesen Dingen keine Ahnung und wehrte mich nicht. Aber leider senkt Cortison nur das Fieber, und setzt somit den natürlichen Gesundungsprozess außer Kraft. Tatsächlich sank meine Körpertemperatur. Doch wurde ich immer gelber, schließlich orange;

selbst im Mund war ich knallgelb, mein Urin dunkel-gelbbraun. Ich lag jetzt in einem Einzelzimmer unseres bescheidenen Hotels; Jürgen kam nur selten vorbei, denn er hatte mit seinem Visum zu tun. Schließlich reiste er zurück nach Delhi. Ein amerikanischer TM-Lehrer, der im selben Hotel wohnte, versorgte mich mit Essen. Ich war fast immer allein und litt ganz scheußlich: immer Fieber, wenn auch nur leichtes; ein ständiges Elendsgefühl und eine Art Übelkeit, und mehr und mehr Angst und Angst und Angst. Vom Nachbarhaus, das nur 50 Zentimeter von einem meiner Fenster entfernt war, zogen grässliche Essensgerüche herüber. Ich wurde schwächer und schwächer.

Trotzdem versuchte ich, in der Hoffnung, dass mich das gesund machen könnte, mein Meditationsprogramm aufrechtzuerhalten. Zum „Fliegen" zog ich jedes Mal mit einiger Mühe meine Matratze auf den Boden. Diese Anstrengung tat mir aber gar nicht gut. Ich machte praktisch alles falsch: die Medizin, das Aufrichten zum Meditieren, die Anstrengung des Fliegens …

Schließlich rief mich der deutsche Arzt Uli Bauhofer im Auftrag Maharishis an. Ich schleppte mich zur Rezeption des Hotels und sprach mit ihm – meine Stimme war schon ganz schwach. Uli riet mir, das Cortison abzusetzen. Außerdem sagte er, dass Maharishi in die Schweiz zurückgekehrt sei. Das traf mich wie ein Schlag. Ich hatte so inständig gehofft, schnell wieder zu ihm zu gelangen; und nun befand er sich nicht einmal mehr in Indien! Diese Trennung war eigentlich das Schlimmste. Noch wochen- und monatelang prüfte ich jeden Tag, ob es mir nicht schon besser ginge, und ich wieder zu ihm könnte. Diese Ungeduld und Sehnsucht! Es war, als ob die engste, langjährige Geliebte mich verlassen hätte. Und so war es ja gewissermaßen auch. Es kam noch hinzu, dass mein ganzer Lebensinhalt, mein Status in der Gemeinschaft und überhaupt alles an Maharishi und meinem Job bei ihm gehangen hatte. Ich hatte alles verloren, was mir lieb und wichtig gewesen war. Es war grausam.

Ich vegetierte einige Wochen lang vor mich hin. Schließlich brachte mich Dr. Eberhard B., deutscher Arzt und Mitglied unserer Gruppe, auf einer unendlich anstrengenden Reise zurück in die Schweiz. Zu meiner Enttäuschung brachte man mich nicht ins „Capital", wo Maharishi wohnte, sondern in ein nahegelegenes Krankenhaus. Ich verstand, dass das wegen der Ansteckungsgefahr so sein musste. Im Krankenhaus bekam ich ein Einzelzimmer mit schönem Blick auf eine von der Herbstsonne beleuchtete Bergwand, von deren Höhe häufig die Drachenflieger starteten. Ich hätte eigentlich eine schöne Zeit haben können: keine Verantwortung, kein Stress; man sorgte gut für mich, alles war angenehm, hell und sauber. Das Wetter war meist sonnig – ein wunderbarer Herbst. Aber die unbestimmte Angst, dass etwas Furchtbares im Gange war und dass ich nie wieder zu Kräften kommen würde, verhinderte, dass ich mich entspannte.

Und die Ungeduld! Wann würde ich bloß wieder zu Maharishi kommen? Immer noch prüfte ich von Tag zu Tag, ob sich mein Zustand verbesserte. Er tat es nicht. Maharishi hatte dafür gesorgt, dass ich alle Audiobänder erhielt, die ich wollte. Ich hörte mir jede Nacht die Lektionen des zweiten Teils des TTC an: wunderbares Wissen über die tiefsten Gesetze des Seins. Maharishi erschien mir wie ein Gigant: Wie konnte man nur so tiefe Einblicke haben! Ich hörte die Bänder die ganze Nacht hindurch, denn schlafen konnte ich wegen eines ständigen Hautjuckens, eines Nebeneffekts der Hepatitis, praktisch nicht. Nach vielen Wochen ohne Fortschritt entschied der Chefarzt, dass ich noch einmal Cortison bekommen sollte. Jetzt war das auch einigermaßen sinnvoll, denn es konnte das chronische Fieber abwürgen. Schließlich befand man mich für stabil genug, das Krankenhaus zu verlassen. Meine Mutter holte mich ab, sie war zufällig in der Nähe und brachte mich zu sich nach Reinbek.

Nach einigen Wochen ließ ich Maharishi fragen, ob ich nach Seelisberg zurückkehren dürfte. Er erlaubte es. Auch hier lag ich noch die meiste Zeit im Bett. Maharishi war gerade verreist. Als er dann eines Tages zurückkam, wartete ich, schwach wie ich war, vor seiner Suite auf ihn. Als er hineinging, wollte mich der Security-Mann nicht durchlassen, da ich ja nicht mehr Sekretär war. Doch ich konnte mich gerade noch hinter Maharishi durch die Tür zwängen. Ich saß in seinem Meetingraum bei ihm, während er sich von den Sekretären per Intercom berichten ließ.

Schließlich wandte er sich mir zu. Ich berichtete von den homöopathischen Mitteln, die ich inzwischen von einem Hamburger Arzt verschrieben bekommen hatte. – „We don't know the system", äußerte er sich skeptisch. Doch nach einigem Hin und Her fragte er plötzlich, ob ich in Hamburg nicht irgendeinen Platz wüsste, wo ich wohnen, mich erholen und von dort aus zum Arzt gehen könnte. „Wann soll ich denn gehen?" „Sofort, so schnell wie möglich!"

Er stand auf und zog sich in seine Privatgemächer zurück. Ich stand mit zusammengelegten Händen in der Nähe der Tür. Da wandte er sich noch einmal zu mir um und schaute mich unendlich liebevoll an. Ich ahnte nicht, dass dies sein Abschiedsblick für mich war. Ich bin ihm nie wieder so nah gekommen.

Sofort hängte ich mich ans Telefon und rief das TM-Center in Hamburg an. Ja, dort war ein Zimmer für mich frei. Das Center war eine noble Villa direkt an der Außenalster. Hier sollten Präsentationen für Führungskräfte stattfinden, was leider nicht passierte. Aber für mich war es ein Riesenglück, dass dieses Haus existierte (von der internationalen Bewegung finanziert). Außer mir wohnten noch fünf andere TM-ler dort, mit denen ich mich gut verstand. Mehrfach in der Woche hörte ich von meinem Lager aus, wie die Meditierenden zu den regelmäßigen Treffen kamen und sich im Raum neben mir versammelten. Ich fühlte mich noch zu schwach, um dabei zu sein.

Maharishi mit (von links) Heinz-Peter Specht, Peter Petersen und Hans Vater in der traditionellen, in Indien üblichen Kleidung

Vedischer Mönch – Mitglied des „Tausendköpfigen Purusha"

Nach vielen Monaten, im April 1982, fragte ich über meinen Freund Wolfgang an, ob ich wieder zur internationalen Gruppe stoßen könnte. Die Antwort lautete: Ja, ich sollte nach Boppard kommen. Dort befand sich in einem angemieteten alten Klostergebäude seit kurzem das Heim des „Tausendköpfigen Purusha", einer Art Mönchsgruppe, die gerade von Maharishi für lang gediente und fortgeschrittene TM-Lehrer ins Leben gerufen worden war. Die Bezeichnung „Tausendköpfiger Purusha" – später sagten wir nur noch „Purusha" – stammt aus dem Rigveda[*28]. „Purusha" heißt „Person". Die Tausendköpfige Person, die nach allen Seiten sehen und hören kann, ist ein Bild für den „Herrn der Schöpfung", das Absolute, das EINE Bewusstsein, aus dem alles Relative hervorgeht. Die Mitglieder der Purusha-Gruppe sollten sich ganz und gar ihrer spirituellen Entwicklung widmen, also meditieren und gemeinsam die Fortgeschrittenen-Techniken ausüben.

Ich hatte ja schon erzählt, dass – nach Maharishis Lehre und auch nach konkreten Erfahrungen – das gemeinsame „Programm" vieler Meditierender Kohärenz in der näheren und weiteren Umgebung schaffen sollte. Später wurde die Gruppe tatsächlich einige Male in politische Krisengebiete gesandt, um dort friedliche Schwingungen zu erzeugen. Als ich dort ankam, erfuhr ich, dass wir keinerlei Kontakt zum weiblichen Geschlecht haben würden, nicht den geringsten – nicht mal zur Ehefrau des Nationalen Leiters, einer älteren Dame.

Als man mich dann in meinem Zimmer abgesetzt hatte und ich durch das Fenster den Innenhof und die meterdicken Mauern des Hauses sah, sagte ich mir: „Jetzt bin ich im Kloster!" Das war in gewisser Weise ein kleiner Schock. Aber schon nach einigen Wochen fühlte ich mich wie ein Fisch im Wasser.

Zwar nahm ich noch nicht am Gruppenprogramm teil: Es wurden nur Gesunde dafür zugelassen; denn nach Maharishis Lehre übertrugen sich auch „nicht-ansteckende" Krankheiten auf einer subtilen Ebene, ganz besonders in einer Situation, wo alle sehr „kohärent" waren. Ich meditierte also allein auf meinem Zimmer – achtete aber darauf, dass ich mit den anderen synchron ging. Ansonsten war ich voll in die Gruppe integriert. Ich aß mit ihnen, studierte mit ihnen zusammen die vedischen Schriften oder was sonst die von Maharishi gestellte Aufgabe war, und machte mit anderen zusammen meinen täglichen „Walk and Talk", den Spaziergang durch das Gelände, das zum Kloster gehörte – einer Parkanlage mit alten Bäumen auf beiden Seiten eines kleinen Baches. Ein „Buddy" (ein Freund) war immer dabei, insbesondere, wenn man ausnahmsweise mal etwas in der Stadt zu erledigen hatte. Der Park war von einer Mauer umgeben, an deren einzigem Ausgang immer ein WYMS-Mann stand.

Ansonsten war das Leben in unserem Kloster keineswegs asketisch. Die meisten hatten renovierte Einzelzimmer mit Teppichboden und neu eingebauter Dusche – also keine Mönchszellen ohne Heizung oder so! Wir schliefen ausreichend, das vegetarische Essen, bei dessen Zubereitung alle im Wechsel mithalfen, war gut und reichlich; die ganze Atmosphäre war sehr entspannt. Es gab feste Zeiten für alles: Frühstück, langes Meditationsprogramm, Essen, Walk and Talk, Studieren, und alles geschah ohne Hast und ohne Druck.

Als ich schon einige Zeit so lebte, kündigte sich endlich der große Moment an: Maharishi wollte kommen. Das erste Mal seit vielen, vielen Monaten würde ich ihn wiedersehen! Ich malte mir aus, wie er mich gesondert ansprechen und sich nach meiner Gesundheit erkundigen würde. Ihn zu begrüßen, wartete ich auf halber Höhe des großzügigen Treppenhauses, das den Charakter eines Schlosseingangs hatte.

Das Treppensteigen bereitete Maharishi schon damals etwas Schwierigkeiten. Er zog sich mit der Hand am inneren Geländer hoch, den Blick auf die Stufen gerichtet. So ging er an der anderen Seite der breiten Treppe an mir vorbei, ohne aufzuschauen. Ich stand mit meiner Blume da, natürlich voller Schmerz. Dann wandte er sich plötzlich um, sah mich und legte die Hände zum Gruß zusammen. Ich trat zu ihm hin und überreichte meine Blume. Die Umstehenden schauten gespannt zu: Wie würde Maharishi mich jetzt wohl behandeln? Die Begrüßung war nicht ganz so wie erträumt; aber immerhin! Glück und Enttäuschung hielten sich in mir die Waage.

In der kommenden Woche fanden glückliche Treffen in der großen Halle statt, der früheren Kirche, deren Wände und Spitzbögen von den Purushas selbst in hellem Gelb ausgemalt worden waren. Ich erhielt einen Ehrenplatz in der ersten Reihe, vor der ziemlich hohen Bühne, auf der Maharishi auf seinem weißbezogenen Sofa thronte. Wir feilten an irgendwelchen Werbetexten oder großen Diagrammen. Das war anscheinend die Art und Weise, wie Maharishi in dieser Zeit das Wissen in uns zu verankern suchte.

Bald reiste er wieder ab, kam aber in den nächsten Monaten öfter zu uns. Einige Male wurden „Boatrides" veranstaltet, die er so liebte. Dann ging es mit einem großen Vergnügungsschiff, in dessen Restaurationsraum wir alle Platz hatten, auf den Rhein hinaus. In einer Vollmondnacht fuhren wir sogar bis nach Bonn. Auch bei diesen Fahrten ordnete Maharishi an, dass ich zusammen mit Wolfgang und anderen Honoratioren direkt vor ihm säße. Die Gespräche während der Bootsfahrten waren sehr entspannt. Jeder konnte irgendwelche Trivialitäten vorbringen.

Einmal, ganz in der Anfangszeit, kam noch einmal die Hoffnung auf, dass sich die alte Situation wieder herstellen mochte: Aus Seelisberg kam die Nachricht, ich sollte zu Maharishi kommen. Man beglückwünschte mich: Anscheinend ging es nun wieder los. Am ersten Tag in Seelisberg stand ich gerade unten im Eingangsbereich des Kulm, als Maharishi aus dem Fahrstuhl trat. Ich legte die Hände zusammen und verbeugte mich tief. Irgendwie hatte ich in dem Moment die Idee, dass dies Maharishi gegenüber angemessen wäre und von ihm gewürdigt würde. Als ich wieder aufschaute, war er jedoch schon weitergegangen. Am nächsten Tag bekam ich durch einen Sekretär die Anweisung, wieder nach Boppard zurückzufahren.

Hatte Maharishi nur mal prüfen wollen, wie es mir ging? War er enttäuscht von mir? Ich fand es nie heraus. So blieb mir nichts anderes übrig, als mein Mönchsleben fortzuführen.

Als gerade ein städtisches Volksfest auf dem Platz unterhalb der Klostermauern stattfand, kam Maharishi wieder einmal vorbei. Während er sprach, freuten wir uns gleichzeitig an dem Tschingderassa-Bumm vor den Fenstern. Aber Maharishi zeigte sich hinterher im kleinen Kreis ungehalten über die Störung. Wir hätten mit dem Stadtrat sprechen sollen.

Nach der „Silence" im Januar 1983 lud Maharishi zu einem großen Kurs in Chianciano in der Toskana ein. Auch der gesamte Purusha fuhr mit dem Nachtzug nach Italien. Als Maharishi in seinem Hotel ankam, standen viele Anhänger im Eingangsbereich, um ihn mit einer Blume zu begrüßen. Ich kam diesmal nicht in der ersten Reihe zu stehen. Als ich Maharishi in der Entfernung aus seinem Auto steigen sah, überfiel mich ganz plötzlich eine Riesenangst. Als er sich näherte, wurde meine Angst immer stärker, und – sei es wegen dieser Angst selbst, sei es, weil ich tatsächlich etwas falsch machte – jedenfalls schaute Maharishi, als er bei mir vorbeikam, wie zufällig an mir vorbei und übersah meine Blume. So lief ich, als einziger noch mit einer Blume in der Hand, hinter der Schlange her, kam aber nicht mehr an ihn heran. Es war klar, dass das kein Zufall gewesen war. Etwas war furchtbar schiefgelaufen. Nach einigen Tagen schaute mich Maharishi wieder freundlich an.

Frühjahr und Sommer gingen dahin. Abgesehen von meiner tiefen Ungeduld, wieder ganz gesund zu werden, fühlte ich mich in diesem Leben völlig zu Hause. Es war wie auf mich zugeschnitten – so schien es mir jedenfalls.

Zu „Guru Purnima", dem wichtigen vedischen Vollmondfest im Juli, war Maharishi wieder einmal bei uns. Er selbst führte bei der Feier eine Puja vor dem Bild seines Meisters, Guru Dev, aus. Danach setzte er sich auf sein Sofa, das diesmal, ganz ungewöhnlich, direkt neben dem kleinen Puja-Altar stand. Jeder von uns ging nach vorne, um eine Blume auf den Altar zu legen, und verbeugte sich vor dem Bild, wie es üblich war. Da Maharishi direkt daneben saß, fühlten sich manche gedrängt, sich beim Aufrichten auch noch vor Maharishi zu verneigen. Als ich dran war und mich vor Guru Dev hingekniet hatte, zögerte ich einen Moment. Ich war mir bewusst, dass sich Maharishi normalerweise völlig seinem Meister unterordnete und keine gesonderte Verehrung wollte. Aber da er dieses Mal offensichtlich doch die Huldigung einiger entgegengenommen hatte, war ich verunsichert.

In dem Moment, wo ich mich ihm zuwandte, zeigte er ganz ruhig mit seiner linken Hand auf das Bild Guru Devs und deutete damit an: Das ist dein Meister. K.-E. erzählte mir hinterher, dass es bei ihm ganz anders gewesen sei: Als er auch Maharishi seine Huldigung gezeigt habe, habe dieser ihn angestrahlt!

Viele Jahre später, ich war schon nicht mehr Purusha-Mitglied, wurde mir in einer Channeling-Sitzung mitgeteilt, dass Guru Dev schon seit vielen Leben mein Meister sei und dass er Maharishi den Hinweis gegeben habe, sich in diesem Leben um mich zu kümmern und mich voranzubringen. Das hat dieser dann ja auch wahrhaftig getan.

Griechenland und Italien

Im Spätsommer kündigte Maharishi plötzlich eine Reise für alle an. Es sollte auf die griechische Insel Kos gehen, die in der Nähe des türkischen Festlands lag. Wir fragten nicht nach dem Grund, aber später wurde klar, dass es mit der Libanonkrise zu tun haben musste. Offensichtlich sollte unsere Gruppe durch ihr gemeinsames Programm einen harmonisierenden Einfluss auf den östlichen Mittelmeerraum ausüben. Auf dem Weg nach Kos hatten wir einige Stunden Aufenthalt in Athen. Ich ging zu Fuß ans Meer und setzte mich an das steinige Ufer. Plötzlich bemerkte ich zu meiner Überraschung, wie ich innerlich tief aufatmete; irgendwie fiel eine Last von meinem Herzen ab. Ich erkannte, dass ich mich in Boppard doch nicht wirklich frei gefühlt hatte. Das hatte ich nicht erwartet.

So entschied ich mich, den Ferienaufenthalt auf Kos nun richtig zu genießen. Aber wieder kam es anders: Ich bewohnte mit H., einem jungen und sehr ehrgeizigen Purusha, der schon eine gewisse Führungsrolle einnahm, ein Doppelzimmer. Nach ein paar Tagen rief tatsächlich Maharishi selbst auf dem Anschluss unseres Zimmers an – eigentlich wohl, um H. zu sprechen. Ich nahm ab und konnte nach langer Zeit endlich mal wieder direkt mit ihm sprechen. Er gab mir auch sofort einige kleinere Aufträge. Das gefiel H. gar nicht, und er versuchte, sich überall reinzudrängen, während ich meine scheinbar neu belebte Position zu verteidigen suchte. Dadurch entstand eine Spannung zwischen uns.

Schließlich kam Maharishi selbst nach Kos. In den folgenden Tagen gab er mir noch einige Aufträge, und ich hoffte, wieder die alte Stellung zurückzuerobern. Dann entschied sich Maharishi, nach Zypern zu fliegen, das noch näher am Libanon lag. Viele von den altgedienten Top-Leuten, früheren Sekretären und so weiter, die mit ihm nach Kos gekommen waren, flogen mit. Aber auch eine kleine Gruppe von Purushas sollte mitkommen. Ich war dabei. Mein „Buddy" H. nicht.

Im griechischen Zypern wohnte die ganze Mannschaft um Maharishi herum im Hilton, und er spielte mit uns eines seiner Lieblingsspiele: Wir sollten auf ganz Zypern Hotels suchen, in denen dann die Purusha-Gruppe auf Dauer wohnen könnte, um dort Kohärenz zu erzeugen. Auch ich klemmte mich hinters Telefon und fand tatsächlich eines der besten Projekte von allen. Mit Wolfgang zusammen machte ich eine Tagestour in den Süden, um mit dem Hotelbesitzer zu verhandeln. Danach durfte ich Maharishi berichten und machte mir mehr und mehr Hoffnung, wieder „in" zu sein. Schließlich aber wurde das Hotel-Projekt abgebrochen. Und bald wurde unser kleines Purusha-Team nach Pescara in Süditalien geschickt, um dort weiter nach Hotels zu suchen. Hier hingen wir einige Wochen herum, aßen gut in unserem Hotel, dem wir die Dauerbelegung durch eine große Gruppe in Aussicht gestellt hatten. Ab und zu berichteten wir Maharishi per Telefon. Schließlich stagnierten alle Verhandlungen.

Da wir uns sowieso immer mehr langweilten, entschied ich als Leiter unserer Gruppe in meiner Ungeduld, dass wir jetzt abreisen sollten. Die anderen waren einverstanden. Schon vorher war mit Maharishi als nächste Station Rom anvisiert worden, und ich hatte schon vorläufig mit Bruno Romano unseren Aufenthalt abgesprochen. Jetzt müssten wir nur noch das endgültige Okay für unseren Umzug bekommen. Ich rief mehrfach in Seelisberg an, wo Maharishi inzwischen wieder residierte. Der war aber immer gerade nicht zu sprechen; schließlich wurden wir auf den nächsten Tag vertröstet. Ich aber war mir meiner Sache so sicher, dass ich alle Vorbereitungen treffen ließ, am nächsten Morgen den einzigen Bus des Tages nach Rom zu nehmen.

Frühmorgens jedoch kam Ior Guglielmi – der italienische TM-Gouverneur, der uns als Unterhändler zugeteilt worden war – in mein Zimmer und sagte, er hätte eine Idee, wie wir die Sache doch noch zu einem guten Abschluss bringen könnten. Ich wollte nichts davon wissen, wollte nur unbedingt hier weg, zumal wir schon alles für die Abreise vorbereitet hatten. Das ungute Gefühl verdrängte ich.

Es näherte sich der Zeitpunkt, zu dem der Bus abfahren sollte. Noch immer hatte ich Maharishi nicht erreicht. Man sagte mir am Telefon, er wäre in einem Meeting und könnte nicht gestört werden. Ich bat jemanden, in den Meetingraum zu gehen und zumindest Nandkishore, der dort wohl neben Maharishi auf der Bühne sitzen würde, zu kontaktieren, damit der vielleicht nebenbei mal kurz fragen könnte.

Inzwischen war der Bus angekommen. Ich wies meine Leute an, schon alle Koffer hinein zu verfrachten, einzusteigen und den Bus aufzuhalten. Ich selbst wartete endlose Minuten am Telefon. Endlich kam mein Bote zurück und teilte mir mit, Nandkishore hätte gesagt, wir könnten fahren. Das war zwar nicht das, was ich eigentlich brauchte, denn Nandkishore war nur Sekretär, wenn auch der oberste, und konnte nur begrenzt Entscheidungen treffen. Trotzdem nahm ich das als grünes Licht und stürzte zum Bus. Sobald ich aufgesprungen war, schloss sich die Tür und wir fuhren ab.

Ich empfand das als eine meiner mutigen Aktionen im Sinne von: Was richtig ist, das wird auch Unterstützung finden. Ein etwas mulmiges Gefühl blieb dennoch. Zumal ich aufgrund der bis zur letzten Sekunde unklaren Situation Bruno nicht mehr hatte kontaktieren können, um ihm unsere Ankunft anzukündigen. Er wusste nun gar nicht, an welchem Tag und zu welcher Zeit wir eintreffen würden. Aber ich vertraute wieder auf die Natur. Außerdem hatte ich ja noch aus meiner Sekretärszeit zig Telefonnummern von TM-Lehrern und Kontaktpersonen in Rom.

Wir genossen die Busfahrt durch den Apennin, mit seinen verstreuten Städtchen und weißen Dörfern, die oben an den Berghängen klebten wie Vogelnester. Ich hatte gar nicht gewusst, dass Italien solch idyllische Landschaften hatte. Schließlich kamen wir in Rom in der Nähe des Hauptbahnhofs an. Wir schleppten unser Gepäck in die Bahnhofshalle, und ich rief Bruno an. Der war aber nicht da. Ich rief den nächsten auf meiner Adressliste an. Der war auch nicht da. Und so ging es bei einem nach dem anderen. Niemand war zu Hause. – Am Samstagnachmittag bleibt kein Römer in seiner Wohnung, wurde mir später gesagt.

Das war eine blöde Situation; zumal unsere Meditationszeit längst begonnen hatte und unser ganzes System auf diese Zeit tiefer Ruhe eingestellt war. Wir mussten uns also Plätze auf irgendwelchen harten Bänken neben rauchenden Reisenden suchen, um uns in die Meditation zu begeben. Mehr und mehr schwante mir, dass meine Entscheidung falsch gewesen war und keine „Unterstützung" erhielt. Nach der Meditation rief ich Maharishi an und bekam ihn auch tatsächlich ans Telefon. Ich sagte ihm, dass wir in Rom wären. Die erste Frage, die er stellte, war: „Was ist mit dem Hotel in Pescara?"

Da war alles klar: Unsere Abreise war ein Fehler gewesen. Ich hatte wieder mal zu oberflächlich gedacht: Es ging wahrscheinlich letztlich gar nicht um die Hotels. Wahrscheinlich sollten wir aus irgendwelchen subtil-strategischen Gründen einfach in Süditalien an der Adria sein. Ich erzählte Maharishi, dass wir hier auf dem Bahnhof säßen und niemanden erreichen könnten. Maharishi und Nandkishore, der mithörte, lachten sich kaputt: Da hatte ich es nicht einmal geschafft, meinen eigenen Empfang zu organisieren! Nach diesem Gespräch versuchte ich es wieder bei Bruno: Jetzt nahm sofort jemand den Hörer ab, und der sorgte dafür, dass uns das TM-Center der Stadt geöffnet wurde, das direkt an der Piazza di Spagna lag. Der Transport dorthin verlief nicht ganz ohne Schwierigkeiten, aber schließlich wühlten wir uns durch die Menschenmenge, die auf diesem berühmten Platz bei der Spanischen Treppe das Wochenende feierte, und richteten uns im Center ein.

Was sollten wir eigentlich in Rom? Ich wusste es nicht, und wir hatten dort auch nichts zu tun. Wir machten jeden Tag Besichtigungstouren. Nandkishore gab mir den Auftrag, Korallen für Dr. Dwivedi einzukaufen, die dieser für seine ayurvedische Medizin brauchte. Ich stürzte mich in den Research und wurde zum Korallen-Experten. Aber als ich Maharishi telefonisch davon berichten wollte, winkte er ab: Das sei Nandkishores Projekt und interessierte ihn nicht.

Nach einigen Wochen sprachen wir wieder mit Maharishi. Das Gespräch verlief sehr entspannt. Er schlug vor, dass wir nach Como gehen sollten, wo unsere Bewegung eine Akademie betrieb. Ich stimmte begeistert zu. Wir hätten jetzt genug Sightseeing gemacht. Maharishi lachte. Er wollte uns für den Transport nach Como sogar sein Privatflugzeug schicken. Später stellte sich heraus, dass er das Flugzeug gegenüber unserem Seelisberger Travelservice-Mann nicht genehmigte, sodass wir schließlich mit der Bahn fahren mussten. In Como hingen wir wieder nur rum und hatten keine Aufgabe.

Dann bekam ich eines Tages tatsächlich, wenn auch auf meine eigene Frage hin, einen Auftrag von Maharishi: Ich sollte zusammen mit Reinhard B., der inzwischen meine frühere Sekretärsposition ausfüllte, bei einem TTC die letzten Instruktionen und geheimen Anweisungen geben. Das war eine Ehre und eine sehr vertrauensvolle Aufgabe. Reinhard kam deswegen nach Como, wo der TTC schon seit Monaten lief. In den nächsten Tagen bemerkte ich bei mehreren Gelegenheiten mit Wehmut, dass Maharishi im Wesentlichen mit Reinhard sprach und nicht mit mir, auch wenn wir gemeinsam am Telefon waren.

Meine vier Teamkollegen reisten inzwischen zurück nach Boppard. Längst waren alle Purushas aus Griechenland zurückgekehrt, und sie versuchten nun seit Wochen, Visa für Amerika zu bekommen, wo demnächst eine große Versammlung von 7.000 Sidhas stattfinden sollte. Eine so große Gruppe konnte nach Maharishis Lehre Kohärenz für die ganze Welt schaffen.

Während ich noch mit Reinhard den TTC unterwies, gelang es tatsächlich, diese Visa zu erhalten. Alle flogen in die USA, einschließlich meiner vier Kollegen, die gerade noch auf den anfahrenden Zug springen konnten. Als Reinhard und ich – es war inzwischen November 1983 – nach Boppard zurückkehrten, war das ganze Haus leer bis auf einen einzigen TM-Lehrer, der als Hausmeister fungierte. Wir suchten uns die gemütlichsten Zimmer, und nach kurzer Zeit fing ich an, die Stille zu genießen. Ich war inzwischen wieder so weit bei Kräften, dass ich kleinere Wanderungen machen konnte.

Amerika – ein „Vorgeschmack auf Utopia"

Trotzdem wollte ich natürlich in Amerika dabei sein. Eines Tages erhielten dann Reinhard und ich das Okay, in die USA nachzukommen. Wir erwirkten bei der Airline, dass wir für wenig Aufpreis die ganze Typesetting-Anlage, mit vielen großen Maschinen und Computern, als Gepäck mitnehmen konnten. Dazu besorgte ich die Carnets[*29], die auf meinen Namen liefen – was mich später zwang, riesige organisatorische Anstrengungen zu unternehmen, um zu beweisen, dass die Geräte wieder aus dem Land geschafft worden waren. Man hatte nicht daran gedacht, den Wiederexport aus den USA auf den Carnets einzutragen. Also musste ich dafür sorgen, dass wir – eigentlich sogar ich persönlich – nicht den Zoll nachzahlen mussten. Maharishi hatte allerdings schon am Anfang bemerkt: Wozu brauchen wir überhaupt Carnets? Es sind doch sowieso amerikanische Geräte? Ich hatte jedoch nicht darauf gehört, hatte nur gedacht, ich müsse den korrekten Weg gehen. Aber schon beim Hinflug merkte ich, dass niemand von sich aus nach den Papieren fragte. So bekam ich schließlich auch hier wieder eine Lektion.

Direkt nach unserem Eintreffen in Washington, D. C., in dem großen Gebäude, wo der Purusha untergebracht war, durften Reinhard und ich Maharishi in seiner Suite treffen. Dieser wandte sich dabei hauptsächlich Reinhard zu, und ich fühlte mich nur mehr oder weniger geduldet, quasi als Mitarbeiter Reinhards.

Nach einigen Wochen in Washington wurde der ganze Purusha mit Maharishis Privatmaschine nach Fairfield in Iowa geflogen. Dort befand sich die Privatuniversität unserer Bewegung, auf deren Gelände die 7.000er Versammlung stattfinden sollte. Eine gigantische temporäre Versammlungshalle aus Blech war dort aufgebaut worden, in der die Männer „fliegen" würden. Die Frauen „flogen" in den beiden „Golden Domes", den goldgelben kuppelförmigen Flug- und Versammlungshallen, die dort für das tägliche Flugprogramm der Studenten und Professoren vor Jahren gebaut worden waren. Das Ganze war ein riesiges Ereignis. Ich brachte mich allerdings noch nicht voll ein, weil ich mich noch immer recht schwach und kränklich fühlte. Zu meiner Leberschwäche kam jetzt noch eine Grippe hinzu, die mich gerade an den Haupt-

Versammlungstagen in meinem Zimmer hielt. Von dort aus beobachtete ich jeden Morgen, wie unzählige Busse mit Teilnehmern, die außerhalb des Campus wohnten, auf das Unigelände einrollten.

Das einzige große Treffen, bei dem Maharishi persönlich erschien, verpasste ich. Ich hatte nicht erwartet, dass er seine „Silence" unterbrechen würde, die ja sonst immer bis zum 7. oder 8. Januar dauerte. Aber da viele Teilnehmer wieder abreisen mussten, kam er tatsächlich schon am 6. Januar heraus und trat unerwartet auf die Bühne der großen Halle, als dort gerade die festliche Abschlussfeier stattfand. Am nächsten Tag wurde noch ein großes Gruppenfoto arrangiert; aber ich ging wieder nicht hin, da ich dachte, dass ich nicht so lange würde stehen können.

Während des Höhepunkts der Versammlung, als Maharishi noch „in Silence" war, herrschte übrigens eine extreme Kälte von -33° Celsius; dazu noch Sturm, wodurch sich mit dem so genannten „Chill-Factor" ein Kälteeffekt von circa -66° für den Körper ergab. So etwas hatte ich weder vorher noch habe ich es danach jemals wieder erlebt. An einem Tag entschied sogar Bevan Morris, der Leiter des ganzen Projekts, dass das gemeinsame Fliegen nicht stattfinden und die Busse nicht fahren sollten, weil es zu gefährlich wäre. Einigen Teilnehmern erfror tatsächlich die Nase, obwohl alle völlig eingemummt waren. Maharishi war hinterher ungehalten über Bevans Entscheidung, denn die Kohärenz durch das gemeinsame Flugprogramm hätte wegen des globalen Effekts unbedingt aufrechterhalten werden sollen.

Trotz dieser kleinen Unterbrechung konnte man während dieser Periode durch eine Analyse der Zeitungsmeldungen tatsächlich eine enorme Verstärkung friedlicher und gesunder Tendenzen in der ganzen Welt feststellen. Die extreme Kälte in den USA war offensichtlich eine Nebenwirkung der erzeugten Kohärenz – ähnlich wie seinerzeit am Weißenhäuser Strand.

Nach der 7.000er-Versammlung schickte Maharishi alle Purushas in Viererteams in die Welt hinaus – er nannte das den „global march" –, um die Regierungen und die Öffentlichkeit auf die Möglichkeit aufmerksam zu machen, durch seine Bewusstseinstechnologie wahren Frieden zu schaffen. Ich hatte mich für Thailand gemeldet. Aber kurz vor der Abreise entschied Maharishi, dass ich mich noch nicht wieder einem solchen Gesundheitsrisiko aussetzen sollte. Ich blieb also zurück und hatte wieder viel Zeit rumzuhängen. Ich genoss in gewisser Weise die mir vertraute Atmosphäre einer Universität, stöberte in der Bibliothek herum und langweilte mich nur mäßig.

Maharishi selbst blieb auch noch eine ganze Zeit in Fairfield. Er lebte in einem der größeren Häuser des Universitätscampus und hatte sein Gebäude mit einem hohen Bretterzaun inklusive Wachturm umgeben lassen, auf dem ständig ein Mann einer gemieteten Wachmannschaft postiert war. Dass solche Maßnahmen nicht unberechtigt waren, zeigte sich bald. Ähnlich wie die spirituelle Gemeinschaft Oshos war auch unsere Bewegung den amerikanischen Geheimdiensten schon lange ein Dorn im Auge. Osho hat man ja einige Jahre später, unter irgendwelchen Vorwänden – wegen angeblicher Einwanderungsdelikte – in den USA ins Gefängnis gesteckt und ihm dort, seiner eigenen Aussage nach, das schleichende Gift Thallium ins Essen getan, sodass er nach Jahren die dadurch bedingten starken Schmerzen nicht mehr aushalten wollte und beschloss, den Körper zu verlassen.

Ich vermute, dass man mit Maharishi etwas Ähnliches vorhatte. Als er von Oshos Tod und seiner Geschichte erfuhr, soll er gesagt haben: „They wanted to do this with me, but they could not get me. – Das wollten sie mir mir machen, aber sie haben mich nicht gekriegt." Denn eines Tages kamen Gerichtsvollzieher zum Tor seiner Wohnanlage und wollten ihn bitten, mitzukommen und vor Gericht zu erscheinen. Nandkishore sprach mit den Leuten und sagte ihnen, Maharishi sei gerade in einem Treffen und könnte dieses nicht unterbrechen. Sie mögen doch bitte morgen wiederkommen. Am nächsten Tag aber war Maharishi nicht mehr da – spurlos verschwunden. Ich ließ mir später von meinem Freund F., der dabei gewesen war, die Einzelheiten erzählen: Am Abend des besagten Tages rief Maharishi Nandkishore und F. an und sagte F., er solle ein Auto für eine Ausfahrt vorbereiten. Absolut niemand dürfte etwas erfahren, außer dem Koch, der auch mitkäme. Um kein Aufsehen zu erregen, dürfte niemand auch nur das geringste Gepäck mitnehmen. F. schnappte sich trotzdem schnell noch ein sauberes Ersatzhemd und steckte es in seine Aktenmappe. Die Natur verwies ihm diesen Ungehorsam wenige Tage später, indem sie das Hemd in der Waschmaschine zerfetzte. F. fuhr den Wagen mit den drei Mitfahrern aus dem Grundstück, und Maharishi wurde für ein Dreivierteljahr nicht mehr gesehen. Die vier lebten in der Zeit seltsamerweise immer noch irgendwo in den USA, in einem Haus oder Hotel zusammen – für meinen Freund F. eine himmlische Zeit, da er ganz eng mit Maharishi zusammen sein konnte und mit ihm gemeinsam am Tisch aß – Dinge, von denen wir anderen nur träumen konnten. Noch am Ende des Jahres, als wir alle auf den Philippinen waren, wusste praktisch niemand, wo Maharishi war. Ich erfuhr später, dass er zu dieser Zeit im obersten Stock eines Edel-Hotels in Manila gewohnt hatte, ganz in meiner Nähe, und dort zumindest einige Topleute der Bewegung traf. Zu der Zeit gehörte ich aber nicht mehr dazu.

Boppard – Leiter einer Meditationsakademie

Dieses Verschwinden Maharishis fand zu einer Zeit statt, in der ich mich schon nicht mehr in den USA befand. Er hatte mich nämlich eines Tages zusammen mit Wolfgang E., Heinz-Peter S. und Hein Geelfink, die auch noch in Fairfield geblieben waren, ans Intercom rufen lassen und uns gesagt, wir sollten zurück ins Kloster nach Boppard gehen und dort eine Meditationsakademie für Männer einrichten. Wir machten uns wie befohlen auf den Weg, obwohl die drei anderen von dieser Idee nicht sonderlich begeistert waren. Sie freuten sich daher, dass wir wenige Tage nach unserer Ankunft in Deutschland von „International" (also Maharishi) die Erlaubnis bekamen, zum großen europäischen Meditationskurs in Jugoslawien zu fahren. Mit Heins Mercedes bummelten wir also in Richtung Süden, machten Station in Venedig und genossen dann die entspannte Kursatmosphäre an der Adria, ohne uns dort sonderlich zu engagieren – denn wir waren ja nur „Ehrengäste".

Nach der Rückkehr war ich ungeduldig, nun endlich mit dem Akademieprojekt zu beginnen. Wolfgang und Heinz-Peter hatten aber keine Lust dazu. Sie setzten sich bald ab, und ich blieb allein mit Hein, der in seinem bequemen Zimmer mit Bad – so etwas brauchte er unbedingt – meist vorm Fernseher saß und die Ruhe genoss. Hein war für die

Finanzen zuständig. Davon verstand er eine ganze Menge. Ich besuchte ihn deswegen regelmäßig in seiner Klause, zeigte ihm die Rechnungen, die er dann mit schräg geneigtem, etwas hin und her wackelnden Kopf betrachtete. Dann sagte er gewöhnlich in seinem charakteristisch friesischen Tonfall: „Njo, das müssen wir dann wohl bezahlen."

Für alle anderen Aspekte des Projekts hatte ich völlig freie Hand: Ich entwarf Informationsmaterial, warb Kursleiter an, inspirierte die TM-Center und organisierte eine große Eröffnungsfeier mit allen Honoratioren der deutschen Bewegung – natürlich mit Dampferfahrt auf dem Rhein. Nach und nach kamen die ersten Purusha-Teams von ihrem „global march" zurück, und ich spannte sie ein, bei dem Service für unsere Kursgäste mitzuarbeiten. Das taten sie zum Glück gern, und allmählich bekamen wir einen guten Ruf, sodass wir bald, zumindest an den Wochenenden, eine ganze Reihe von Teilnehmern da hatten.

Dieser Sommer 1984 entwickelte sich für mich zu einer der glücklichsten Phasen meines Lebens: Ich hatte wieder eine Aufgabe, noch dazu eine begrenzte und wohl definierte. Ich war wieder Chef, was mir lag, konnte meine Fähigkeiten einsetzen und hatte dabei Erfolg.

Eines Tages jedoch ging auch diese erfreuliche Zeit plötzlich zu Ende. Maharishi rief an, aus welcher Ecke der Welt wusste niemand, und sagte, wir sollten Boppard dichtmachen, und alle Purushas sollten auf die Philippinen fliegen. So rief ich alle zusammen, und wir organisierten eine schnelle und stille Schließung.

Philippinen

Auf den Philippinen trafen alle Purushas dann wieder zusammen, und außerdem Tausende von meditierenden „Sidhas" aus aller Welt. Man wird sich vielleicht erinnern, dass damals Präsident Marcos der umstrittene Führer der Philippinen war. Er herrschte mit grausamer und ungerechter Unterdrückung, so hieß es zumindest. Zum Unverständnis aller hatte sich nun Maharishi auf seine Seite gestellt und wollte anscheinend sein Regime durch Schaffung von Kohärenz retten. Wir Meditierenden waren es nicht gewohnt, die Anweisungen Maharishis zu hinterfragen; wir vertrauten ihm unbesehen: Er würde schon alles richtig entscheiden. Tatsache war, dass Marcos tatsächlich Maharishi um Hilfe gebeten hatte, und dass Maharishi hier anscheinend eine Chance gesehen hatte, die Wirksamkeit seiner Bewusstseinstechnologie, das heißt einer großen Kohärenzgruppe, unter Beweis zu stellen.

Als wir dort waren und die Lage aus unmittelbarer Nähe sehen konnten, erschien es uns bald, dass die Weltpresse die Situation bewusst und mit böser Absicht total entstellt hatte. Zwar war Marcos in seinen Methoden vielleicht kein Waisenknabe – das kann ich nicht beurteilen –, aber ich bin mir sicher, dass er eine geistig sehr hoch stehende Persönlichkeit war, die sich für sein Land sehr verdient gemacht hatte und, so glaube ich, immer noch das Beste für seinen Staat wollte.

Er kam zwar aus einer der reichen Familien der Landbesitzer – das taten die Führer vor ihm und nach ihm auch! –, aber er hatte angefangen, Landreformen einzuleiten – im Gegensatz zu seiner Gegenspielerin, die ihm in der Macht folgte. Ich habe den Verdacht, dass er gerade deswegen so angeschossen wurde, weil er durch seine Politik den Gegensatz zwischen Arm und Reich aufweichen wollte und damit kommunistischen Revolutionszielen den Boden entzog. So versuchte man schnell, ihn unschädlich zu machen und eine Revolution in Gang zu setzen, indem man die Bevölkerung, insbesondere die Studenten, aufhetzte. So etwas ist ja gar nicht so schwierig; ich kannte das noch aus dem Jahr 1968. Bei den entspannteren Philippinos war es vielleicht etwas schwieriger als bei uns Deutschen. Wir konnten feststellen, dass die – relativ kleinen – Anti-Marcos-Demos für die jungen Leute mehr ein Happening waren, auf dem sie Knallkörper in die Luft jagten und viel Spaß hatten. In der Presse las man dann von riesigen Demonstrationen und von Übergriffen.

Allem Anschein nach hatte Maharishi mit seinen Zielen keinen Erfolg. Marcos musste schließlich doch gehen. Die Opposition in seinen eigenen Reihen, insbesondere auch im Militär, war bereits zu stark. Meine persönliche Theorie ist jedoch, dass Maharishi ungefähr genau das erreichte, was er sich vorgenommen hatte: Es gab keine kommunistische Revolution, wie sie von der Gegenseite eigentlich geplant war. Der Machtwechsel verlief friedlich. Im Grunde blieb alles wie vorher, nur dass eine andere Großfamilie an die Macht kam. Am Tage nach dem Abtreten Marcos' wandte sich die Weltpresse einem anderen „Missstand" zu; ich glaube, es ging um Südkorea.

Unsere Zeit in den Philippinen verlief nicht ganz ohne Gefahren. Eines der Hotels, in denen TM-Meditierende wohnten, wurde sogar in Brand gesteckt. Interessanterweise hatte Maharishi vorher angeordnet, genau dieses Hotel zu räumen. Aber die Frauen, die jene Gruppe leiteten, hatten sich geweigert auszuziehen, weil das ein so schönes und bequemes Haus war. Auch das Hotel, in dem der Purusha wohnte, war von Streikposten umstellt, und wir konnten nur über den Hinterausgang hinein und heraus kommen. Maharishi ordnete schließlich an, dass wir nur in großen Gruppen auf die Straße gehen dürften.

Das machte vielen von uns einige Schwierigkeiten, denn inzwischen hatten wir die philippinischen Wunderheiler entdeckt. Ich erinnere mich noch, wie H. und ich uns in der Anfangszeit heimlich ein Taxi nahmen und zu einem der Heiler aus der Stadt hinausfuhren. Und wer kam dann herein, als wir bei ihm im Wartesaal Platz genommen hatten? Die anderen beiden Mitglieder unseres vierköpfigen Purusha-Boardes, also des leitenden Gremiums, zu dem ich zu der Zeit auch gehörte. Nicht einmal die hatten wir ins Vertrauen gezogen. Denn wir mussten fürchten, mit dieser Aktion die „Linientreue" zu verlassen. Wir riskierten zumindest den Verlust unserer gehobenen Position als Leiter der Purusha-Gruppe. Doch später stellte sich heraus, dass Maharishi sehr entspannt auf die Besuche der Purushas bei den Heilern reagierte. Als ihn einer unserer Ärzte darauf ansprach, soll er gesagt haben: „Sollen sie doch ruhig einen Geschmack von der lokalen Heiltradition bekommen."

Im Kloster in Vlodrop, Holland

Nach dem Philippinenaufenthalt sollte sich der Purusha in Vlodrop in Holland wieder zusammenfinden. Unser neues Domizil war ein massiges und ausgedehntes Franziskanerkloster, das Anfang des Jahrhunderts erbaut worden war und das der holländische Nationale Leiter inzwischen für uns angekauft hatte. Als unsere Gruppe dort ankam, blickte ich in der Eingangshalle zu den gotischen Spitzbögen empor und dachte: „Ach, hier kann ich wohl ganz gut leben." Und tatsächlich blieb ich dort, mit einer Unterbrechung von 6 Monaten, für fast sieben Jahre. Doch am Tag nach unserer Ankunft ging es zunächst weiter zu einem 14-tägigen Ausflug nach Den Haag, wo eine große Kohärenzversammlung mit 6.000 TM-Sidhas organisiert worden war. Von der hatte ich natürlich auch nichts gewusst – ich war ja jetzt ein Niemand. Immerhin genoss ich in Den Haag das Privileg, mit in Maharishis Hotel wohnen zu dürfen.

In Den Haag erschien Maharishi zum ersten Mal nach seinem Verschwinden wieder in der Öffentlichkeit: Bei einer festlichen Versammlung in der großen Flughalle verkündete er eine neue Weltregierung. Als Minister und Unterminister wurden zumeist Purushas eingesetzt. Ich war nicht dabei, wollte es wohl auch nicht richtig. Ich dachte: „Lass sie man machen." Und es zeigte sich bald, dass die neuen Minister nicht viel zu sagen und zu tun hatten – nur die „Chief-Minister" bekamen eine gewisse Repräsentationsfunktion und Autorität.

Ironischerweise gab mir Reinhard, inzwischen der Chef von allem, bald eine Aufgabe in der Kommunikationsabteilung, bei der ich alle ausgehenden Briefe, auch die der Minister, korrigieren und teilweise auch zurückweisen musste. Das gab in einigen Fällen böses Blut, weil sich die Minister in ihrer Würde gekränkt fühlten. Insbesondere mit E. S. geriet ich hart aneinander, als ich einen bombastischen Rundbrief, den er an Regierungen schicken wollte, nicht durchgehen ließ.

Die Tage in Den Haag waren für mich sehr glücklich. Es war, wie wir es von früheren Versammlungen her kannten, eisig kalt. Einmal wollte ich unbedingt zum Meer und ging dicht vermummt die leeren Straßen entlang, schaute durch die niedrigen Fenster in die Wohnzimmer, die noch weihnachtlich geschmückt waren, und erreichte schließlich den Strand, wo ich dem beruhigenden Rauschen des Meeres lauschte. Nach langen Monaten in den Tropen hatte ich wieder das Gefühl, zu Hause zu sein.

Von Den Haag ging es zurück nach Vlodrop, wo ich dann bis 1991 eine ziemlich ruhige Zeit hatte – nur einmal unterbrochen durch eine sechs-monatige Indienreise. Immer noch hoffte ich, eines Tages wieder für Maharishi arbeiten zu können. Aber zunächst einmal war ich noch zu geschwächt. Ich konnte nichts Schweres heben, ja, nicht einmal längere Zeit stehen! Zum Glück war meine Tätigkeit in der Kommunikationsabteilung recht leicht zu bewältigen.

Ich machte Wanderungen im umliegenden Wald und studierte populäre Managementliteratur. Letzteres war ein Hobby von mir; lächerlicherweise hoffte ich, dieses Wissen vielleicht noch einmal in einer leitenden Position einsetzen zu können. Dazu ist es, bis auf eine kurze Phase von eineinhalb Jahren, 1999 und 2000, nie gekommen. Aber der Effekt dieser Studien war ein anderer: Dadurch, dass ich mich geistig intensiv mit dem Bereich Management befasste, lebte ich anscheinend diese Sanskaras*[30] auf der geistigen Ebene aus, ohne auf der äußeren Ebene aktiv werden zu müssen. Jedenfalls hatte ich nach insgesamt zwei Jahren das Bedürfnis, etwas managen zu müssen, hinter mir gelassen. Diese Erfahrung zeigte mir: Nicht immer muss man die Wünsche im Äußeren erfüllen. Häufig reicht auch ein rein mentales Durchleben des entsprechenden Bereichs.

Indien

Im Sommer 1986 kam ich mit einer für mich sehr wirksamen Selbstheilungsmethode in Berührung. Durch sie verschwand meine Leberschwäche innerhalb von wenigen Wochen. Dies wiederum ermöglichte mir, die Fahrt des Purusha nach Indien mitzumachen.

Indien! Vor fünf Jahren noch wäre ich am liebsten für immer dortgeblieben; jetzt aber steckte mir die Erinnerung an die Krankheit noch in den Knochen und ließ mich nicht frei genießen. Trotzdem war dieser Aufenthalt eine ganz wichtige Erfahrung für mich. Sechs Monate lang lebten wir Purushas zusammen mit einigen tausend Kursteilnehmern, „Sidhas" aus aller Welt, in einem riesigen Ashram außerhalb Delhis. Dort hatte Maharishi – in dem wüstenartigen Entwicklungsgebiet, das wir ja schon seit der damaligen Dipavali-Feier kannten – inzwischen eine kleine Stadt hochgezogen. Die markantesten Gebäude darin waren zwei große „Pentagons", von denen sich das eine noch mehr oder weniger im Rohbau befand, und das große Haus Maharishis, die „Kutja", in der er seine privaten Treffen und kleinere Versammlungen abhielt. Außerdem gab es große Wohnbereiche aus schlichten einstöckigen Häusern für ein paar tausend junge Panditschüler, die in diesem Ashram eine Ausbildung in Lesen, Schreiben und vedischem Rezitieren erhielten.

Ich wurde zusammen mit Hein in einem Pentagonraum untergebracht, zog es aber, als die Regenzeit vorbei war, vor, nachts in einem Zelt zu schlafen. Diese Zelte waren so intelligent konstruiert, dass die kühle Nachtluft immer frei hindurch streichen konnte. Überhaupt – die Nächte unter freiem Himmel in Indien gehören zum Beglückendsten, was ich in meinem Leben erfahren habe. In der Ferne hörte man meist Hundebellen und irgendwelche Feiern mit Musik, Singen und Trommeln; aber das alles auf dem Grunde einer tiefen Stille und eines Friedens, den ich im Westen kaum je erlebt habe.

Fast jeden Abend, wenn die Sonne schon untergegangen war, fand eine „Lecture" Maharishis draußen im Garten vor seiner „Kutja" statt. Manchmal war auch der Shankaracharya dabei. Er bekam einen Ehrenplatz, praktisch einen Thron, während Maharishi mehr oder weniger zu seinen Füßen saß. Diese Treffen dauerten bis spät in die Nacht hinein. Ich konnte als ehemaliger Sekretär meistens auf einem Ehrenplatz in den ersten Reihen sitzen. Die Lectures behandelten natürlich das vedische Wissen, das Maharishi insbesondere in dessen Herkunftsland Indien wieder mehr beleben wollte. Manchmal sprach auch der Shankaracharya, und Maharishi übersetzte, wie mir schien sehr frei, große Passagen in wenigen Worten zusammenfassend.

Tagsüber saßen wir Purushas unter Bäumen in Arbeitsgruppen zusammen und studierten die vedischen Schriften. Jede Gruppe konzentrierte sich auf einen der circa 40 Wissensbereich vedischer Literatur. Ich hatte mich für den „Dhanurveda" entschieden, das Wissen um die Kriegskunst, weil das meinem Gefühl nach der Managementlehre am nächsten stand. Es tat mir ein wenig leid, dass mir dadurch „Jyotish" entging, die vedische Astrologie; aber die entsprechende Gruppe war sowieso völlig überfüllt. In den letzten paar Wochen des Kurses besuchte ich jedoch noch einen Jyotish-Anfängerkurs bei einem fortgeschrittenen amerikanischen Studenten, kaufte mir Jyotish-Bücher und begann mich da hineinzuknien.

Das Schönste während dieser sechs Monate war das Einstudieren des „Veda Lila", einer Art Theaterstück, das die Entstehung der Veden und ihrer Zweige aus dem EINEN Ozean des Bewusstseins darstellen sollte. Maharishi hatte den Inhalt in groben Zügen vorgegeben, aber eine Gruppe von begabten Purushas hatte den Text ausgestaltet und ihn vor allem mit wunderschönen Melodien unterlegt.

Immer wieder wurde das Stück geprobt, wobei Purushas, in aufwändige und glänzende Kostüme gekleidet, die Veden und ihre Abteilungen auf der Bühne darstellten. Die Gesänge waren so eingängig, dass viele, darunter auch ich, sie fast den ganzen Tag vor uns hinsangen. Noch Monate später, als ich schon längst wieder in Vlodrop war, befand ich mich immer in einem Glücksgefühl, wenn mir diese Gesänge durch den Kopf gingen. Der Höhepunkt dieser ganzen Proberei war eine Vollmondnacht, in der sich Maharishi selbst das Schauspiel anschaute und Kommentare dazu abgab. Er saß dabei gegenüber der Hauptbühne auf einer kleinen Plattform, die man für ihn erbaut hatte; um ihn herum seine engeren Mitarbeiter, mit denen er zwischendurch diskutierte.

Die Örtlichkeit war etwas unübersichtlich, und es gelang mir, geschickt wie ich in diesen Dingen noch immer war, mich von hinten an diese Plattform heranzuarbeiten, sodass ich schließlich direkt neben seinem Sofa zu sitzen kam und in seiner Aura baden konnte. Da war ich natürlich total im Glück, zumal er mich manchmal freundlich anschaute. In der nächsten Nacht sollte das Stück wiederholt werden, aber da kam Maharishi nicht mehr.

Schließlich nahte das Ende des Kurses – es war inzwischen ungefähr Weihnachten 1986. Nicht alle Purushas mussten zurück, man konnte sich bewerben zu bleiben. Ich aber war einer der Abreisenden. Mir schmerzte das Herz, dass sich mein alter Traum, lange in Indien zu leben, nicht erfüllte, zumal im Frühjahr die große Kumbha Mela in Allahabad anstand. Schon viele Jahre zuvor hatte ich oft von diesem größten spirituellen Fest der Welt geträumt, zu dem alle zwölf Jahre die Heiligen und Erleuchteten Indiens am Zusammenfluss von Ganges und Yamuna zusammenkommen, und wo viele Millionen Gläubige Hindus an einem speziellen Tag ihr heiliges Bad im Ganges nehmen. Ich hatte aber trotz allem beschlossen, nach Europa zurückzufahren. Das Leben unter diesen schlechten Hygienebedingungen war mir doch zu anstrengend.

Am Abend vor der Abreise unserer Gruppe traf Maharishi wie üblich die Abreisenden in seiner Kutja. Jeder einzelne ging zu ihm nach vorn. Als ich drankam und ihm eine wunderschöne Rose überreicht hatte, erwartete ich natürlich ein Zeichen des Erkennens und ein paar besondere Worte, wie etwa: „Bist du nun wieder gesund?" Daher kam auch sofort ein strahlendes „Ja!" aus mir heraus, als er kaum mit dem ersten Satz fertig war. Er hatte aber nur gesagt: „Fährst du auch zurück?" Mir wurde klar, dass mein Freudestrahlen gar nicht so passend gewesen war.

Normalerweise gab Maharishi am Ende des persönlichen Gesprächs aus dem Bündel von Blumen, die ihm von Devotees überreicht worden waren, eine Blume zurück. Dieses Mal aber hatte er keine mehr vor sich liegen, und so gab er mir zum Abschied nach nur wenigen Worten mit einer fast zeremoniellen Feierlichkeit meine eigene Blume zurück.

Viel später, fast fünfzehn Jahre danach, kam mir der Gedanke, dass diese Geste so etwas wie eine offizielle Verabschiedung gewesen war – nach der inoffiziellen, dem liebevollen Lächeln 1981 in seiner Suite in Seelisberg.

Wieder Vlodrop, 1987 bis 1991

Nach Indien durchlebte ich viereinhalb ruhige und geordnete Jahre in unserem Kloster in Vlodrop. In dieser Zeit fühlte ich mich insgesamt recht wohl und zu Hause. Inzwischen war alles nicht mehr so streng geregelt wie am Anfang in Boppard. Man konnte schon mal zum Einkaufen nach Heinsberg oder nach Mönchengladbach fahren. Solange es nicht zu oft geschah, solange man einen „Buddy" bei sich hatte und solange man zum „Programm" wieder zurück war, sagte niemand etwas.

Mir sagte sowieso niemand etwas, da ich immer noch eine Ehrenposition innehatte. Und zudem war ich meist unter den Eifrigen und folgte den Regeln so präzise wie möglich. Das entsprach meiner Natur und auch meinem Ehrgeiz: Schließlich wollte ich so schnell wie möglich erleuchtet werden. Und wie erreicht man das am besten? Indem man den Anweisungen des Meisters akribisch folgt – so dachte ich.

Ich fühlte mich voll in die Gruppe integriert und bezweifelte keine Minute, dass ich mein Leben bis zu seinem Ende im Schoße der TM-

Bewegung und insbesondere des Purusha verbringen würde. Meine beiden wichtigsten Beschäftigungen dieser vier Jahre waren die Auseinandersetzung mit Jyotish und später mit Sanskrit. Wie gesagt, hatte ich mich schon in den letzten Wochen des Indienaufenthaltes auf das Jyotish-Studium gestürzt. Zu meinem Erstaunen floss dieses Wissen in mich hinein wie warme Milch mit Honig. Alles, was ich las, behielt ich sofort.

1990 hatte ich ein ganz mieses Jahr. Es passierte eigentlich nichts besonders Schlimmes – außer dass ich mir einmal den Fuß so stark verrenkte, dass sogar ein Knöchelchen brach und ich ein halbes Jahr lang mit Krücken umherlaufen musste. Viel schlimmer aber war, dass ich mich ständig unglücklich, elend und unsicher fühlte. Maharishi war nach längerem Indien-Aufenthalt gerade wieder für einige Zeit nach Vlodrop zurückgekehrt, und zu meiner Besorgnis lud er sogar Ehepaare und Frauen in unser Kloster ein, die auch noch hier wohnen durften. Das ganze Purusha-Feeling ging allmählich den Bach runter.

Ständig kamen Gäste von außerhalb, oftmals sogar Freunde von früher. Ich hätte mich freuen können; aber ich fühlte mich so elend und fremd in dieser Welt, dass ich ihnen kaum in die Augen schauen mochte. Ein kleiner Trost war mir, aus meiner Jyotish-Konstellation zu erkennen, dass ich mich gerade in der schlimmsten Planeten-Phase meines Lebens befand. So konnte ich immerhin hoffen, dass sich meine innere Lage nach einem Jahr wieder zum Besseren wenden würde.

Weggeschickt aus Vlodrop!

Und so geschah es in gewisser Weise auch. Allerdings traf mich im nächsten Sommer zunächst ein absoluter Schock: Maharishi schickte die deutschen Mitglieder des Purusha aus Vlodrop fort. Wir sollten in den neuen Bundesländern für Kohärenz sorgen. Da Maharishi vor Jahren schon die Amerikaner und dann die Briten weggeschickt hatte und nicht einmal mehr als Gäste in seinem Ashram in Vlodrop haben wollte, wusste ich: Für uns war der internationale Purusha nun zu Ende und damit auch die Nähe zu Maharishi. Wir würden jetzt nur noch eine nationale Randgruppe sein.

Ich erinnere mich noch, wie ich mich, nach unserem langen Abschiedstreffen, an meinen Freund Wolli hängte und sagte: „Das ist das Ende." Er konnte dazu nichts sagen, denn er wusste, dass es stimmte. An einem traurigen Morgen fuhren wir deutschen Purushas mit Bussen nach Düsseldorf, um von dort nach Berlin zu fliegen. Als wir durch die hässlichen Außenbezirke von Düsseldorf fuhren, hatte ich einerseits das Gefühl, mich vor dieser fremden Welt schützen zu müssen. Ich war ja so an das geborgene Mönchsleben fern vom Stress der Städte gewöhnt.

Andererseits erinnere ich mich, dass ein ganz leiser Hauch von Freude aufkam. Das relative Leben schien irgendwie doch auch seinen Reiz zu haben. Die große Gruppe gleich ausgerichteter Menschen in Vlodrop hatte mir zwar einen guten Halt gegeben, war aber andererseits in ihrem ganzen Denken und Fühlen doch recht festgelegt gewesen. Alles hatte sich um Maharishi gedreht. Ich sprach und dachte im Wesentlichen nur das, was „erlaubt" war, wobei ich glaubte, dies seien meine eigenen Gedanken.

Der bevorstehende Aufenthalt fern von der klösterlichen Zentrale ließ die Möglichkeit einer neuen Freiheit und Lebendigkeit erahnen. Dennoch: Froh war ich keineswegs. Und für mich blieben auch die sechs bis acht Monate an unserem neuen Platz recht freudlos. Das lag an dem ganzen DDR-Feeling in dem früheren Ferienort Wendisch-Rietz am Scharmützelsee, wo wir kleine Sommerhäuschen und einen Betonklotz bewohnten, der vordem als Kindererholungsheim gedient hatte. Die eigentlich schöne Gegend war und blieb von der Trostlosigkeit des alten Regimes durchdrungen. Ich hoffe, dass wir trotzdem etwas für die Aufweichung der Atmosphäre in der alten DDR erreicht haben. Das war ja unsere Aufgabe – Maharishi hatte es uns gesagt.

Wir hatten noch einen speziellen Auftrag mitbekommen: Wir sollten in allen größeren deutschen Städten Ayurveda-Zentren ins Leben rufen. Ausführlich war Maharishi bei unserem großen Abschiedstreffen, bei dem wir ihn im Übrigen nur über Videokonferenz erlebten, alle Einzelheiten mit uns durchgegangen: Große repräsentative Häuser sollten überall gefunden werden, wo dann Ayurveda-Behandlungen ablaufen sollten, TM-Einführungen und ein ganzes Spektrum von Movement-Aktivitäten.

Maharishi hatte sich, etwas widerstrebend, sogar auf die Kalkulation der Einnahmen und Ausgaben eingelassen. Es schien ein ganz wichtiges Projekt zu sein, für das wir uns in unserer „Freizeit" (außerhalb der Programmzeiten) einsetzen sollten.

Ein wenig hegte ich schon den Verdacht, dass es vielleicht wieder mal nur eine Beschäftigungstherapie war. Ein kleiner Hinweis darauf, dass es so sein könnte, ereignete sich durch ein Missgeschick der Videocrew: Die schaltete nämlich, als das Treffen zu Ende war, die Verbindung zu spät ab, sodass wir noch eine inoffizielle Bemerkung Maharishis mitbekamen, die eigentlich nur für die Leute um ihn herum gedacht war: Er sagte so etwas wie: „Eine ganz schön aufwendige Abschiedsfeier."

Außerdem wurde während der Besprechung schon klar, dass die Ayurveda-Zentren bei den arbeitsintensiven Behandlungen kaum rentabel sein konnten, da wir dem Publikum nicht beliebig hohe Preise zumuten konnten. Bis dahin hatten sich nur ein oder zwei unserer Ayurveda-Kliniken in ganz Deutschland mehr schlecht als recht halten können – und das mit einem großen Anteil an ehrenamtlicher Tätigkeit. Wie sollten dann zig Kliniken gleichzeitig überleben, die sich das begrenzte Potential an Klienten hätten teilen müssen? Aber man konnte ja nie wissen – vielleicht war es Maharishi diesmal doch wirklich ernst. Wir hatten nicht das Recht, seine Anweisungen in Frage zu stellen.

Und so stürzten wir uns in die Arbeit. Maharishis Anforderungen an den Standard der Häuser waren sehr hoch. Trotzdem gelang es, eine Reihe schöner Häuser in Deutschland aufzutreiben, die sogar zu haben waren. Als Maharishi darüber informiert wurde, setzte er prompt die Kriterien höher, sodass fast alle unsere A-Häuser auf B zurückgestuft werden mussten. Aber wir ließen uns nicht entmutigen und intensivierten die Suche. Trotzdem war Maharishi anscheinend nicht zufrieden. Nie sprach er direkt mit uns, er ließ uns nur indirekt Nachrichten zukommen, die nicht gerade von seiner Zustimmung zeugten.

Und dann stand eines Tages Lüder, der früher in der Einkaufsabteilung gearbeitet hatte, während eines Treffens auf und meinte, dass Maharishi in ähnlichen Situationen, nachdem er irgendeinen „Research" angeordnet hatte, schon zufrieden war, wenn die Leute überhaupt nur einen Lieferanten gefunden hatten, der das Gesuchte vorrätig hatte. Lüder schlug vor, wir sollten einfach Zeitungsausschnitte mit entsprechenden Immobilienangeboten aus ganz Deutschland sammeln und Maharishi zuschicken – unabhängig davon, ob die Konditionen akzeptabel seien und unabhängig von irgendwelchen Vorverhandlungen.

Ich dachte: „Man kann Maharishi doch nicht so zum Narren halten und ihm potemkinsche Dörfer liefern!" Trotzdem folgten die meisten diesem Vorschlag. Sehr schnell hatten wir eine stattliche Menge von Zeitungsausschnitten zusammen. An einem Nachmittag faxten wir eine Zusammenfassung an Maharishis Sekretariat. Um sicherzustellen, dass die Blätter gut angekommen waren, riefen wir noch bei den Sekretären an. Der Sekretär, der am Apparat war, sagte: „Einen Moment!" – Stille – dann kam Maharishi selbst ans Telefon! Das war das erste Mal!

Unsere Jungs erzählten ihm von den 108 Angeboten, die sie gerade durchgefaxt hatten. Maharishi war außerordentlich zufrieden. Er sagte: „Das ist es, was ich vom Purusha erwarte: Schnelle Aktion!" Er fragte dann noch, ob die Objekte alle A-Kategorie seien. Jemand sagte: „Nein, nur C, denn sie sind noch nicht bestätigt." „Okay, dann macht sie schnell zu A". Es war verrückt: Als wir noch eine solide Arbeit gemacht hatten, war Maharishi unzufrieden mit uns gewesen; jetzt, mit dieser Farce, zeigte er sich total beglückt. Jetzt hätte eigentlich auch dem letzten klar sein müssen, dass Maharishi keine konkreten Resultate erwartete, sondern nur, dass wir beschäftigt waren und zwar mit seinen Wünschen im Auge. Jeden konkreten Erfolg dagegen würgte er ab und verhinderte ihn geradezu.

Interessant ist, dass in den Jahren danach überall in Deutschland Ayurveda-Kliniken wie Pilze aus dem Boden schossen – nur „leider" nicht von unserer Bewegung. Viele von uns waren verärgert, dass andere Organisationen Maharishis Ideen kopiert hatten und Geld damit machten. Ich dagegen vermute, dass Maharishi gcnau das beabsichtigt hatte: Er wollte den Ayurveda in der ganzen Welt wiederbeleben. Unsere Purusha-Gruppe mit ihrer Mind-Power war ihm dazu ein Mittel zum Zweck. Was wir in Wendisch-Rietz gemacht hatten, war so etwas wie ein Yagya – eine Art Ritual, um einen gezielten Effekt im kollektiven Bewusstsein zu erzeugen.

Auf der äußeren Ebene erfolgreich zu sein oder gar Geld zu verdienen, hatte Maharishi nie als seine oder unsere Aufgabe angesehen.

1992 bis 1996

Wir hangelten uns ganz gut durch den Winter 1991/92 hindurch. Zeitweise konnten wir auf dem Eis des Scharmützelsees herumlaufen. Wir fütterten die Möwen und die Nebelkrähen. Schön war das gemeinsame Essen in unserem „Restaurant". Im April hieß es plötzlich: Wir würden nach England gehen. Dort hatte sich zum ersten Mal die „Natural Law Party", der neu gegründete politische Zweig unserer Bewegung, zur Wahl gestellt.

In einem Neubaugebiet in Skelmersdale bei Liverpool existierte schon seit Jahren ein „Ideal Village", eine Lebensgemeinschaft von TM-Meditierenden und Sidhas mit eigener Schule und so weiter. Ein wahrhaft sehr harmonisches und friedliches kleines Dorf. Hierher waren außer uns Meditierende und Sidhas aus ganz Europa eingeladen worden, und wir alle machten unser tägliches Meditations- und Flugprogramm gemeinsam im „Dom", einem jetzt völlig überfüllten Kuppelbau inmitten des Dorfes. Natürlich hofften wir, durch unser Gruppenprogramm das kollektive Bewusstsein Englands aufzuweichen und von innen her bereit zu machen, unsere Partei zu wählen.

Die Purusha-Gruppe wohnte in einem Studentenheim in Southport, und wir fuhren jeden Morgen mit dem Bus nach Skelmersdale. Das ganze Setup war für uns recht unbequem und das Essen aus einer Großküche mit Plastiktellern und -besteck nicht sehr attraktiv. Aber ich genoss die schlichte Freundlichkeit der Bevölkerung. Es war gut, dieses Land kennen zu lernen und zu sehen, dass die in Deutschland noch tief verwurzelten Vorurteile völlig unberechtigt waren. Die Engländer kamen mir deutlich herzlicher und hilfsbereiter vor als die Deutschen.

Der Tag der Wahl rückte heran. Wir alle waren gespannt und hofften zumindest auf einige Prozent der Stimmen für die Natural Law Party, idealerweise sogar auf den Einzug eines „unserer" Kandidaten ins Unterhaus. Am Wahlabend fand ein großes Treffen aller in der Halle des „Doms" statt. Maharishi war nicht anwesend, aber per Konferenztelefon mit uns verbunden. Jemand verkündete, dass „unsere" Partei nur ganz wenige Stimmen bekommen hätte; nicht einmal alle Meditierenden konnten sie gewählt haben. Maharishi zeigte sich enttäuscht, fast niedergeschlagen, zumindest tat er so.

Der erste Teil der Sitzung verlief in gedrückter Stimmung. Gegen Ende jedoch begann Maharishi schon wieder, die Teilnahme der Partei an Wahlen in anderen Ländern zu planen und unseren Optimismus anzufeuern. Ich bin mir ziemlich sicher, dass er nie und nimmer an einen äußeren politischen Erfolg unserer Partei geglaubt hatte. – Und wenn dieser eingetreten wäre, hätte er die Partei wahrscheinlich sofort mit irgendwelchen fadenscheinigen Argumenten aufgelöst. Er wollte die politische Plattform nur dazu nutzen, seine Botschaft wirksamer unter die Leute zu bringen.

Israel

Von England aus ging es wieder zurück nach Wendisch-Rietz. Wir verlebten noch einen schönen Mai am Scharmützelsee, in dem sich auch dieses spirituell ausgelaugte Land von seiner besten Seite zeigte, mit vielen Blumen und explodierendem Grün. Und dann kam die große Erleichterung: Wir sollten nach Israel gehen. Wiederum um die Wahl der dortigen Natural Law Party von der transzendentalen Ebene aus zu unterstützen.

In Israel wurde unsere ganze Gruppe – alles Deutsche – in den privaten Häusern und Wohnungen des kibbuzähnlichen Dorfes Hararit untergebracht, einer Siedlung auf einem Berg im nördlichen Palästina, wo die TM-Meditierenden Israels vor Jahren eine Lebensgemeinschaft gegründet und aufgebaut hatten. Diese Einquartierung einer rein deutschen Gruppe in einem jüdischen Dorf war wieder einmal ein Husarenstück Maharishis, durch das wahrscheinlich viel Karma aufgearbeitet wurde.

Wie wir später herausfanden, hatte Maharishi die Israelis in Hararit gefragt: „Wollt ihr zur Unterstützung eurer Wahlkampagne eine Purusha-Gruppe haben?" Die Antwort lautete natürlich: „Ja!" – Der Purusha hatte ja einen sehr guten Ruf. Man erhoffte sich einen starken spirituellen Impuls. Und dann hieß es kurz vor unserer Ankunft, eine rein deutsche Gruppe würde kommen. Da herrschte in vielen Häusern Jammern und Entsetzen: Ausgerechnet die größten Feinde und Verfolger sollten kommen?!

Aber höflich, wie die Israelis waren, konnten sie jetzt nicht mehr absagen. Und natürlich konnten sie schon gar nicht Maharishi etwas abschlagen. Wir wussten von alldem nichts und ahnten auch gar nicht, wie stark den Israelis noch der Deutschenhass und die Angst vor unserem Volk in den Gliedern steckten. Wir wurden höflich und korrekt empfangen und gut untergebracht.

Und auch wir verhielten uns natürlich einwandfrei bis auf die Tatsache, dass einige Purushas nicht regelmäßig zum Gruppenprogramm in dem relativ engen und bunkerartigen „Flugraum" erschienen. Die Bewohner bekamen das mit und konnten das, korrekt und pflichtbewusst, wie sie selbst erzogen worden waren, absolut nicht verstehen: Wir hätten eine so wichtige Aufgabe, und gerade wir als Purushas sollten doch Vorbild für alle Meditierenden sein. Zumal viele von uns von Opfern des NS-Regimes aufgenommen und untergebracht worden wären. Na ja. Unsere Jungs rissen sich daraufhin etwas mehr am Riemen. Und allmählich entstand durch das ständige Zusammenleben fast überall eine tiefe Verbundenheit.

Nach drei Monaten gab es am Tag vor unserer Abreise auf dem örtlichen Tennisplatz noch eine große Feier mit Darbietungen, Musik und Tanz, an der die Bewohner und wir gemeinsam teilnahmen. Und hatten vorher viele geweint, als sie hörten: die Deutschen kommen, so weinten jetzt wiederum viele, weil wir abreisen mussten. So eine Liebe und Vertrautheit war in so kurzer Zeit entstanden. Ich vermute, dass durch dieses Projekt sehr Grundlegendes zwischen unseren beiden Völkern aufgearbeitet worden ist. Vielleicht war das sogar der Hauptzweck, den Maharishi im Auge gehabt hatte.

Im Übrigen war dieser Aufenthalt in Israel für mich, wie auch für viele andere Purushas, eine der schönsten Zeiten meines Lebens: Dieses Israel schien wirklich schon von seiner „energetischen Ausstattung" her ein heiliges Land zu sein. Unser Dorf hatte zudem noch einen wunderschönen Platz, von dem aus man in der Ferne manchmal im Westen das Mittelmeer erblicken konnte. Von dort wehte immer ein mild-kraftvoller Wind herüber. Blickte man gen Osten, sah man wie in ein großes, dunkles, unendlich tiefes Auge auf den See Genezareth herab. Im Süden konnte man bis Nazareth sehen und im Norden bis Safed, dem geistigen Zentrum der Kabbala*[31]. Dahinter erahnte man die teilweise schneebedeckten Golan-Höhen.

Häufig saß ich einfach stundenlang unter einem der noch recht zarten Olivenbäume und ließ mir den Meereswind um die Ohren blasen. Mehr brauchte es dort eigentlich nicht; ich war einfach im Glück. In kleinen Gruppen machten wir auch einige Ausflüge. Zum Beispiel zum See Genezareth, um dort in seinem milchigen und liebevoll schmeichelndem Wasser zu baden und uns hinterher im warmen Wind trocknen zu lassen. Und um die heiligen Plätze zu besuchen, die wir aus der Bibel kannten. Oder wir fuhren mit einer etwas größeren Gruppe und einem Führer aus unserem Dorf zum Toten Meer und nach Jerusalem, einer Stadt, die mich mit Melancholie und Mitleid für dieses immer etwas traurig – beziehungsweise trauernd – wirkende Volk erfüllte. Jedes Mal kam ich bewegt und tief berührt nach Hause zurück.

Zum Juli-Vollmond, „Guru Purnima", einem der größten Feste unserer Bewegung, hieß es plötzlich: Wer wollte, sei eingeladen, nach Vlodrop zu kommen. Das war natürlich eine große Versuchung. Den meisten war es aber einfach zu teuer bzw. unerschwinglich, denn jeder musste den Flug selbst bezahlen. Ich war hin- und hergerissen. Auf der einen Seite wünschte ich mir, Maharishi treffen und vielleicht sogar länger bei ihm bleiben zu können. Auf der anderen Seite fühlte ich mich hier so wohl und zu Hause. Ich zog mich hinter einen Schuppen zurück, um in Stille nachzufühlen und innerlich Maharishi zu fragen. Die Entscheidung kam recht deutlich: Bleib hier! Dennoch war es dann sehr schmerzlich, am nächsten Morgen um 5 Uhr früh einige Freunde ihre Koffer an meinem Fenster vorbeirollen zu hören. Sie würden am nächsten Tag Maharishi sehen!

Zum zweiten Mal Amerika

Der größere Teil von uns blieb. Und nach einigen Wochen ging es dann wiederum nach Amerika. Auch dort war die Natural Law Party zur Präsidentschaftswahl angetreten. Früh morgens kamen wir in New York an. In den riesigen Waldgebieten des Staates New York hatte unsere Bewegung vor längerer Zeit ein „Holiday Resort" aufgekauft: eine ausgedehnte Anlage von Hotels und Ferienhäusern mit einem verwilderten und zugewachsenen Golfplatz und einem kleinen See. Der amerikanische Purusha hatte sich seit einigen Jahren dort eingerichtet. Manche hatten sich kleine Appartements errichtet, und jemand hatte sich ein Boot gebaut, das man auch mal ausleihen konnte.

In der Umgebung lagen weite Wälder. Allerdings nachgewachsene; die ursprünglichen hatte man wohl schon vor langer Zeit abgeholzt. In Amerika schien alles größer zu sein als bei uns. Die Heidelbeersträucher, die voll schöner Beeren hingen, waren mannshoch. Man begegnete haufenweise Rehen, die ebenfalls größer waren als die unsrigen. Sie grasten in der Dämmerung direkt vor meinem Haus. Ebenso konnte ich Murmeltiere vom Fenster aus beobachten. Im Winter gab es mehrfach unheimliche, hoch in den Himmel aufschießende Nordlichter. Es war eine Welt fast wie im Bilderbuch. Dennoch war ich erstaunt, dass mich diese Fülle der Natur kaum berührte. Woran lag das? Allmählich wurde mir klar, dass Amerika irgendwie ein totes Land war: Alles war äußerlich imposant, aber es fehlte etwas im Untergrund – etwas, das ich besonders im kargen Indien so stark erlebt hatte und das ich dort als „Bliss" erfahren hatte. Amerika hingegen schien mir ausgehöhlt und leer.

Nach sechs Wochen fuhren wir in kleinen Teams hinaus in die verschiedenen Städte, um „vor Ort" die lokalen Kandidaten geistig bei ihrer Wahlkampagne zu unterstützen. Praktisch mithelfen durften wir als Ausländer nicht. Aber wir hielten Vorträge über Transzendentale Meditation, in denen wir immer wieder bis zum Exzess die Worte „Natural Law" benutzten und dadurch indirekt Werbung für die Partei machten. Nach insgesamt drei Monaten mussten wir das Land wieder verlassen.

Wieder in Vlodrop, ließ uns Maharishi zu meiner Überraschung nur zwei Nächte Zeit, um etwas auszuschlafen; manchen von uns auch nur eine. In der ersten Nacht schlief ich wie ein Toter. Am Abend hörte sich Maharishi unsere Berichte per Intercom an. Ausführlich konnte ich von meinen Aktionen berichten, und Maharishi zeigte sich sehr interessiert, obwohl gar nichts dabei herausgekommen war. Dann hieß es: Am Morgen flögen alle nach Spanien.

In Almerimar, nicht weit von Almeria, einer völlig neu angelegten, sympathischen Feriensiedlung am Mittelmeer, verbrachte ich die nächsten drei Monate: Ich wohnte im 10. oder 12. Stock eines riesigen Hotels, direkt über dem Strand und dem Meer, welches um diese Jahreszeit – es war inzwischen Winter 1992/93 – keineswegs immer ruhig dalag, sondern manches Mal zu hohen Wellen aufgepeitscht wurde.

Im selben Hotel fand wieder einmal eine große „Kohärenz-Versammlung" mit Hunderten von Meditierenden und „Sidhas" aus ganz Europa statt. Solche Versammlungen oder Kurse, mit langen „Runden", hatte es ja in den letzten Jahren und Jahrzehnten immer wieder gegeben, und zwar immer dann und dort, wo irgendeine brenzlige Situation anstand, ein Krieg drohte oder ähnliches. Was aber sollten wir hier am friedlichen Mittelmeer? Ich weiß es bis heute nicht. Wir Purushas jedenfalls profitierten von der Situation: Wir hatten alle Zeit der Welt, gingen jeden Tag am Strand spazieren und suchten bunte Kiesel, derer es hier jede Menge in wunderbaren Farben gab.

Die glücklichsten Tage hatte ich in der „Silence"-Zeit vom 1. bis 7. Januar, in der sich Maharishi, der in Vlodrop geblieben war, natürlich traditionsgemäß in Stille begeben hatte. Ich schlenderte schweigend mit meinem Buddy Rainer an der Küste entlang und lauschte den prickelnden und knisternden Geräuschen der auflaufenden und abströmenden Wellen, die mir immer wieder Kiesel mit neuen Mustern und Farben zeigten. Zweimal in diesen Monaten fuhr ich auch mit einem Freund, der ein Auto dabeihatte, ins Landesinnere, mit seinen Bergen voller blühender Mandelbäume. Und dort herrschte plötzlich Stille! Ich wusste nach den vielen Wochen am ewig rauschenden Meer gar nicht mehr, dass es so etwas gab.

Zu meinem Geburtstag schenkte man mir einen weiteren Ausflug: Zu viert fuhren wir in die Berge, die Ausläufer der Sierra Nevada. Nun konnte ich von hoch oben auf das glänzende Meer sehen und auch eine halbe Stunde lang ganz allein durch die Mandelhaine laufen, wo ich die leise Melancholie genoss, welche die Luft dieses menschenleeren Landes erfüllte. Innerlich völlig aufgeweicht und voll stillen Glücks kam ich in der Abenddämmerung zurück in unser Hotel.

Auf der Krim/Ukraine

Gegen Ende unseres Aufenthaltes wurde uns mitgeteilt, dass der ganze Purusha auf die Krim gehen würde, einer zur Ukraine gehörigen Halbinsel im Schwarzen Meer. Dort war nach der Wende viel zu tun, um die Atmosphäre aufzuweichen. Auf der Krim, der wohl beliebtesten Feriengegend des vormaligen Ostblocks, hatten wir eine eigentlich gute Zeit, zunächst in dem Badeort Sudak, wo wir ungezwungen am Strand herumlaufen konnten und nach langen Jahren zum ersten Mal wieder hübsche Mädchen in Bikinis zu sehen bekamen. Ich verspürte ein Gefühl der Befreiung, ähnlich wie seinerzeit in Athen, und die leichte Aufregung, dass das Leben doch noch mehr für uns bereithalten mochte, als nur unter Männern zu leben und tagsüber im Zimmer zu meditieren. Ich merkte, dass die Frauen trotz – oder gerade wegen – der langen Entwöhnung eine riesige Attraktion für mich darstellten.

Nach einigen Wochen zogen wir in die Hauptstadt der Insel: Simferopol. Dort bewohnten wir einen Hotelkomplex, in dem direkt nebenan ein Lehrerausbildungskurs für Meditierende aus dem Ostblock stattfand, in zwei Gruppen, für Jungen und Mädchen getrennt. Die Mädchen wurden durch eine indische Lehrerin sorgsam behütet und waren auch die meiste Zeit des Tages beschäftigt. Dennoch war es nicht zu vermeiden, dass sich zahlreiche Kontakte zwischen uns Purushas und den ausnehmend hübschen Russinnen knüpften. Auch ich freundete mich mit einer Siebzehnjährigen aus Kasachstan an. Sie hieß Julia. Und noch Jahre später hielt man mir augenzwinkernd vor, dass man mich Hand in Hand mit ihr am Fluss entlang spazieren gesehen hätte. So etwas war natürlich eigentlich für einen Purusha-Mönch ein Ding der Unmöglichkeit; aber inzwischen hatte sich der ganze Stil doch so sehr gelockert, dass man keine Ermahnungen zu erwarten hatte.

Trotz dieser netten kleinen Abwechslungen war das Leben in dem sehr armen Land mit seiner immer noch gedrückten Stimmung nicht sehr erfreulich. Unser Essen war unzureichend: Es gab fast immer nur das Standardbrot, Kartoffeln, Kohl und mit Margarine durchmischte Butter. Nach einiger Zeit spürte ich, wie diese eintönige Nahrung mich schwächte. Mein Buddy und ich gewöhnten uns an, jeden Tag mit dem Bus in die Stadt zum Markt zu fahren. Die Busfahrt kostete uns, bedingt durch den verrückten Wechselkurs und durch die staatlichen Subventionen der Verkehrsmittel, nur ungefähr einen Pfennig. Auf dem Markt fanden wir dann immer Obst, Honig und andere Spezialitäten, meist angeboten durch Hausfrauen, die hier die Früchte ihres Gartens zu Geld machten. Dafür mussten sie allerdings auch ganz gute „Schutzgelder" an die allgegenwärtige Mafia zahlen. Für uns war trotzdem alles sehr günstig. Hier gehörten wir „mittellosen" Mönche zu den Reichen. Korruption war allgegenwärtig, ebenso Diebstähle und Einbrüche.

Eines Tages erhielten wir dann plötzlich die Chance, aus dieser gedrückten Atmosphäre wegzukommen: Maharishi suchte Leute, die nach Indien fahren wollten, um dort das „Corporate Development Program" (CDP) in Firmen anzubieten und zu lehren. Vorher sollten wir dafür in Vlodrop geschult werden. Ich bewarb mich. Eines Nachts erhielten der Ungar Attila und ich dann das Okay. Wir brachen sofort auf. An Julia konnte ich nur noch einen Brief schreiben.

In Vlodrop studierten wir dann einige Monate lang den ganzen Aufbau des CDP-Programms. Ich war eigentlich nicht unbedingt erpicht darauf, nach Indien zu gehen, besorgte mir aber dennoch ein Visum. Tatsächlich flog ich dann doch nicht, denn eines Tages kurz vor Weihnachten 1993 ließ Maharishi mir und drei weiteren Purushas ausrichten, dass wir noch vor Neujahr nach Hannover gehen und dort die Wahlkampagne der Naturgesetzpartei unterstützen sollten.

So wirbelten wir ein halbes Jahr in Hannover herum, sammelten Zulassungs-Unterschriften für die Partei, kontaktierten die Presse und so fort. Bald darauf bot mir Reinhard B., der „Kanzlerkandidat" der deutschen Naturgesetzpartei, an, bei ihm in Vlodrop seine Pressearbeit zu machen. So wurde nun Vlodrop für das nächste halbe Jahr erneut mein Wohnsitz und meine Arbeitsstätte, mit Reinhard als meinem Chef, der früher in Seelisberg mein Untergebener gewesen war und der mich eigentlich nicht sehr verständnisvoll behandelt hatte, als ich wegen meiner Krankheit den Sekretärsjob an ihn hatte abtreten müssen.

Reinhard war ein Mann von hohem intellektuellem und spirituellem Niveau. Er machte seinen Job als Parteivorsitzender und „Kanzlerkandidat" hervorragend. Aber als Chef war er eine Katastrophe. Das lag daran, dass er niemandem zutraute, irgendetwas selbständig zustande zu bringen. Er korrigierte und überprüfte alles und war entsprechend überlastet. Die Reaktion der Presse und des Fernsehens auf unsere Partei war übrigens erstaunlich positiv oder zumindest neutral.

Wieder USA

Nach der Wahl, die für unsere Partei natürlich wieder kläglich ausfiel, stand sofort das nächste Purusha-Projekt an: Wieder sollte es nach Amerika gehen. Diesmal ging es nicht um die Naturgesetzpartei, sondern um neue Kurse in den amerikanischen Centern und um Firmen-Präsentationen. Wir flogen in Zweierteams, die sich in den USA auf die verschiedenen Städte verteilten.

Ich geriet nach Atlanta, wo mein Buddy Rainer und ich nur wenig zu leisten hatten. Eines Tages kam die Anweisung von „International", unsere Zweierteams sollten sich auflösen und jeder deutsche Purusha sollte zusammen mit jeweils drei Amerikanern eine Viergruppe bilden.

Für mich bot sich ein Team in Palo Alto im kalifornischen Silicon Valley an, wo sich die drei Amerikaner schon befanden. Dorthin reiste ich dann über Denver, Colorado. Das war das erste Mal seit vielen Jahren, dass ich ohne „Buddy" unterwegs war – noch dazu in einem fremden Land. Man brachte mich zum Flughafen und ließ mich dann allein. Das war damals richtig aufregend für mich, war ich doch bis dahin immer „geschützt" gewesen; gleichzeitig jedoch genoss ich, durch die Flughafenshops bummelnd, dieses fast überwältigende Gefühl von Freiheit.

Die drei Amerikaner, mit denen ich zusammenarbeiten sollte, waren alles sehr nette und angenehme Leute. Unter Purushas verstand man sich im Allgemeinen ohnehin sehr gut, hatten wir doch durch Maharishis Lehre eine gemeinsame Grundlage des Denkens. Wir bewohnten in Palo Alto ein kleines Einfamilienhaus ganz für uns allein.

Das Silicon Valley war eine ziemlich gehobene Gegend. Es gab wenig Armut und wenig Kriminalität, im Gegensatz zu der Gegend in Atlanta, aus der ich gerade kam. Gelassen zogen wir unsere Projekte durch. Im Wesentlichen ging es darum, die TM in Firmen einzuführen. Bei diesen

Aktivitäten bemerkte ich zum ersten Mal, dass sich bei mir ein leichter Umschwung anbahnte. War ich früher bei allen Projekten immer der Vorreiter gewesen, der die anderen antrieb und mitzureißen versuchte, so fing ich an, mich immer mehr zurückzuhalten. Ich machte alles brav mit, überließ aber die Initiative den anderen. Ich entspannte mich und gab es auf, überall der Erste sein zu wollen. Heute habe ich das Gefühl, dass diese Entwicklung damals mehr war als nur ein Loslassen. Ich entfernte mich von einer inneren Abhängigkeit.

Vorher waren Maharishi und seine Lehre mein einziger Lebensinhalt und mein einziger Halt gewesen. Ohne Maharishis Anerkennung und ohne die Arbeit für ihn war ich nichts. Jetzt entstand aus der Tiefe heraus das Gefühl: „Ich brauche die Bewegung und ihre Anerkennung nicht mehr. Mein Leben und meine Evolution werden auch so weiter gehen; eigentlich bin ich frei." – Zu der Zeit war mir das natürlich noch nicht so klar. Bald lief mein Visum aus, und ich musste die USA wieder verlassen.

In Maharishis Gartenhäuschen in Vlodrop

Den heißen Sommer 1995 verbrachte ich in Vlodrop. Dort hatte ich mir einen „Trotaka-Job" ausgesucht. Trotaka war im 9. Jahrhundert nach Christus der berühmteste Schüler des vedischen Meisters Shankara[*32]. Er zeichnete sich dadurch aus, dass er wegen seiner intellektuellen Begrenztheit den Vorträgen und Diskussionen seines Meisters nicht folgen konnte, sich aber mit äußerster Hingabe um dessen leibliches Wohl kümmerte, für ihn kochte, seine Wäsche wusch und so weiter. Seine Hingabe brachte ihn nach langen Jahren des selbstlosen Dienens schließlich zur Erleuchtung. Eines Tages komponierte er, spontan und ohne Vorschulung, einige sehr tiefe und metrisch perfekte Sanskrit-Strophen – die bis heute erhalten sind. Trotaka, von dem Maharishi häufiger erzählte und mit dem er sich selbst in seiner Beziehung zu seinem Meister Guru Dev verglich, war das heimliche Ideal vieler TM-ler. So auch meines.

Und nun ergab sich die Möglichkeit für mich, Maharishis Gartenhäuschen zu pflegen und in Schuss zu halten. In diesem wintergartenartigen kleinen Gebäude neben unserem Kloster traf sich Maharishi an warmen

Sommerabenden mit ausgewählten kleinen Gruppen. Dieses Häuschen war wunderbar eingerichtet, mit schönen gepolsterten Bambussesseln und Tischchen auf kostbaren Teppichen. An den Balken zwischen den großen Fenstern rankten blühende Zierpflanzen; auf dem Boden und auf den Tischen standen Blumengestecke. Diese wurden zweimal pro Woche am Hintertor des Klostergebäudes angeliefert. Ich musste sie mit einem Elektrowägelchen dort abholen und zum Gartenhäuschen kutschieren, das in einem Sperrbereich lag.

Bei der Arbeit im Häuschen war ich fast immer allein, sammelte abgefallene Blüten auf, arrangierte die Gestecke neu, sortierte welke Blumen aus, saugte Staub und putzte. In der Hitze dieses glasgedeckten Treibhauses hingebungsvoll schwitzend, kniete ich mich in die tägliche Sisyphus-Arbeit – mit Trotaka als Vorbild. Nach circa drei Stunden Arbeit strahlte das Häuschen in perfekter Ordnung und Sauberkeit.

Leider kam Maharishi nach der ersten Woche nie wieder dorthin. Doch auch das schluckte ich, hatte ich doch gelernt, dass man nicht an den Früchten der Arbeit hängen soll. Wahrscheinlich wollte mir Maharishi eine besondere Entwicklungschance geben – so dachte ich. Als ich Ende Dezember den Job aufgegeben hatte, weil ich nach Indien fahren sollte, benutzte Maharishi das Häuschen wieder regelmäßig, wie ich später erfuhr.

Wie bereits erwähnt, ging Maharishi jedes Jahr vom 1. bis 7. Januar „in Silence"; ließ sich also einschließen, fastete und schwieg. In manchen Jahren kam er zwischen dem 7. und 8. Januar um Mitternacht aus seinen Privaträumen heraus und ging in seinen Meeting-Raum, um dort Devotees zu empfangen. Die Chance, ihn in diesem besonders delikaten und heiligen Moment zu sehen, war ein Geheimtipp unter den Bewohnern des Hauses; und längst nicht alle dachten daran, zumal Maharishi nicht in jedem Jahr erschien. Diesmal erinnerte mich mein Buddy, mit dem ich zwei Tage später nach Indien fahren sollte, an diese Möglichkeit. Wir erkundigten uns: Ja, tatsächlich war ein größerer Raum zum Warten eingerichtet worden. Wir setzten uns zusammen mit einigen Dutzend anderen hinein, jeder mit einer Blume in der Hand. Um Mitternacht flüsterte man sich zu: „Maharishi ist herausgekommen und empfängt Leute."

Wir beobachteten, wie zuerst die Honoratioren und Top-Leute herausgerufen wurden und in den Meetingraum gehen durften, der im Innern von Maharishis Suite lag. Schließlich hieß es, alle könnten jetzt kommen und vor der Suite warten. Es war ein aufregender Moment: In einer langen Schlange standen wir schweigend und die satte Stille in der Nähe der heiligen Räume genießend im Korridor. Nach und nach schob man sich in die eigentliche Suite.

Schließlich stand auch ich in der Tür zum Meetingraum, in dem die speziellen Gäste in ihren Sesseln meditierten. Maharishi saß auf seinem Sofa, und ich konnte seine Zartheit und Gebrechlichkeit sehen; und seine Augen, die heute eine ganz besondere Liebe und stille Kraft ausstrahlten. Ich wusste aus früheren Jahren, dass er in diesem Moment noch keine volle Kontrolle über seine Stimme hatte und nur ganz leise sprechen konnte. Alles war so zart an ihm, und doch zugleich heilig und unbesiegbar. Dann war ich an der Reihe, zu ihm nach vorne zu gehen.

Ich kniete mich vor ihm nieder und überreichte ihm meine Blume. In dieser Situation hatte ich die unbestimmte Idee: „Ob er sich noch an mich erinnert? Ob er mir wohl ein Zeichen des Erkennens gibt?" In dieser Erwartung zögerte ich vielleicht eine Sekunde, vor ihm kniend und ihn anschauend. Er aber wandte völlig neutral seinen Blick von mir ab zur Tür hin, wo der nächste Wartende stand. Es wirkte auf mich wie: „Jetzt zisch mal ab und lass den Nächsten ran." Im Rückblick scheint mir in seinem Blick auch die Botschaft enthalten gewesen zu sein: „Was machst du überhaupt noch hier? Hängst du immer noch hier rum?"

Man kann sich vorstellen, was für einen Stich im Herzen ich empfand. Ich ging raus und dachte: „Gut, dass die anderen nicht mitgekriegt haben, wie mich Maharishi hat abfahren lassen." Zugleich aber, und das war verrückt, war ich in einem tiefen Glück. Das kam offensichtlich einfach durch Maharishis Nähe. Selbst wenn er mich nicht mehr besonders beachtete: Er hatte mich doch gesegnet.

Dass meine Zeit bei Maharishi und auf dem Purusha eigentlich längst vorbei war, kam mir damals nicht in den Kopf. Maharishi hatte ja uns gegenüber immer wieder den Wert des Purusha-Lebens betont. Daher gab es für mich außerhalb des Purushas keine sinnvolle Alternative.

Wieder Indien

Zwei Tage später saß ich dann mit Reinhard im Flugzeug nach Bombay (Mumbay). Es befanden sich noch einige andere Purusha-Teams auf demselben Flug. Der Erziehungsminister von Madhya Pradesh, der kurz zuvor in die TM eingeführt worden war, hatte uns eingeladen, in allen Städten des Staates Präsentationen zu halten und die Gründung „Vedischer Universitäten" anzuregen. Unsere Koordinatoren hatten meinen Buddy Reinhard R. und mich für Jabalpur eingeteilt – die größte Stadt des Staates, wenn auch nicht dessen Regierungssitz. Wir wussten die Ehre zu schätzen, zumal Jabalpur Maharishis Geburtsstadt war, wie sich unter der Hand herumgesprochen hatte.

Im Flugzeug holte ich eines der kleinen Büchlein von Maharishi hervor, um mich auf die Präsentationen vorzubereiten. Es war ein Text, den ich noch in Palo Alto intensiv und begeistert studiert hatte. Jetzt aber merkte ich nach einer halben Seite: Ich kann das nicht mehr lesen; ja, ich kann es eigentlich nicht mehr hören. Immer dieselben Gedanken, dieselben Formulierungen, die wir nun schon seit so vielen Jahren bis zum Exzess durchkauten.

Ich sagte zu Reinhard: „Du, mir scheint, du musst die Präsentationen im Wesentlichen allein machen. Ich kann das nicht mehr. Ich kann mich nicht darauf vorbereiten und ich kann das auch nicht mehr erzählen." Er schien das zu verstehen und sagte: „Kein Problem, ich mach das schon." Sicher war er aber doch etwas schockiert, denn ich war seinerzeit sein großes Vorbild und sogar sein Ausbilder zum TM-Lehrer gewesen.

Indien war wieder ein rechtes Erlebnis: Die Autofahrt durch das trockene und exotische Land, das Wohnen bei einer traditionellen indischen Familie; dann unsere Arbeit mit Präsentationen, Warten in trostlosen Büros, wo verstaubte Möbel und Akten einem den Atem nahmen; dazwischen wieder Hindurchdrängeln durch die Menschenmengen auf den Marktstraßen mit ihren unzähligen Buden und Zelten; fremde Gerüche, Lärm, Staub und bald auch Hitze. Aber auch: morgendliches Baden im göttlichen Fluss Narmada mit seinem weichen und milchigen, jedoch reinen Wasser, die aufgehende Sonne begrüßen und sich von ihr trocknen lassen; Ausflüge in die karge, aber immer beglückende Landschaft ...

Diese drei Monate waren ein reines Geschenk. Zu den glücklichsten Stunden meines Lebens gehört die nächtliche Rückfahrt nach Bombay in einem Erste-Klasse-Waggon mit offenem Fenster, in das die ganze Nacht der warme Wind blies und meinen Körper massierte, während ich im Yogasitz meditierte; die verstaubten Bahnstationen, wo die Reisenden nebeneinander auf dem Bahnsteig schliefen und eine träge Lautsprecherstimme ihre Ansagen machte. Und immer wieder endlose Strecken menschenleeren Landes: eine tiefe Stille trotz des in den Ohren rauschenden Windes.

Zurück in Europa

Zurück in Vlodrop bekam ich nach drei Monaten einen Job in unserer Architekturabteilung. Die Architektur, das hieß in unserem Fall: die vedische Architektur, auf Sanskrit „Sthapatya-Veda" oder auch „Vastu" genannt, war Maharishi seit einigen Jahren sehr wichtig geworden. Nach dieser Lehre haben die korrekte Nord-Süd-Ausrichtung eines Hauses und des Grundstückes, die richtige Anordnung der Räume, der zur richtigen Seite gelegene Eingang, der freie Raum in der Mitte etc. eine fundamentale Auswirkung auf die Klarheit des Denkens, des harmonischen Gefühlslebens und der Gesundheit der Bewohner.

Dass an diesem System etwas dran war, hatte ich zum ersten Mal in Israel erfahren können. Dort hatte ein junges Ehepaar ein Haus nach Sthapatya-Gesichtspunkten gebaut. Als ich dieses Haus betrat, wusste ich davon nichts. Trotzdem fiel mir sofort auf, was für eine ausgeglichene, sanfte, geordnete und glückliche Atmosphäre hier herrschte. Die Bewohner erzählten mir, dass sie ihre Dorfversammlungen seit einiger Zeit dort abhielten. Seither verliefen diese Treffen total harmonisch, während es vorher immer endlose und harte Diskussionen darüber gegeben hätte, wie man das Gemeinschaftsleben am besten gestalten sollte.

Seitdem Maharishi diese traditionelle Lehre für sich entdeckt hatte, wurde klar, dass unser Klostergebäude alles andere als ideal zum Wohnen, zum Planen und zum Glücklichsein war: Es lag schräg zur Nord-Süd-Richtung, der Eingang war auf der falschen Seite, die Aufteilung war ungünstig ... So ordnete Maharishi den Bau beziehungsweise die

Aufstellung einer Reihe kleinerer, nach Sthapatya-Veda ausgerichteter Fertighäuser auf unserem Gelände an, in denen dann die wichtigsten Mitarbeiter wohnen sollten. An den Vorarbeiten zu diesem Projekt arbeitete ich mit.

Bald wurde auch ein großes Holzhaus für Maharishi selbst gebaut, das im Jahr 1997 fertig gestellt wurde. Es lag in einem ordnungsgemäß abgesteckten Grundstück („Vastu") neben dem Kloster und wurde das größte Holzhaus in ganz Holland. Bald nach seiner Fertigstellung, als ich nach längerer Abwesenheit wieder mal nach Vlodrop kam, konnte ich es von außerhalb des Geländes bewundern. In seiner wunderbaren Architektur, seinem goldgelben Holz und seinem gepflegten Garten lag es in der Landschaft wie ein Juwel. Als ich auf der Ostseite des Geländes stand, direkt gegenüber dem Eingang, spürte ich regelrecht die Kraft, die von dieser vollkommenen Geometrie ausging und die wie ein Laserstrahl auf mich zuschoss.

Ich glaube, ich war damals von Wavre aus angereist. Nach Wavre, einer kleinen Stadt in der Nähe von Brüssel, hatte uns Maharishi im Juli 1996 geschickt. Unsere offizielle Aufgabe dort war, mit unserer „Kohärenz" die Entscheidungen der Europäischen Kommission in Brüssel zum Guten zu beeinflussen. Die Zeit in Wavre war langweilig. Wir wohnten in einem Hotel in einem modernen Gewerbegebiet außerhalb des Städtchens. Immerhin war es hier wenigstens nachts einigermaßen still, da alle umliegenden Bürogebäude dann leer standen.

Aber eine schöne Phase schenkte uns Maharishi hier doch, wenigstens einer kleinen Untergruppe von 15 Purushas, zu der ich mich auch meldete. Wir sollten in den belgischen Ardennen ein Gelände für ein „Europäisches Capital" suchen, einer Art spirituellen Hauptstadt für ganz Europa, mit Meditationsakademie, „Flughallen", Gewerbegebäuden und Wohnräumen für Hunderte von Sidhas. Durch meine Erfahrungen mit Maharishis Projekten hegte ich sogleich Zweifel, ob dieses Projekt wirklich ernst gemeint war. Aber man konnte es ja nie wissen. Und außerdem konnte es ja nicht schaden, diese Abwechselung in unserer etwas dürren Wavre-Zeit mitzunehmen. Und in der Tat verbrachten wir eine wunderbare „Ferienzeit" in einem kleinen Dorf der Ardennen.

Dieses ziemlich menschenleere Rumpfgebirge bestand aus weiten Wiesen mit weidenden Kühen und großen Waldgebieten, die brutal zur Holzgewinnung ausgeschlachtet wurden. Jeden Morgen fuhren wir mit Landkarten bewaffnet hinaus in die Natur. Am Abend traf sich die ganze Gruppe wieder, und jedes Team berichtete von den Grundstücken, die es besichtigt hatte. Es war ein großer Spaß. Maharishi hatte uns die Kriterien für das zu suchende Land mitgegeben: Es sollte mindestens 100 Hektar groß sein und leicht nach Norden oder Osten hin zu einem Fluss oder See abfallen. Dies waren Vorschriften aus dem Sthapatya-Veda. Solche Gelände waren natürlich kaum zu finden. Aber schließlich hatten wir doch einige an der Hand, und unser Gruppenleiter Rik erstattete Maharishi am Telefon Bericht. Wie zu erwarten gewesen war, zeigte sich Maharishi nicht sehr zufrieden: Nein, 100 Hektar wären ja viel zu klein; es sollten mindestens 1.000 sein! Wir wollten ja nicht ein kleines Dorf, sondern eine richtige europäische Hauptstadt errichten!

Also durchforschten wir die Karten erneut und stellten fest: In ganz Belgien gab es nur ein einziges Gelände, das den Kriterien vielleicht entsprechen könnte. Es war ein riesiger, unter Naturschutz stehender, Staatsforst am Nordrand des so genannten Hohen Venn, eines großen Hochmoores. Hochmoor deshalb, weil es wegen seiner exponierten Lage wohl die feuchteste Gegend in ganz Europa war: Alle Wolken, die vom Meer kamen, regneten sich hier immer erst einmal ab. Nachdem wir mit der ganzen Mannschaft dorthin gefahren waren, stellten wir fest, dass es, jedenfalls an dem Tag, ständig regnete; überall liefen die Bächlein, nach Norden strebend, durch den Wald. Die Atmosphäre war wegen der Höhe, Kälte und Feuchtigkeit äußerst unwirtlich. Und natürlich war es sowieso lächerlich zu glauben, der Staat würde uns dort, in seinem größten Wald und Naturschutzgebiet, 1.000 Hektar Land verkaufen oder gar eine Bauerlaubnis geben.

So wurde mein Verdacht wieder einmal bestätigt, dass Maharishi nur einen „Yagya-Effekt" erzielen, vielleicht auch nur mit uns spielte und uns beschäftigen wollte. Auf jeden Fall war ihm aber wohl auch daran gelegen, dass wir unseren Spaß hätten und alles nicht zu ernst nähmen. Das wurde an einem der letzten Tage unseres Aufenthaltes noch besonders klar.

An jenem Tag schoss plötzlich Rik in mein Zimmer: „Du Hans, wir sollen sofort nach Liège (Lüttich) zum Flughafen fahren. Maharishi schickt einen Hubschrauber dorthin, und wir sollen die Gelände, die wir erkundet haben, von oben begutachten."

Einige Stunden später befanden sich Rik und ich zusammen mit dem Toparchitekten der Bewegung und noch zwei anderen Honoratioren, die aus Vlodrop angereist waren, in der Luft über den Ardennen und genossen den fabelhaften Ausblick. Es blieb in der Tat ein reines Geschenk, denn herausgekommen ist aus dem Projekt nie etwas.

Wieder in Maharishis Nähe

Am 8. Mai 1997 wollte Maharishi in sein neues Domizil, also in das große Sthapatya-Veda-Haus neben dem Kloster umziehen. Wir Purushas waren zu diesem wichtigen Ereignis nicht geladen worden. Trotzdem fuhren vier von uns auf eigene Initiative und mit etwas schlechtem Gewissen hin. Wir kamen allerdings zu spät, um die eigentliche vedische Feierlichkeit des Einzugs mitzubekommen. Dennoch genossen wir die Atmosphäre von Stille, Kraft und Geordnetheit, die wie immer in Maharishis Nähe herrschte und die sich jetzt durch die veränderte architektonische Geometrie im gesamten Gelände noch deutlich erhöht zu haben schien.

In mir verstärkte sich der Wunsch, wieder in Vlodrop leben zu können. Und tatsächlich, nur wenige Tage oder Wochen später erhielten wir die Nachricht, dass einige Buddy-Paare nach Vlodrop umsiedeln sollten, um dort an einem Projekt mitzuarbeiten. Mein Buddy Peter und ich bewarben uns. Eines Morgens, noch während der Meditationszeit, wurde ich informiert, dass Peter und ich kommen sollten. Ich schlich in den Flugraum und holte Peter mit einiger Mühe durch Flüstern aus der Transzendenz heraus. Wir packten schnell unsere Habseligkeiten in Koffer und Kartons und düsten nach Vlodrop.

Hier erhielt unsere Gruppe, es waren vielleicht zehn Buddy-Paare, zu unserer Überraschung eine sehr privilegierte Tätigkeit: Jeder von uns bekam im Erdgeschoss von Maharishis neuem Haus, in das sonst nur ganz wenige hinein durften, einen kleinen Tisch und einen Laptop. Jeden Nachmittag – morgens sollten wir meditieren – passierten wir voller Stolz mit unserem Spezialausweis die Wachen, die das umzäunte Gelände Maharishis beschützten. Danach konnten wir in der geheiligten Atmosphäre des Hauses, zum Teil direkt unter Maharishis Privaträumen, an unseren Computern spielen.

Offiziell war es unsere Aufgabe, andere Purusha-Teams zu betreuen, die irgendwo auf der Welt für die Bewegung aktiv waren. Ich selbst beschloss, einfach Daten, die „meine" Zeitzone betrafen, aus dem Europa-Yearbook in den Computer zu übertragen. Das war wohl noch die sinnvollste Sache, die ich tun konnte; dadurch nämlich beschäftigte ich mich ja mit diesen Ländern, und ich hoffte, auf diese Weise einen gewissen Bewusstseinseffekt auf die geographischen Bereiche auszuüben und die dortigen Teams zu unterstützen. Maharishi kümmerte sich kaum um uns. Nur ganz selten konnte ich ihn am entfernten Ende der Veranda vorbeigehen sehen.

Eines Abends, wir waren alle im Klostergebäude, rief er alle Purushas zu einem Treffen in sein Haus. Ich bekam es relativ spät mit und war einer der letzten, die eintrafen. Maharishi war schon da und sprach mit den Jungs. Ich konnte nur einen Platz auf der Veranda ergattern. Wegen einer Zimmerpflanze konnte ich kaum etwas sehen. Ich wusste: So etwas ist kein Zufall. Früher hatte ich immer ganz vorne gesessen; und jetzt war ich nur noch am Rande dabei. Das war wieder ein leichter Schmerz.

Ich verstand immer noch nicht, was los war. Mein Eindruck war: Ich muss halt diese Talsohle durchstehen; vielleicht kommen ja mal wieder bessere Zeiten. Längst hätte ich – durch die praktische Weisheit, die ich von Maharishi aufgesogen hatte, und auch durch meine eigenen Erfahrungen – ahnen müssen, dass ich einer „Mirage", einer Fata Morgana hinterherlief (Dieses Wort gebrauchte Maharishi in vielen Situationen). Heute wundere ich mich außerdem darüber, dass ich überhaupt bei der bevorzugten Gruppe in Vlodrop dabei sein durfte.

Im Übrigen ging diese gute Zeit nur allzu schnell vorüber: Schon bald sollte der ganze europäische Purusha nach Amerika gehen. Dort war in den Wäldern North-Carolinas gerade ein amerikanisches „Continental Capital" mit vielen Sthapatya-Veda-Häusern aufgebaut worden. Es lag einsam in den Bergwäldern jenes Bundesstaates. Hier sollten wir wohnen und Kohärenz für Nordamerika erzeugen. Da es aber meiner Mutter zu der Zeit nicht gut ging, durfte ich noch eine Weile in Vlodrop und somit in greifbarer Nähe zu ihr bleiben. Fast alle anderen reisten noch vor Guru Purnima nach Amerika ab. Für einige Monate ergatterte ich noch kleinere Jobs in Vlodrop, zum Teil in Maharishis Garten. Doch dann hieß es auch für mich Abschied nehmen: Der gesamte restliche Purusha zog um in die Nähe des holländischen Enschede.

Abnabelung von der TM-Bewegung

In der Wald- und Wiesenlandschaft bei Enschede hatte unsere Bewegung vor zwei Jahrzehnten ein Landhaus gekauft und seither für Verwaltungsaufgaben genutzt. Es war eine riesige, um die Jahrhundertwende erbaute Villa mit Marmorfußboden, Kamin, Holztäfelung und Delfter Kacheln, umgeben von einem großen Park, der „uns" gehörte, mit großen Bäumen und Wildleben.

Hier verlebte ich eine Zeit, von der jeder Erdenbewohner eigentlich nur träumen kann: Unsere kleine Gruppe von Freunden, die sich gut verstand, lebte einfach in den Tag hinein. Wir aßen gemeinsam im Kaminzimmer und gingen im Park spazieren. Ab und zu fuhren wir nach Enschede oder Gronau, um Essen einzukaufen. Es gab nichts zu tun, als zu meditieren und zu genießen. Das Seltsame aber war, dass ich immer unglücklicher wurde. Ich verstand das zuerst gar nicht. Was wollte ich denn mehr? Tatsache aber war, dass ich litt. Erst ganz allmählich wurde mir klar, dass so ein Rumhängen ohne sinnvolle Aufgabe nichts für mich war.

Schließlich warf ich eine Münze. Dabei richtete ich mich innerlich auf Guru Dev, den Meister Maharishis aus: „Soll ich die Zähne zusammenbeißen und bleiben oder gehen?" Die Antwort lautete: „Nix Zähne zusammenbeißen!" – Das war eine Überraschung für mich. Bis dato hatte ich immer sehr gute Erfahrungen mit dem Münzorakel gemacht. Und dieses Mal hatte ich noch dazu eine in einer großen Zeremonie geweihte Münze geworfen! So beschloss ich, ihr zu vertrauen.

In den nächsten Wochen telefonierte ich mit meditierenden Freunden in ganz Deutschland und fragte sie nach einem Job. Es ergaben sich mehrere Möglichkeiten, aber da war nichts, auf das ich richtig abfuhr. Eines Tages besuchte ich meine Freundin Gisela in der Akademie Schledehausen. Und da kam mir die Idee: Warum frage ich nicht im Büro des vedischen Gesundheitszentrums, das sich seit zwei Monaten auf Maharishis Wunsch in den Gebäuden der Akademie niedergelassen hatte, nach einer Aufgabe? Und tatsächlich: Der Leiter Michael G., der mich aus meiner Münchner Zeit kannte, reagierte sofort positiv. Ja, sie würden gerade einen Mitarbeiter suchen.

Und so landete ich tatsächlich im Büro des Gesundheitszentrums. Auf diese Weise erfuhr ich einen glatten Übergang in die Welt der relativen Aktivität. Ich fand einen Job, der mir Spaß machte, bei dem ich meine Management-Sanskaras[*30] ausleben konnte und wo ich außerhalb der Arbeit frei war, zu tun und zu lassen, was ich wollte. Und dennoch blieb ich eingebunden in die TM-Bewegung. Ich war in gewisser Weise noch immer „International Staff", konnte mich dadurch irgendwie geschützt fühlen und war vertraut mit dem ganzen Stil des Denkens und Agierens.

In den ersten zwei Monaten arbeitete ich mich in das System der Klinik ein. Dann geschah etwas, was wieder typisch für den Stil unserer Bewegung und die Trainingsmethoden Maharishis war: Ich wurde plötzlich Verwaltungschef unserer ganzen kleinen Spezialklinik– kaum dass ich gerade mal eben die Prinzipien verstanden hatte. Das fing ganz harmlos damit an, dass Michael Nandkishore anrief, um diesen etwas zu fragen. In dem Gespräch hatte letzterer die Idee – ganz im Stil Maharishis –, Michael und seine Frau für drei Monate nach Amerika zu schicken, damit sie sich dort in einen neuen Zweig vedischer Behandlungen einarbeiten könnten. Und wer sollte derweil all ihre Aufgaben übernehmen? „Na ja, Hans halt; der wird es schon bringen."

Da war ich also der Chef, hatte auf meinem Schreibtisch vier oder fünf Telefone stehen, mit denen ich Vaidyas[*27], Therapeuten, Fahrer und Patienten hin und her schieben konnte. Außerdem musste ich Rechnungen schreiben, Geld kassieren, Patienten begrüßen, Zimmer überprüfen, manchmal selbst saubermachen, mit Gisela verhandeln – die rechtlich die oberste Chefin des ganzen Komplexes war. Insgesamt hatte ich totalen Spaß an dieser Arbeit. So ein Management-Job war ja immer ein Traum von mir gewesen.

Aber meine Begeisterung hielt nicht lange an. Es war nur noch wie das letzte Abhaken eines alten Wunsches. Und als sich meine Sanskaras[*30] nach circa eineinhalb Jahren totgelaufen hatten, kam Maharishi prompt auf die Idee, die ganze Akademie in Schledehausen einschließlich meiner Abteilung dichtzumachen und die Gebäude abzureißen. Meine Assistentin Doro und ich siedelten mit einem Restbüro des Gesundheitszentrums in die TM-Akademie bei Bremen über, um von dort aus noch die ehemaligen Patienten zu betreuen.

Ich sagte eben „prompt", denn immer wieder ist mir die Idee gekommen, dass Maharishi dieses vedische Gesundheitszentrum meinetwegen nach Schledehausen verlegt hatte. Als ich mich nämlich ein Jahr später in Bremen ganz aus ihm zurückzog und mich offiziell abmeldete, ging es praktisch sofort wieder dorthin zurück, woher es unter viel Aufwand kurz vor meinem Dazustoßen gekommen war, nämlich nach Holland.

Außerdem war schon der Beginn dieses ganzen Projektes sehr interessant: Durch unvorhergesehene Umstände befand ich mich eines Abends im Spätsommer 1998 ganz in der Nähe der Akademie Schledehausen. Mir kam damals die Idee, bei Gisela, der immer sehr gastfreundlichen Leiterin der Akademie, zu übernachten. Als ich um 10 Uhr abends vor ihrer Tür stand, rief sie aus: „Hans, was machst du denn hier?" Ihr zweiter Satz war: „Stell dir vor, gerade vor einer Minute habe ich den Hörer aufgelegt. Es war ein Anruf von ‚International' gekommen, dass das vedische Gesundheitszentrum aus Holland hierher verlegt werden soll." So ein Zufall aber auch! Gerade vor einer Minute!

Gisela rief dann ihre beiden engsten Mitarbeiter zusammen und erzählte ihnen von der aufregenden Nachricht. Bei dem darauffolgenden Beratschlagen war mein Dazukommen für alle Anwesenden irgendwie Teil dieser ganzen umwälzenden Neuigkeit. Einmal sagte Jürgen, früheres Purusha-Mitglied, sogar: „Hans, wie bringst du dich denn jetzt hier ein?" Damals war ich noch entschlossenes „lebenslanges" Purusha-Mitglied und entgegnete entrüstet: „Du spinnst wohl! Willst du mich vom Purusha abwerben?"

Einige Monate später jedoch war ich tatsächlich dabei, hatte mich also „eingebracht", beziehungsweise war da von der Natur hineingeschleust worden. Oder von Maharishi – als dem ausführenden Organ des Kosmos? Sicher hatte Maharishi mit dieser Aktion auch noch andere Fliegen mit einer Klappe erledigt. Ich halte es nicht für ausgeschlossen, dass ich eine dieser Fliegen war. Ein ganz schöner Aufwand für eine einzige Person! Aber Derartiges hatte ich schon während meiner Zeit in Seelisberg öfter erlebt.

Nach der Schließung von Schledehausen ging es also nach Bremen. Abgesehen davon, dass ich an meinem (Rest-)Job weniger und weniger Spaß hatte, wurde mir auch immer klarer, dass Maharishi mich eigentlich nicht mehr lenkte und leitete, hatte er mich doch die letzten Male gar nicht mehr beachtet. Innerlich hatte ich mich zwar noch immer an ihn als meinen geistigen Lehrer geklammert. Jetzt aber dachte ich: „Ist er überhaupt noch mein persönlicher Meister, wenn er mich nicht mehr führt?"

All diese Gedanken gaben mir den Mut, mich innerlich immer mehr von ihm frei zu machen. Ich spürte, dass ich ihm nicht mehr in allen Einzelheiten zu folgen brauchte. Das war wirklich eine Art Revolution in meinem Denken. Und die war sehr erleichternd. – Ich wusste aber auch, dass ich ihm für alles, was er für mich getan hat, ewig dankbar sein würde. Tatsächlich folge ich bis heute vielen seiner Hinweise und Ratschläge, die sich so oft als ungemein praktisch und nützlich erweisen, sind sie doch aus seiner ungeheuren Weisheit geflossen. Noch immer bin ich ihm verbunden und grenzenlos dankbar!

Und so nabelte ich mich allmählich nicht nur von Maharishi, sondern auch von der ganzen TM-Bewegung ab, die seit 33 Jahren mein geistiges und auch körperliches Zuhause gewesen war.

Epilog

Vor wenigen Wochen, am 5. Februar 2008, hat nun Maharishi in Vlodrop seinen Körper verlassen. Im letzten Jahr war ich doch wieder einmal nach Vlodrop gefahren, zum Wohnsitz Maharishis und des Purusha. Und zwar zu „Guru Purnima", dem großen Vollmondfest im Juli. Sieben Jahre lang war ich nicht mehr dabei gewesen, hatte ich doch das Gefühl, mit der „Bewegung" nicht mehr viel zu tun zu haben. Dieses Mal aber schien mir, ich sollte mich noch einmal von meinen Purusha-Freunden „verabschieden". Verabschieden war tatsächlich das Wort, das ich dabei im Kopf hatte.

In Vlodrop war Maharishi nicht mehr live zu sehen. Schon seit vielen Jahren nicht. Man konnte froh sein, wenn man ihn, was selten genug geschah, auf einer Video-Übertragung zu Gesicht bekam. Dieses Mal jedoch hatte ich Glück, denn es wurde eine kurze Ansprache an die Festteilnehmer auf großen Bildschirmen ins Festzelt übertragen. Die Qualität der Übertragung war miserabel, ganz im Gegensatz zu früheren Zeiten. Aber es war schön, viele alte Freunde wieder zu treffen. Ich verstand mich noch immer auf einer tiefen Ebene mit ihnen. Heute bin ich sehr froh, noch einmal in dieser Atmosphäre und in Maharishis Nähe gewesen zu sein.

Am Jahresende kündigte er an, dass er sich zurückziehen wolle. Er war inzwischen, das wusste man, sehr gebrechlich geworden. Er sagte, er würde nicht mehr in der Video-Öffentlichkeit erscheinen. Vielleicht würde er noch ein Buch schreiben.

Seinen Geburtstag am 12. Januar habe ich vergessen! Als mir das einfiel, bekam ich einen kleinen Schreck und fast ein schlechtes Gewissen. Dass so etwas möglich war!

Bald danach erzählte mir ein Freund am Telefon, dass Maharishi zwei Abende zuvor den Körper verlassen hätte. Ich konnte erstmal nicht weiter sprechen und musste auflegen. Ich atmete schwer und weinte.

Aber seltsamerweise nicht lange. Schon nach etwa einem Tag waren der Schock und der Schmerz einigermaßen vorbei. Ich hatte meinen Abschiedsschmerz ja schon vor vielen Jahren ausgiebig durchlebt.

Viele Meditierende reisten nach Vlodrop, um von seinem Körper Abschied zu nehmen. Ich wusste nichts von dieser Möglichkeit, war ich doch kaum noch mit der Bewegung verbunden. Ich weiß auch nicht, ob ich hingefahren wäre.

Doch dann, vor kurzem, geschah etwas Wunderbares: Es war auf einem Abend bei mir zu Hause, in relativ kleiner Runde. Während meine Partnerin, die mediale Fähigkeiten hat, mir einen Einheits-Segen gab, sah sie neben mir Maharishi stehen – und außerdem hinter mir seinen Meister, Guru Dev. Beide beteiligten sich sozusagen an dem Segen. Außerdem ließ mir Maharishi durch sie mitteilen, dass er mir für die Arbeit dankbar sei, die ich für ihn geleistet habe, und dass es ihm leid täte, mich zu der Zeit so wenig gelobt zu haben. Er sagte, er würde mich weiterhin begleiten und unterstützen, auch beim Fertigstellen dieses Buches.

Durch diese ganze Botschaft wurde meine Liebe zu Maharishi wieder sehr lebendig, und ich möchte ihm an dieser Stelle noch einmal meinen ganz tiefen Dank ausdrücken, dass er mich so unermesslich gefördert hat und noch immer fördert.

Anmerkungen und Glossar

1 vedisch – Veda *sanskr.* Wissen, die heiligen Schriften der altindischen Kultur

2 Purusha – *sanskr.* Mann, Mensch, Menschheit, Person, Urseele

3 ayurvedisch – Ayurveda, *sanskr.* ayu – Leben, veda - Wissen; Sammlung der wichtigsten Lehrbücher der altindischen Naturheilkunde

4 Jai Guru Dev – *sanskr.* Jai (gesprochen Dschej) – Ausdruck eines Lobpreises; Guru – Lehrer/Meister; Guru Dev – Maharishis Meister

5 Dhoti – traditionelles Beinkleid der indischen Männer, das dem heißen Klima angepasst ist, bestehend aus einem langen Stück Stoff, meist dünne Baumwolle, das um die Taille geschlungen wird

6 Mantra – *sanskr.* Geisteswerkzeug, ein Wortklang, den man auf der mentalen Ebene als Meditationsvehikel benutzt

7 Badge – *engl.* Teilnehmerschildchen

8 TTC – Teacher Training Course – TM-Lehrer-Ausbildungskurs

9 Lecture: Während einer Lecture wird normalerweise natürlich nicht meditiert, aber man kann während der TM-Ausübungen gleichzeitig hören, was um einen herum vor sich geht und was gesagt wird. Während der Lecture zu meditieren war also eine Ausnahmesituation.

10 Fiuggi Fonte – Der ganze Kurs war inzwischen nach Fiuggi in der Nähe von Rom umgezogen.

11 Unstressing – Lösung tief verwurzelter Stresse, das heißt von Verspannungen, Altlasten etc., eine Art „Erstverschlimmerung".

12 Sattwa – *sanskr.* Reinheit, spirituelle Kraft

13 Puja-Set – Puja *sanskr.* Ehrerweisung – ein altes vedisches Ritual.

14 ATR-Kurs – Advanced Training Recourse, Fortbildungskurs für TM-Lehrer

15 Flug-Sutra – *sanskr.* Sutra – kurze Textformel, Lehrsatz

16 MERU – Maharishi European Research University, die private Forschungsuniversität der TM, die in Seelisberg ihren Sitz hatte

17 siehe Youtube: Historical details of increased coherence in the world with Col Gunter Chassé

18 KSCI – Kanal für SCI, die „Science of Creative Intelligence"

19 Panditschüler – Pandit *sanskr.* brahmanischer Gelehrter

20 Mahalakschmi – *sanskr.* maha groß, lakschmi Glück; Göttin des Reichtums und der Fülle; Hindugottheiten stellen keine Individuen dar, sondern Aspekte der einen, allumfassenden Gottheit

21 Bhajans – hingebungsvolle Gesänge

22 Rudraksha-Kette – indische Gebetskette, auch „Mala" genannt, vergleichbar dem katholischen Rosenkranz, in der Regel bestehend aus 108 „Rudrakshas", getrockneten und angeblich besonders heilsamen Früchten des Rudraksha-Baums.

23 Lingam – *sanskr.* Kennzeichen, Glied. „Shiva" heißt auf Sanskrit „der Gütige", „der Gnädige" oder auch „der Freund". Als Bestandteil der hinduistischen Trinität (Trimurti) mit den drei Aspekten Brahma, dem Schöpfer, und Vishnu, dem Bewahrer, verkörpert Shiva das Prinzip der Zerstörung. Da das Göttliche formlos ist, wird Shiva selten in anthropomorpher Form verehrt, sondern hauptsächlich in seinem Emblem, einem eiförmigen Phallussymbol, dem Lingam.

24 Kurta – einfaches traditionelles langes Hemd aus Baumwolle, das in weiten Teilen Südasiens verbreitet ist.

25 Swami – *sanskr.* Besitzer, Herr, Meister; ein hinduistischer Mönch

26 Puh! – Wegen Dieben und Räubern schließt man in Indien die Züge nachts meist von innen ab.

27 Vaidya – ayurvedischer Arzt

28 Rigveda – ältestes überliefertes Zeugnis indoeuropäischer Sprache und Kultur

29 Carnet – *franz.* Heft; Zollpassierschein für Warenein- und -ausfuhr

30 Sanskaras – *sanskr.* Saṃskāra; untergründige, verborgene, nicht ausgelebte Wünsche und Tendenzen, unter Umständen aus früheren Leben

31 Kabbala – *hebr.* das Überlieferte; stark mit Buchstaben- und Zahlendeutung arbeitende jüdische Geheimlehre

32 Shankara – *sanskr.* segenbringend; einer der wichtigsten religiösen Lehrer und Neubegründer des Hinduismus (ca. 788 – 820)

Helena Olson: Als Maharishi kam – Los Angeles 1959

LOS ANGELES 1959

ALS MAHARISHI KAM

*Maharishi Mahesh Yogis
Ankunft im Westen*

Erzählt von Helena Olson

Alfa-Veda

Als Maharishi 1959 in Los Angeles ankam, waren Themen wie Ayurveda, Gandharva-Veda, Jyotisch, Meditation, Vastu, Yagya oder Yoga im Westen noch kaum bekannt. Sein Lebenswerk war es, das versprengte vedische Wissen in ein ganzheitliches System der Vedischen Wissenschaft zu bringen und für den modernen Menschen nutzbar zu machen. Im Mai 1959 brachte er das Thema Meditation in Hollywoods Masquers Club.

Im Publikum sitzen damals auch Helena und Roland Olson. Sie sind begeistert! Sie laden ihn für eine Woche in ihr Haus ein, doch aus einer Woche wird ein ganzer Sommer. Denn bald laufen in ihrem Haus alle Fäden zusammen: Von hier aus verbreitet sich die Transzendentale Meditation schnell über die westliche Welt. Die amüsanten und manchmal recht heiklen tagtäglichen Begebenheiten, der Blick auf eine bezaubernde Persönlichkeit und der Wunsch, Maharishis Worte der Weisheit mit anderen zu teilen, veranlassten Helena Olson, die Geschichte von Maharishis Anfangszeit im Westen zu erzählen.

284 Seiten mit vielen Dokumentaraufnahmen
Taschenbuch ISBN 9783945004227 Hardcover ISBN 9783945004296

Leseprobe und Bestellung: www.alfa-veda.com – alfa-veda@email.de

Patañjalis Yoga-Sutra –
Yogakraft durch Samadhi und Sidhis

Vom Sinn des menschlichen Daseins

Im Yoga-Sutra, dem klassischen Werk über Yoga, fasst Patañjali den Sinn menschlichen Daseins in 195 prägnanten Sutras zusammen: eine Gedächtnisstütze für den Wissenden, die sich in einer knappen halben Stunde rezitieren lässt. Patañjalis Sutrastil und die Vieldeutigkeit der Sanskrit-Begriffe führen zu immer neuen Übersetzungen und Deutungen.

In dieser Übersetzung von Jan Müller wird der Stichwortcharakter der Sutras beibehalten und der erklärende Kommentar durch Beispiele eigener Erfahrungen aus über 50 Jahren praktischer Anwendung der Yoga-Techniken veranschaulicht.

325 Seiten mit Illustrationen und Erfahrungsberichten des Autors sowie mit Zitaten von Maharishi
Taschenbuch ISBN 9783945004272 Hardcover ISBN 9783945004289

Leseprobe, Pressestimmen und Bestellung:
Alfa-Veda Verlag – www.alfa-veda.com– alfa-veda@email.de

Reich über Nacht – Wunderware Geschichten

Jan Müller:
Reich über Nacht
Wunderwahre
Geschichten

Alfa-Veda-Verlag

Hauptberuflich meditieren … Geht das?

Im Oktober 1981 gründete Maharishi eine Gruppe alleinstehender Männer, die hauptberuflich in die Stille tauchen und Kohärenz erzeugen sollten. Aber wovon sollten sie leben? Wer bezahlt sie schon fürs Meditieren? Sind sie von Natur aus reich, oder bekommen sie Spenden, weil sie Kohärenz erzeugen?

»Reich über Nacht« erzählt vom abwechslungsreichen Leben einer solchen Gruppe. Schließlich können sie nicht den ganzen Tag nur meditieren. Vor allem nicht, wenn für sie gerade ein neues Spirituelles Zentrum mitten im tiefsten Regenwald der Blue Ridge Mountains entsteht. Im Land der unbegrenzten Möglichkeiten, wo die seltsamsten Geschichten zirkulieren, von denen keiner genau weiß, ob man sie glauben darf oder nicht. Wir lernen 13 phantastische Erzähler kennen, die im August und September 2001 einen spannenden Geschichtenwettbewerb abhalten, bis ein unglaubliches Ereignis plötzlich alles verändert.

200 Seiten reich illustriert
Taschenbuch ISBN 9783945004067 Hardcover ISBN 9783945004319

Leseprobe und Bestellung: www.alfa-veda.com – alfa-veda@email.de